Die Atombombe und der Kalte Krieg, aber auch die Währungsreform un das Wunder von Bern kennzeichnen eine Epoche, in der die Vergangenhe unaussprechbar schien und die Zukunft bedrohlich. Das Gefühl, in ein Zeit ohne Ein- und Ausgang, ohne Richtung und ohne Schutz zu lebe beschreibt Hans Ulrich Gumbrecht in seinem neuen Buch als zentral für d Stimmung nach 1945: Er nennt es Latenz.
In diesem Panorama der Nachkriegszeit begegnen wir nicht nur Becket Heidegger oder Camus, sondern auch einem Kind, das 1948 in einer ze bombten deutschen Stadt zur Welt kommt. Gumbrecht experimentiert m einer Form der Darstellung, die persönliche Erinnerungen in Spannung zu Weltgeschichte setzt. Auf diese Weise gelingt es ihm, zu erklären, waru jene Epoche unser Leben bis heute prägt. *Nach 1945* ist eine Genealogie de Gegenwart, die mit Präzision und Blick für große Zusammenhänge erklär wie wir wurden, was wir sind. Damit löst der Autor einmal mehr den An spruch ein, zu den weltweit bedeutendsten Intellektuellen unserer Zeit z gehören.

HANS ULRICH
GUMBRECHT

NACH 1945

Latenz als Ursprung der Gegenwart

Aus dem amerikanischen Englisch
von Frank Born

Suhrkamp Verlag

Erste Auflage 2021

Satz: TypoForum GmbH, Seelbach
Printed in Germany
Umschlag: hißmann, heilmann, hamburg
ISBN 978-3-518-24296-4

NACH 1945

in liebender Erinnerung an Yasushi Ishii,
der am 8. September 1959 in Chiba zur Welt kam
und am 17. Dezember 2011 in Tokio starb:
ein jüngerer Bruder,
der eine ähnliche Vergangenheit durchlebte

Inhalt

Ouvertüre: Ein Auto entfernt vom Tod

S. kann sich nicht an ein einziges Weihnachten in seiner Kindheit erinnern, das er nicht im Haus seiner Großeltern verbracht hätte, einer einsam gelegenen, behaglichen ehemaligen Jagdhütte etwas mehr als 300 Kilometer nordwestlich seiner Heimatstadt. Das Haus war umgeben von hohen Bäumen, die während des Winters und besonders zur Weihnachtszeit für eine postkartenartig perfekte Umgebung sorgten. Dem Großvater war es erstaunlicherweise gelungen, S.' Eltern ein Auto zu kaufen, einen nagelneuen beigefarbenen Opel Olympia, der aus irgendwelchen komplizierten verwaltungstechnischen Gründen, die S. nicht verstand, das Nummernschild der »britisch besetzten Zone« trug, wo die Großeltern wohnten. S. und seine Eltern lebten in der amerikanisch besetzten Zone. Das Nummernschild verlieh dem Auto, in den Augen von S., eine fast schon exotische Aura von Fremdheit. Ihre Fahrt zur Hütte führte durch die Hügel des Spessart, die das US-Militär damals fast ununterbrochen für Manöver nutzte, wie sie in dem Elvis-Presley-Film *G.I. Blues* (*Café Europa*) aus den frühen 1960er Jahren gezeigt werden. Vor allem für diesen Teil der Reise, der durch Schnee und Eis oft gefährlich war, hatten seine Eltern eine Autoheizung angeschafft, und S. war stolz auf seine Aufgabe, die Heckscheibe zumindest teilweise warm und damit durchsichtig für den Fahrer zu halten.

Einmal fuhren sie auf ihrer Weihnachtsreise hinter einem VW Käfer her, vor dem ein US-amerikanischer Panzer rollte, als dieser plötzlich nach links abdrehte und dann anfing, sich wie in einem wilden, unwiderstehlichen und immer schneller werdenden Tanz im Kreis zu drehen. Der Vater erklärte später, dass wahrscheinlich eine der Ketten des Panzers gerissen sein musste. S. sah, wie der hohe Bug des Panzers den Volkswagen augenblicklich unterhalb der langen Kanone erfasste, seinen vorderen Teil, in dem Fahrer und Beifahrer saßen, zerquetschte, den Wagen mit sich zog und seine Karosserie nach und nach in ein rundes Wrack verwandelte, das nicht mehr wie ein Auto aussah. Sie hatten angehalten und warteten, dass der Tanz des Panzers aufhören würde. Einen Augenblick lang diskutierten die Eltern, ob sie als Ärzte verpflichtet seien, den Insassen des Volkswagens medizinische Hilfe zu leisten. Doch als der Panzer endlich zum Stillstand gekommen war, stellten sie fest, dass jede Hilfe zu spät käme, und fuhren langsam vorbei, um ihre Reise zum Haus der Großeltern fortzusetzen. Mehrere Tage lang wurde S. von der Vorstellung verfolgt, wie zwei menschliche Leichname mit dieser Fahrzeugmetallkugel verschmolzen waren. Aber sie wollten den Großvater nicht warten lassen, der immer peinlich genau den Zeitrahmen ihres frühest- beziehungsweise spätestmöglichen Eintreffens an der Hütte kalkulierte und nur dann zufrieden war, wenn er den Eindruck hatte, dass S.' Vater weder zu schnell gefahren noch durch irgendwelche Umstände aufgehalten worden war, die außerhalb seiner Kontrolle lagen.

Der Großvater (und Taufpate von S.) war in dem kleinen Dorf geboren worden, das eine halbe Stunde vom Jagdhaus entfernt lag, und hatte es in der NS-Zeit mit einer Reihe von Lokalen im Rotlichtviertel einer nahe gelegenen Industriestadt sowie einer kleinen Fabrik für hochprozentige Spirituosen zu einem ansehnlichen Vermögen gebracht. In den letzten Wochen des Krieges war er, wie S. heute weiß, zurück aufs Land gezogen, wohl eher, um dem bevorstehenden »Entnazifizierungsprozess« zu entgehen, als zum Schutz vor den amerikanischen Soldaten, von denen er mit großer Herablassung sprach, weil sie sich nicht wie echte Kriegshelden verhalten, sondern darauf bestanden hätten, sämtliche Zimmer der Hütte zu durchsuchen, »als ob ihnen dort irgendeine Gefahr gedroht hätte«. Bis zu seinem Tod im Jahr 1958 sollten der Großvater und seine Frau nicht mehr aus dem Dorf wegziehen. Es gelang ihnen jedoch, mit wöchentlichen Besuchen in der Stadt und dank der Unterstützung eines diabolisch aussehenden Sekretärs namens Molgedey »die Geschäfte« erfolgreich am Laufen zu halten. Der Sekretär redete viel über Materie und davon, dass das Leben nach dem Tod eine Illusion sei, als ob er seinen Selbstmord ankündigen wollte, der sich lange vor dem Tod des Großvaters ereignete.

Die Geschäfte gingen sogar so gut, dass der Großvater sich einen schwarzen Opel Kapitän mit Weißwandreifen und Fahrer leisten konnte, der einen polnischen Namen und eine polizeiähnliche Mütze trug, was wohl seiner Vorstellung von einer korrekten Dienstkleidung entsprach. Jedes Jahr feierten sie Weihnachten in der warmen, behaglichen Hütte, umgeben von der schneebedeckten, romantischen Landschaft, sangen die klassischen Weihnachtslieder und – das mochte S. am liebsten – lauschten Erinnerungen aus der Vergangenheit, die sich für ihn entweder entfernt und glorreich oder unmittelbarer und real anfühlten und in denen die US-amerikanischen und britischen Obrigkeiten stets die Rolle natürlicher Antagonisten spielten, an die man durch zahlreiche pragmatische Arrangements gebunden war. In einer besonders faszinierenden Geschichte, die S. nie ganz verstand, ging es um große Glasbehälter mit Alkohol, die irgendwo im Wald versteckt waren. Kurz nach Kriegsende hatte sich der Großvater sehr zu seinem Bedauern der Notwendigkeit gebeugt und beschlossen, sie zu zerstören, auch wenn er befürchtete, dadurch einen Waldbrand auszulösen.

I
Auftauchen von Latenz? Der Beginn einer Generation

Der 15. Juni 1948 war ein heller und schwüler Dienstag in Bayern. Was aus Deutschland werden sollte, erschien vollkommen unklar, während die Vergangenheit als unmittelbare, aber kaum jemals angesprochene Bürde auf dem Land lastete. Niemand schien zu ahnen – und nur wenige schien es überhaupt zu interessieren –, dass eine Woche später die Zukunft entschieden sein würde. Die Titelseite der *Süddeutschen Zeitung* unterschied sich nicht sonderlich von der heutigen – mit Ausnahme der Schwarz-Weiß-Fotografie (die den in Deutschland geborenen und zum US-Staatsbürger gewordenen Schriftsteller Carl Zuckmayer mit Frau und Tochter zeigte) und des Preises, der damals 20 Pfennig pro Stück betrug. Fünf Texte auf der oberen Hälfte der Seite brachten die nicht nur für Deutschland wesentlichen politischen Bedingungen des Augenblicks zusammen, und sie taten dies auf seltsam distanzierte Weise. So wurde berichtet, dass sämtliche Vorbereitungen für die anstehende Währungsreform innerhalb der drei von den westlichen Alliierten besetzten Zonen nun getroffen seien und die Bekanntgabe eines genauen Zeitpunkts für die Durchführung der Geldneuordnung ausschließlich von den Besatzungsmächten abhänge. Ein anderer Text berichtete über eine Wahlrede des amerikanischen Präsidenten Truman in Berkeley, Kalifornien, in der dieser an die Sowjetunion appelliert hatte, sich den konstruktiven

Bemühungen um die Sicherung einer demokratischen und vereinten Zukunft Deutschlands nicht zu entziehen (aller Wahrscheinlichkeit nach waren die westlichen Siegermächte ebenso wie die Sowjetunion für eine Teilung Deutschlands, auch wenn sie sich aus Gründen der politischen Legitimation gegenseitig die Schuld zuschieben mussten). Zwei Kurzmeldungen behandelten das Zögern des französischen Parlaments bei der Ratifizierung der ersten politischen Schritte zur Schaffung eines westdeutschen Staates, auf die sich die drei westlichen Siegermächte zusammen mit Holland, Belgien und Luxemburg 13 Tage zuvor bei einem Gipfel in London verständigt hatten. Schließlich wurde noch der amerikanische Militärgouverneur, General Clay, zitiert, der auf einer Pressekonferenz versichert hatte, die USA würden jede mögliche Anstrengung unternehmen, »eine ostdeutsche Vertretung« in den neuen Staat mit einzubeziehen. Vier dieser fünf Texte waren in dem für Nachrichtenagenturen typischen neutralen Stil gehalten (tatsächlich stammten sie von AP, Dena-Reuter beziehungsweise UP); der eine Artikel aber, den die *SZ*-Redaktion selbst verfasst hatte, war, obwohl es darin um die wahrhaft existenzielle Frage der unmittelbar bevorstehenden Wirtschaftreform ging, wahrscheinlich der nüchternste von allen.

Nur zwei Artikel auf der Titelseite schlugen einen lebhafteren, stellenweise sogar aggressiven Ton an, obwohl sie Themen berührten, bei denen eigentlich mehr Takt und Zurückhaltung von deutscher Seite geboten gewesen wären. Einer davon war das heute immer noch beliebte »Streiflicht« in der linken Spalte des Titelblattes. In dieser Kolumne wurde am 15. Juni 1948 die weltpolitische Strategie der Vereinigten Staaten kritisiert, insbesondere deren Unterstützung des genau einen Monat und einen Tag zuvor im ehemaligen britischen Mandatsgebiet gegründeten jüdischen Staates durch eine Fremdenlegion, deren Gründung der Senat gerade erst zugestimmt hatte. Mit ungeniert antisemitischem Unterton machte sich das »Streiflicht« unter dem Banner des Pazifismus über 64 nichtjüdische Deutsche lustig, die sich freiwillig gemeldet hatten, um für die neue jüdische Sache zu kämpfen, aber von den israelischen Behörden abgelehnt wurden: »[W]enn wir [Deutschen] auf diese Weise einer permanent militanten Schicht im Volke ledig würden, so könnten wir uns nichts Besseres wünschen.«[1] Die ausführlichste, enthusiastischste und selbstgefälligste Berichterstattung galt jedoch der »zweiten internationalen Jugendkundgebung«, die mit 1400 Teilnehmern aus 21 Ländern in München stattfand. Unter den Ehrengästen waren auch 30 ehemalige deutsche Kriegsgefangene, die zu diesem Anlass von den französischen Behörden entlassen worden waren. Carl Zuckmayer erntete tosenden Applaus für sein Bekenntnis, die deutsche Jugend könne nicht für das verantwortlich gemacht werden, was während des jüngsten Kapitels der deutschen Geschichte geschehen sei. Für den folgenden Tag wurde die Verleihung der Ehrendoktorwürde durch die Universität München an den französischen Schriftsteller Jules Romains angekündigt, die im Rahmen der »Kundgebung« nach allen Regeln der akademischen Etikette erfolgen sollte. Überraschenderweise war, wenn auch verspätet, sogar eine Abordnung aus Spanien angereist, aus einem Land also, das in der politischen Nachkriegsordnung vollkommen isoliert dastand, weil seine Militärregierung offiziell mit Hitler verbündet gewesen war. Diese Delegation wurde ganz besonders warmherzig begrüßt.

Die in München versammelte internationale Jugend sprach, wie das Blatt vermeldete, »mit Achtung« von »ihren deutschen Freunden«, sie wünsche sich »gute Nachbarschaft« mit ihnen und sei sogar »stark beeindruckt von den deutschen Lebensmittelrationen, die in der Zeltstadt ausgegeben wurden«, gewesen.[2] Wo und unter welchen Bedingungen man an Lebensmittel kam, war eine Hauptsorge der *Süddeutschen Zeitung* und ihrer Leser. Ein langer Artikel auf der dritten von insgesamt vier Seiten der Ausgabe vom 15. Juni 1948 widmete sich der gesetzlich geregelten Möglichkeit des Erwerbs von Fleisch aus Notschlachtungen kranker Tiere (»Freibank«) und berichtete von den über 3000 Menschen, die in einer Schlange anstehend auf ebendiese Möglichkeit warteten. Ähnlich wie die Nahrung wurde auch die Kultur vom Standpunkt der Versorgung und der Menge aus betrachtet. Unter der Überschrift »Kabarett-Hochflut in München« wurden drei politische Kabarettprogramme besprochen, daneben zahlreiche Neuinszenierungen klassischer Dramen wie etwa von Lope de Vega oder dem damals allgegenwärtigen Henry de Montherlant (unter allen Kulturen genoss die französische in Deutschland wie auch schon vor 1933 zweifellos das höchste Ansehen). Darüber hinaus gab es einen Bericht über eine von General Clay im Haus der Kunst eröffnete Renaissance-Ausstellung mit Gemälden alter Meister, die dem Land Bayern von den amerikanischen Behörden zurückgegeben worden waren.

Selbst für eine Zeitung von nur vier Seiten fiel der Sportteil relativ klein aus, zumindest wenn man ihn mit den heutigen vergleicht. Den Aufmacher bildete das Programm eines Boxwettkampfs (Faustkampf muss damals die beliebteste Sportart in Deutschland gewesen sein) zwischen den Städten Zürich und München, der als großzügige Geste der Schweizer gewertet wurde, um den Bann des Ausschlusses deutscher Athleten von internationalen Sportveranstaltungen zu brechen. Die Fußballberichterstattung klang dagegen seltsam elegisch: »Waldhof konnte trotz reiferer Spielart kein Tor schießen, 1860 eines. Das soll für den Glauben genügen, daß sich auch die Stürmer einmal wieder finden werden, die [...] etliches vermissen ließen.«[3] Die ganze untere Hälfte der Seite war mit Stellenanzeigen gefüllt: Gesucht wurden vor allem Männer und Frauen mit Fähigkeiten im kaufmännischen Bereich, der Verwaltung oder mit Schreibmaschinenkenntnissen sowie auch »Mädchen« als Hausangestellte (»Alleinmädchen«). Arbeitsgesuche gab es an jenem Tag keine.

Ein Leser ohne Zusatzwissen über den lokalen und historischen Kontext könnte sich unmöglich vorstellen, dass die *Süddeutsche* vom 15. Juni 1948 in einer Stadt geschrieben, gedruckt und vertrieben wurde, deren Innenstadtbereiche infolge der Luftangriffe nach wie vor völlig verwüstet waren; noch dazu in einer Stadt, welche die offizielle Heimat der Nationalsozialistischen Deutschen Arbeiterpartei gewesen war, der Partei Adolf Hitlers und Heinrich Himmlers, die Verbrechen von beispielloser technischer Perfektion über die Menschheit gebracht hatte. Noch schwieriger wäre es für diesen Durchschnittsleser, Hinweise auf die wahrlich wundersame (mehr als nur »dramatische«) Wende zu finden, vor der die Stadt München und das ganze Land standen. Es scheint, als seien die Menschen, die den Krieg überlebt hatten, auch in ihrem neuen, friedlichen Alltag noch so sehr mit dem Überleben beschäftigt gewesen, dass sie ihre jüngsten Errungenschaften gar nicht richtig schätzen konnten und erst recht nicht in der Lage waren, ihre eigene Blindheit zu ermessen. Umschlossen von den Schrecken der Vergangenheit und den Erfolgen der Zukunft mag sich das Leben an jenem Spätfrühlingstag ähnlich flach und fast absichtsvoll »normal« angefühlt haben wie manche Musikstücke, die im American Forces Network gespielt wurden, beispielsweise Benny Goodmans Version von »On a Slow Boat to China«, das sich Ende 1948 zu einem Dauerbrenner entwickelte.

*

Die Ausgabe des neuen Geldes, der Deutschen Mark, begann am 20. Juni 1948, einem regnerischen Sonntag, in der amerikanischen, britischen und französischen Zone Deutschlands. Jeder Bürger durfte bis zu 40 alte Reichsmark eins zu eins in die neue Währung umwechseln, der Umtausch weiterer 20 D-Mark wurde für August angekündigt. Jede darüber hinausgehende Geldmenge konnte zum Kurs von 10 (alt) zu 1 (neu) getauscht werden; der Wechselkurs für Bank- und Sparkonten betrug 100 zu 6,5; regelmäßige Verbindlichkeiten wie Löhne, Mieten, Renten wurden eins zu eins umgestellt. Gleichzeitig wurde die Rationierung für mehr als 400 Verbrauchsgüter aufgehoben. Obwohl diese Maßnahmen von Ängsten und einem tatsächlichen Anstieg der Arbeitslosigkeit begleitet wurden, stoppten sie doch zumindest in einer Hinsicht die frühere Implosion des Landes und leiteten den Beginn des »Wirtschaftswunders« ein, das die existenzielle Grundstimmung der frühen Bundesrepublik bestimmen sollte.

Die schnelle Umsetzung der westlichen Währungsreform kam für die sowjetische Verwaltung im anderen Teil des Landes vollkommen überraschend und machte auch dort eine Währungsumstellung notwendig, die drei Tage später stattfand, um die Ostzone vor einer Überschwemmung mit alten und jetzt wertlos gewordenen Reichsmark aus dem Westen zu bewahren. In ihrem Bemühen soziale Gerechtigkeit herzustellen, indem man Einwohnern mit weniger verfügbarem Geld bessere Wechselkurse anbot, unterschied sich die ostdeutsche Währungsumstellung grundlegend von ihrem westlichen Pendant. Als Vergeltungsmaßnahme unterbrach die Sowjetunion einen Tag später, am Donnerstag, dem 24. Juni, sämtliche Land-, Schienen- und Wasserverbindungen zu den Westzonen und den westlichen Sektoren Berlins und weitete so ihre bereits bestehende Praxis gelegentlicher politischer und militärischer Interventionen zu einer weltpolitischen Bedrohung aus. Trotz zahlloser logistisch, technisch und vor allem strategisch begründeter Zweifel (aber mit Unterstützung der britischen Behörden) ordnete General Clay unverzüglich die Errichtung einer Luftbrücke von Westdeutschland nach Berlin an. Binnen weniger Wochen absolvierten britische und US-amerikanische Flugzeuge insgesamt rund 450 Flüge pro Tag über drei Korridore (aus Frankfurt, Hannover und Hamburg) zu drei Westberliner Flughäfen (Tempelhof, Gatow und ab Dezember 1948 Tegel), womit die Kontrolle über die Westsektoren der ehemaligen Hauptstadt erneut bekräftigt und das Überleben der dort lebenden Bevölkerung sichergestellt wurde. Innerhalb von weniger als 100 Stunden endete zwischen dem 20. und 24. Juni 1948 die unmittelbare Nachkriegszeit, und der Kalte Krieg, der bereits als weltpolitische Möglichkeit und Schreckensvorstellung für Gesprächsstoff gesorgt hatte, begann sich als neue Realität abzuzeichnen. Wie besessen von dem Gedanken, eine politische Landkarte mit scharfen Kontrasten zeichnen zu müssen, schloss das Komitee der osteuropäischen kommunistischen Parteien unter Vorsitz der UdSSR (Kominform) noch vor Ende desselben Monats die Kommunistische Partei Jugoslawiens aufgrund von Vorwürfen über »sowjetfeindliche und antiinternationalistische Haltungen« aus. Weniger als zwei Monate später wählten die Ministerpräsidenten der Länder der westlichen Besatzungszonen überraschenderweise die kleine Universitätsstadt Bonn als Ort für ihre Beratungen über eine neue Verfassung.

*

Während diese Wochen, in denen die Grundkonturen der neuen Weltordnung zum ersten Mal sichtbar wurden, so merkwürdig unbeeindruckt von den eigenen Spannungen und Handlungsabfolgen verliefen, waren die letzten Monate des Krieges von grotesken Simultaneitäten und von Hysterie gekennzeichnet. Denken wir beispielsweise an jenes gruselige Foto vom März 1945, auf dem ein gebrechlich und viel älter als 56 Jahre wirkender Adolf Hitler einer Reihe von uniformierten Jungen die Hände schüttelt, als ob sie echte Soldaten wären, als ob er noch irgendeine militärische oder gar väterliche Autorität besäße, als ob der Krieg nicht längst verloren wäre und als ob diese Jungen glauben könnten, es hätte irgendeinen Sinn, ihr Leben zu opfern. Gibt nun dieses »als ob« nur unseren Eindruck wieder, dass bestimmte Gesten nicht stimmig waren, dass sie in grotesker Weise nicht zu der Umgebung passten, in der sie stattfanden – oder ist das »als ob« vielmehr eine annähernde, wenngleich unzureichende Formel für die eigentümliche Mischung aus Hilflosigkeit und Zynismus, mit der das seltsame Nebeneinander jenes Augenblicks erlebt wurde? Ist es möglich, dass Hitler im Frühling 1945 noch an sich glaubte? Ist es möglich, dass jene Jungen ihm vertrauten? Waren die Deutschen, die wenige Tage nach der bedingungslosen Kapitulation gezwungen wurden, durch die von ihrer Regierung und von ihren Mitbürgern gebauten Konzentrationslager zu gehen, aufrichtig, als sie taten, als hätten sie von diesen langsamen Tötungsmaschinen nichts gewusst? Was dachten sich meine Eltern, als sie mit altdeutscher Schrift bedruckte Karten aus Büttenpapier an Freunde und Verwandte verschickten, um sie für den 20. April 1945 (also an Hitlers Geburtstag, obwohl sie nicht einmal besonders viel mit der Partei zu tun hatten) zu einer Verlobungsfeier einzuladen, noch dazu in Dortmund, wo noch bis vor wenigen Tagen eine der heftigsten Schlachten der letzten Kriegsmonate getobt hatte? Sahen sie darin überhaupt ein Problem? Kam es ihnen in den Sinn, dass die beschädigten Häuser, in denen sie schliefen, aßen und Sex hatten, einen kruden Widerspruch zu den förmlichen Einladungskarten zu ihrer Feier darstellten? Oder handelten sie, als ob nichts geschehen sei, weil der Abgrund zu tief war, als dass sie hätten hineinblicken können? War ihre Ignoranz die Bedingung, um zu überleben? War Hitler – oder sonst jemand in den spärlichen unterirdischen Räumlichkeiten des *Bunkers* – wirklich überzeugt, wie sie es ja behaupteten, »philosophisch« oder »religiös« überzeugt (falls man solche Adverbien hier überhaupt gebrauchen kann), dass es das gerechte und notwendige Schicksal der deutschen »Rasse« sei, unterzugehen, physisch vernichtet und vom Erdboden getilgt zu werden – weil sie sich als schwächer als andere »Rassen« und damit der Herrschaft unwürdig erwiesen hatte?

*

Solche aus grotesken Szenarien am Ende des Krieges stammenden schrillen Töne mussten nach der bedingungslosen Kapitulation am 8. Mai 1945 natürlich verstummen, aber das »als ob« des aggressiven Ignorierens blieb eine Gewohnheit der Überlebenden unter Lebensbedingungen, die schlimmer wurden, als es sich irgendjemand hätte vorstellen können. Dies ist der Eindruck, den der 23-jährige schwedische Journalist Stig Dagerman gewinnt, als er in den Herbstmonaten des Jahres 1946 nach Deutschland kommt, um in einer Serie von 13 Artikeln, die er im Laufe des folgenden Jahres in Stockholm veröffentlicht, über die – historisch und existenziell wahrscheinlich beispiellose – Situation im Land zu berichten.[4] Dagerman beschreibt in schonungsloser Ausführlichkeit den Alltag einer Familie in einer Erdgeschosswohnung, die ständig unter Wasser steht. Ihre Lebensbedingungen als »prähistorisch« zu bezeichnen, wäre noch untertrieben. Sie leben wie Menschen aus einer modernen Zivilisation, die mit Gewalt ins Höhlenleben zurückgestoßen wurden. Jeder Schritt stellt ein Problem dar, sie haben gelernt zu schlafen, ohne sich zu bewegen, und überall lauert die Gefahr, krank zu werden. Anstatt zur Schule zu gehen oder einen Beruf auszuüben, müssen Kinder und Erwachsene wieder nach Nahrung jagen, sie suchen nach Brennbarem und gelegentlich tauschen sie, was sie gefunden haben, gegen Kleidungsstücke ein. Sie haben keine Zeit, keine Kraft und nicht einmal den Wunsch, über die Ursachen ihrer Lage nachzudenken. Das Leben dreht sich ausschließlich darum, dem Tod zu entkommen – jeden Tag. Die wenigen Deutschen, die für kurze Augenblicke das Privileg haben, inmitten dieses Kampfes einmal innehalten zu können, nehmen die absolute Kontrolle widerspruchslos hin, welche die Alliierten über das Gebiet ausüben, das einmal »ihr« Land gewesen ist. Gleichwohl empfinden sie es offenbar als ganz normal, Dagerman zu erzählen, dass sie sich ungerecht behandelt fühlen. Sind sie ehrlich und ist es ihr Ernst, wenn sie ihm Fragen stellen wie etwa, ob Hitler und die zwölf Jahre Naziherrschaft wirklich ihr Fehler waren? Oder warum nicht berücksichtigt werde, dass die Deutschen andere Nationen nach militärischen Siegen nie mit solcher Härte behandelten?

Den Vorsitz bei den Entnazifizierungsverfahren, die für die Bevölkerung zur unumgänglichen Voraussetzung und zur Schwelle für den Wiedereinstieg ins berufliche und bürgerliche Leben wurden, überließen die Alliierten, außer bei den Nürnberger Kriegsverbrecherprozessen, deutschen Anwälten mit »reiner Weste«. Dagerman war mit diesen logistischen Entscheidungen nicht einverstanden. Er warf den neuen (und größtenteils auch schon vor 1945 tätigen) Beamten zwar keine eklatanten Unrechtstaten oder einen Hang zur Bevorzugung der eigenen Leute vor, fand aber, dass es ihnen an der nötigen Leidenschaft und Wissbegierde mangelte, um die Verbrechen der Vergangenheit aufzudecken und zu bestrafen und, mehr noch, einen Bruch mit der Vergangenheit zu vollziehen, wie er gut anderthalb Jahre später im Wirtschaftssystem gelang. Schließlich beobachtete Dagerman noch eine wachsende Spannung zwischen zwei Generationen von Deutschen. Die 15- bis 30-Jährigen machten ganz offensichtlich der Altersgruppe ihrer älteren Geschwister und Eltern, denjenigen also, die zwischen 1933 und 1945 die Geschicke des Landes bestimmt hatten, den Vorwurf, ihre Gegenwart und Zukunft aufs Spiel gesetzt zu haben. Dagegen waren überraschenderweise viele ältere Deutsche der Ansicht, die Jüngeren hätten es versäumt, die Nation vor der Naziherrschaft zu schützen oder sie gar von ihr zu befreien. Vor allen Dingen, konstatierte Dagerman, fühlte sich niemand wirklich verantwortlich.

Ein berühmter und beispielhafter Fall, der geradezu sinnbildhaft geworden ist, ist das Leben des Philosophen Martin Heidegger. Aus biografisch und intellektuell nur allzu einleuchtenden (und daher denkbar schlechten) Gründen war dieser am 1. Mai 1933 Hitlers Partei beigetreten, zehn Tage nachdem er mit Zustimmung derselben Partei zum Rektor der Universität Freiburg gewählt worden war. Den neuen Machthabern, die, soweit wir das heute sagen können, nie auch nur ansatzweise die Bedeutung seines philosophischen Werks erkannten, muss Heideggers Rektorat schon frühzeitig problematisch erschienen sein. Fast genau ein Jahr nach seiner Wahl wurde seinem Rücktrittsgesuch vom Amt des Rektors stattgegeben. Von da an wahrte er eine gewisse Distanz zur Politik, auch der Hochschulpolitik, und machte gelegentlich kritische, wenn auch, wie man sagen muss, nicht allzu kritische Bemerkungen darüber, dass die aktuelle deutsche Politik die Berufung der nationalsozialistischen Bewegung nicht erfülle. Er hatte jedoch nie den Mut (und wahrscheinlich auch nicht den Willen), die Partei zu verlassen. Anfang 1947 bat Heideggers französischer Leser und Bewunderer Jean Beaufret ihn in einem Brief, seine besondere Sicht – und, das war in der Frage impliziert: seine Neubearbeitung – des Humanismus-Begriffs in der Nachkriegswelt zu entwickeln. Beaufrets Vorstoß war eindeutig inspiriert von Jean-Paul Sartres damals äußerst einflussreichem Essay »L'existentialisme est un humanisme« (»Der Existentialismus ist ein Humanismus«) – doch Heideggers Reaktion war nicht einfach nur höflich negativ. Er entwickelt in seiner Antwort, die sein wichtigster philosophischer Text nach der bedingungslosen Kapitulation Deutschlands werden sollte, ein Bild der gegenwärtigen Lage der Philosophie (beziehungsweise des »Denkens«, wie er zu sagen vorzog), dessen unerbittliche Trostlosigkeit mir als Widerhall der damals in Deutschland herrschenden materiellen Situation erscheint.

Heidegger beginnt mit einer rhetorischen Frage, welche die Rolle der Autorität, die er im Dialog mit Beaufret einnimmt, kaum kleiner macht:

> »Sie fragen: Comment redonner un sens au mot ›Humanisme‹? Diese Frage kommt aus der Absicht, das Wort ›Humanismus‹ festzuhalten. Ich frage mich, ob das nötig sei. Oder ist das Unheil, das alle Titel dieser Art anrichten, noch nicht offenkundig genug?«[5]

Es war nie Heideggers Art, zuzugeben, dass er seine philosophischen Positionen als Reaktion auf Veränderungen in seiner Umwelt entwickelte – geschweige denn revidierte. Dennoch deuten die Worte »noch nicht« hier darauf hin, dass er seinen Standpunkt aufgrund des Einflusses der niederschmetternden Gegenwart einnimmt. Sein »Brief über den ›Humanismus‹« ist in erster Linie eine Kritik des traditionellen Anthropozentrismus; insbesondere will er damit unterstreichen, dass alles Wesentliche des »Daseins« nur in Relation zur »Entbergung des Seins« wesentlich sein kann: als Wahrheitsereignis und als höheres »Geschick«, in dem das Dasein eine Rolle spielen muss, ohne je wissen zu können, warum und in welcher Weise diese Rolle von Bedeutung ist. Als habe er niemals sein wollen, was er doch zumindest in seiner Zeit als Rektor in Freiburg programmatisch und öffentlich war, nämlich ein Philosoph eines neuen Begriffs der Nation als entscheidendem Existenzrahmen, lehnt Heidegger nun Nationalismus und Internationalismus gleichermaßen als unzureichende Konfigurationen innerhalb der Geschichte des Seins ab:

»Angesichts der wesenhaften Heimatlosigkeit des Menschen zeigt sich dem seinsgeschichtlichen Denken das künftige Geschick des Menschen darin, daß er in die Wahrheit des Seins findet und sich zu diesem Finden auf den Weg macht. Jeder Nationalismus ist metaphysisch ein Anthropologismus und als solcher Subjektivismus. Der Nationalismus wird durch den bloßen Internationalismus nicht überwunden, sondern nur erweitert und zum System erhoben. Der Nationalismus wird dadurch so wenig zur Humanitas gebracht und aufgehoben, wie der Individualismus durch den geschichtslosen Kollektivismus. Dieser ist die Subjektivität des Menschen in der Totalität. Er vollzieht ihre unbedingte Selbstbehauptung. Diese läßt sich nicht rückgängig machen. Sie läßt sich durch ein halbseitig vermittelndes Denken nicht einmal zureichend erfahren. Überall kreist der Mensch, ausgestoßen aus der Wahrheit des Seins, um sich selbst als das animal rationale.«[6]

Ganz grob gesagt verwandelt der Gebrauch des Begriffes »Heimatlosigkeit« als philosophische Metapher das Schicksal Millionen Deutscher, die ihr Leben in den ehemaligen Ostgebieten des Landes aufgeben mussten, aber auch die Zerstörung deutscher Städte in eine Konkretisierung dessen, was Heideggers Diagnose als die wahre Krise des Augenblicks identifiziert: Diese besteht für ihn in der Unfähigkeit, vielleicht sogar Ungeeignetheit der damaligen Generationen, ihr Ge-schick, das heißt den existenziellen Ort, an den das entborgene Sein sie gewiesen und geschickt hat, zu erfassen. Seine ontologisch-existenziellen Prämissen haben wohl nie überzeugender geklungen als in jener Zeit der äußersten – auch philosophischen – Demut:

»Es ist an der Zeit, daß man sich dessen entwöhnt, die Philosophie zu überschätzen und sie deshalb zu überfordern. Nötig ist in der jetzigen Weltnot: weniger Philosophie, aber mehr Achtsamkeit des Denkens; weniger Literatur, aber mehr Pflege des Buchstabens. Das künftige Denken ist nicht mehr Philosophie, weil es ursprünglicher denkt als die Metaphysik, welcher Name das gleiche sagt. Das künftige Denken kann aber auch nicht mehr, wie Hegel verlangte, den Namen der ›Liebe zur Weisheit‹ ablegen und die Weisheit selbst in der Gestalt des absoluten Wissens geworden sein. Das Denken ist auf dem Abstieg in die Armut seines vorläufigen Wesens. Das Denken sammelt die Sprache in das einfache Sagen. Die Sprache ist so die Sprache des Seins, wie die Wolken die Wolken des Himmels sind. Das Denken legt mit seinem Sagen unscheinbare Furchen in die Sprache. Sie sind noch unscheinbarer als die Furchen, die der Landmann langsamen Schrittes durch das Feld zieht.«[7]

Als Martin Heidegger 1947 diese Zeilen über die »Weltnot« und die »Armut« der Philosophie schrieb und sich Bildern aus der Landwirtschaft bediente, war die Nahrungsmittelversorgung der deutschen Bevölkerung so schlecht, dass sie lebensbedrohlich geworden war. Nach einem ungewöhnlich kalten Winter und einem trockenen Sommer war die durchschnittliche tägliche Kalorienration für einen Erwachsenen von 3000 kcal vor dem Krieg auf 900 kcal gefallen – und lag damit um 600 kcal unter der von den Alliierten festgesetzten Mindestgrenze von 1500. Die Scheidungsrate stieg unterdessen von 8,9 je 10000 Einwohner im Jahr 1939 auf 18 im Jahr 1948.

*

Im Frühsommer 1948 wandten sich die Dinge zum Besseren, doch schienen nur sehr wenige Deutsche von diesem Wandel Notiz zu nehmen. Lag es daran, dass ihre Lage über lange Zeit so trostlos geworden war, so dauerhaft trostlos, dass sie gar nicht mehr in der Lage waren, sich ein anderes Leben vorzustellen oder sich sogar danach zu sehnen? Schien ihnen eine Rückkehr aus der Prähistorie unmöglich? *Die Wandlung*, eine von Dolf Sternberger herausgegebene einflussreiche Monatszeitschrift von beeindruckender intellektueller Qualität und entschlossen demokratischer Ausrichtung, ließ in ihrer Ausgabe vom Mai 1948 immerhin einige schwache Hoffnungsschimmer durchblicken: »Es steht zu erwarten, daß in diesem Sommer und Herbst bei normalerem Wetter und etwas besserer Versorgung mit künstlichem Dünger eine erheblich bessere Ernte hereinkommen wird, die vielleicht 1200 bis 1300 Kalorien anstatt der vorjährigen 900 bereitstellt.«[8] Zugleich wurde betont, eine Rückkehr in die internationale Handels- und Wirtschaftsgemeinschaft sei langfristig und aus systemischer Sicht für Deutschland notwendig und im Interesse aller Länder. Dolf Sternberger stellt fest, dass die Rolle des Nationalstaats als Schlüsselelement im politischen Machtspiel mittlerweile zunehmend an Bedeutung verliere und von einer Spannung zwischen den, wie der Autor schreibt, »zwei Parteien«, dem amerikanischen und dem sowjetischen Block, abgelöst werde. Den brillantesten und philosophisch komplexesten Beitrag zu jener Ausgabe der *Wandlung* leistet schließlich noch der Jurist und spätere Bundestagsabgeordnete Adolf Arndt. Ähnlich wie Heidegger argumentiert er, dass in der gegenwärtigen Krise der traditionelle »Glaube an die Menschheit« verlorengegangen sei, ebenso wie die Überzeugung, der Mensch sei hinreichend gerüstet, um alle Probleme, vor denen er jemals stehen werde, ohne Rückschläge und Krisen lösen zu können. Als aktuelles Beispiel, das nach seiner Einschätzung noch nicht vollständig zum Abschluss gekommen ist, nennt er den zweifachen Übergang vom »Sakralstaat« zum »Sozialstaat« und vom »Nationalstaat« zu einer universellen Ordnung. In dieser Situation, so Arndt, entstehe ein starker – und verständlicher – Wunsch nach substanziellen religiösen oder ethischen »Werten«, ein Wunsch nach festen Standpunkten, die Halt bieten und an denen man sich orientieren kann. Für ihn hingegen ist der entscheidende Punkt, dass nur ein rechtlicher Rahmen, der auf solche substanziellen Prämissen verzichtet, flexibel genug ist, dauerhaften Frieden in einer ungeheuer komplexen Umwelt wahrscheinlich zu machen. Mit anderen Worten: Dem Drängen nach sofortigen Lösungen nicht nachzugeben, schien eine notwendige Voraussetzung für das Überleben und für mittelfristigen Erfolg zu sein.

*

Weniger als fünf Jahre später stellten sich die Probleme für Angehörige des deutschen Mittelstands wie meine Eltern ganz anders dar. Ich hörte sie nie von der Verlobungsfeier 18 Tage vor der bedingungslosen Kapitulation reden. Mein Vater war ungefähr ein Jahr lang in amerikanischer Kriegsgefangenschaft gewesen, und wenn die Fotos, die er von dort mitbrachte, nicht trügen, dann verbrachte er seine Zeit in dem Lager namens »Oklahoma« nahe der französischen Stadt Reims unter fast komfortablen Bedingungen. Als mein Vater entlassen wurde (manchmal erzählte er uns, dass er geflohen sei), stellte ihm der Kommandeur des Lagers erstaunlicherweise ein Empfehlungsschreiben aus, in dem er ihn für die Unterstützung lobte, die er seinen Mitgefangenen als fast fertiger Medizinstudent habe leisten können. Meine Eltern hatten im Mai 1947 geheiratet, ein paar Monate bevor die Hungersnot ihren Höhepunkt erreichte, und es ist kaum überraschend, dass sich ihre Erinnerungen an jenen Tag größtenteils auf den übermäßigen Essensgenuss (und die unangenehmen gesundheitlichen Folgen für einige Gäste) beschränkten. Sie hatten auch das Glück, eine Stelle an der Universitätsklinik meiner Heimatstadt zu bekommen, welche nach den Bombenangriffen der Alliierten die am zweitstärksten zerstörte Stadt Deutschlands war. Mit ihren zwei Gehältern von jeweils ungefähr 200 Mark konnten sich meine Eltern den Luxus leisten, ein Kindermädchen für mich einzustellen. Sie hieß Helgard und war die Tochter eines Bahnarbeiters. Ich erinnere mich noch, dass sie sehr schön und viel zärtlicher als meine Mutter war. Eines Tages jedoch teilte mir meine Mutter mit, dass Helgard nicht mehr kommen werde. »Sie ist böse geworden«, sagte meine Mutter nur und wollte keine weiteren Einzelheiten oder Erklärungen liefern. Helgard wurde durch eine Nonne mit gestärkter Haube ersetzt, bei der ich niederknien musste (wohl um zum Herrn zu beten), bevor ich mein Frühstück bekam. Helgard war der erste Mensch in meinem Leben, den ich vermisste, und eines Nachts bekam ich in meinem winzigen Zimmer auf einer Etage des Krankenhauses, in dem wir lebten, mit, wie meine Eltern einem Freund den wahren Grund für ihre Entlassung verrieten: »Sie verkehrt in Existenzialistenkellern.« Ich hatte natürlich keine Ahnung, was »Existenzialisten« waren, und erst recht nicht, warum sie sich in Kellern aufhielten – wobei meine Eltern als Chirurgen wahrscheinlich auch nicht viel mehr über die jüngsten französischen Einflüsse auf den deutschen Geist wussten. Sie waren jedoch schnell und sicher in eine Welt zurückgekehrt, in der Einvernehmen darüber herrschte, dass der eigene bürgerliche Lebensstil durch hohe Mauern vor allem geschützt werden musste, was nach Exzentrik aussah. Manchmal sprachen sie noch »vom Krieg«, für mich war er jedoch nur ein vager Horizont, etwas, dass irgendwie vor meiner Geburt passiert war, und nicht einmal unbedingt etwas Schlimmes. Ich assoziierte ihn mit den vielen Ruinen in meiner Heimatstadt, kannte aber auch keine Stadt ohne Ruinen und sollte bald merken, dass es großen Spaß machte, in ihnen zu spielen.

Anfang der 1950er Jahre ging mein Vater für etwa ein halbes Jahr zu einem Medizinalpraktikum nach München, um seine Ausbildung zum Facharzt für Urologie abzuschließen. Die Fachrichtung begann gerade erst, sich als eigenständiges Praxis- und Forschungsfeld zu etablieren und von der allgemeinen Chirurgie abzunabeln. Er schickte seinem Söhnchen aus München Briefe mit Zeichnungen und einer Fülle von Ansichtskarten. Manche Ecken von München sehen darauf genauso aus wie heute, das heißt, wie die Hauptstadt einer kleinen Monarchie im 19. Jahrhundert mit dem opulenten Gestus des alten Geldadels und mit großen Autos, vor allem bestens erhaltenen Mercedes-Fahrzeugen, aber durchaus auch überdimensionalen britischen und amerikanischen Modellen. Auf anderen Fotos ist München eine riesige Baustelle, auf der reger Verkehr herrscht und kleinere Wagen das Bild bestimmen, hauptsächlich Volkswagen, einige Opel, aber auch Lastwagen mit Erde und anderen Baumaterialien. Die wenigen Menschen auf diesen Bildern, die kein Auto fahren, wirken gehetzt. Ich fand auch eine Farbpostkarte, die von 1955 datiert und die Zukunft der Stadt zeigte, in der mein Vater lebte. Auch sie handelte von Autos und zeigte stolz die »Groß-Garage Nymphenburg«, eine Tankstelle in einem eleganten Wohnviertel, dessen Name von Schloss Nymphenburg, einer Sommerresidenz aus dem frühen 18. Jahrhundert, stammte. Die »Groß-Garage« ist eigentlich gar nicht so groß – scheint aber irgendwie sehr stolz auf sich zu sein. Nur ein Auto, eine schwarze Mercedes-Limousine, wahrscheinlich vom Typ 220, ist dort wie zum Tanken vor einer Zapfsäule geparkt. Sie hat noch die kompaktere, fast viereckige Karosserie der ersten Generation von Mercedes-Modellen nach dem Krieg wie auch die weißen Streifen auf den schwarzen Reifen, die als Zeichen von Eleganz aus den USA übernommen worden waren. Vor der Werkstatt steht ein sorgfältig rot und schwarz lackierter VW-Bus. Auf seiner Vorderseite sind die Symbole einer Autoversicherung (es handelt sich wohl um »D.A.S.«, die Deutsche Automobil-Schutz Aktiengesellschaft) und des allbekannten Allgemeinen Deutschen Automobilclubs ADAC zu sehen. Auf seinen Scheinwerfern befinden sich zwei schmale Klappen, die wohl den Blendeffekt mildern sollen. Da sie aber auch aussehen wie Augenlider, geben sie dem VW-Bus ein scheues, aber freundliches Gesicht. Die Welt der Groß-Garage ist ruhig, friedlich und selbstzufrieden. Wenn das Foto nicht wirklich an einem Sonntag entstanden ist, so wirkt es wie aus einer Zeit, in der jeder Tag ein Sonntag sein wollte.

*

Es mag überraschen, aber diese zurückhaltende Stimmung der Mitte des 20. Jahrhunderts scheint nicht auf Deutschland, ja nicht einmal – wie man vielleicht meinen könnte – auf die Kriegsteilnehmerländer beschränkt gewesen zu sein. Ich habe Postkarten von 1948, die ich auf einem Flohmarkt in Lissabon gefunden habe. Es handelt sich ausnahmslos um Privatfotos im Postkartenformat, die an Freunde und Verwandte verschickt werden konnten. Sorgfältig zurechtgemachte junge Männer sandten ihre Schwarz-Weiß-Porträts an Kusinen und Freundinnen, setzten ihre »Grüße« darunter und fügten oft Sätze hinzu wie: »Zur Erinnerung daran, wie ich [an dem und dem Tag] aussah.« So voller Wünsche und Träume diese Bilder auch gewesen sein müssen, ihre Sprache lässt nie auch nur die leiseste Zweideutigkeit erkennen, geschweige denn einen Witz oder irgendetwas Schlüpfriges.

Ich besitze auch eine Fotografie einer jungen Familie aus Portugal. Die Mutter ist so schön, dass sie auch ein Filmstar jener Zeit sein könnte – eine Art dunklere Ausgabe von Rita Hayworth. Ihr Gesicht ist vollkommen symmetrisch und weich, obschon die Knochen die Form vorgeben, bis auf den Lippenschwung, der für ein unnahbares Lächeln sorgt. Die Kleidung des Vaters ist tadellos und war zweifelsohne recht teuer. Er ist nicht unbedingt älter als seine Frau, scheint aber bemüht, seriös zu wirken, und erzeugt so den Eindruck eines Mannes, der sich ohne Anzug und Krawatte unwohl fühlen würde. Sein Körper ist jedoch so rund wie der eines hässlichen Kindes oder eines alten Mannes, der sich aufgrund von Übergewicht nicht mehr bewegen kann. Seine Arme sind kurz, seine Haut aufgedunsen, und die Lippen sind zusammengepresst, als hielten sie ein Wort zurück, das er nicht verraten darf. Man kann sich zwar schwer vorstellen, dass ihn irgendjemand »auf den ersten Blick« mögen würde, die Frage ist aber, ob man ihm vertrauen könnte. Oder vielleicht sollte ich richtiger fragen: Ist er für seinen Status zu schwach und zu unglücklich, oder steckt in ihm ein Gefahrenpotenzial? Zwischen der schönen Mutter und dem feisten, unheimlichen Vater steht auf einem Stuhl ihre Tochter, die so um die drei Jahre alt sein muss. Sie hat ein schickes, kariertes Kleid an, wie es etwa Shirley Temple oder sogar die Kinder britischer Adliger damals hätten tragen können. Eines Tages, so denkt man unweigerlich, wird das Gesicht des Mädchens dem des Vaters gleichen – das ändert aber nichts daran, dass sie durchaus »süß« aussieht, wie wir heute sagen würden, beziehungsweise »wie ein Barockengel«, wie es damals wohl geheißen hätte. Seit ich diese Postkarte zum ersten Mal gesehen und gekauft habe, denke ich, dass ihr latent eine Geschichte innewohnt, allerdings keine, die man sich je ausdenken könnte. Es muss eine wahre, präzise und vielleicht schmerzvolle Geschichte sein – möglicherweise die Geschichte eines körperlichen Gebrechens, eines Verrats oder sogar eines Verbrechens, vor allem aber eine Geschichte, die niemals erzählt werden wird, obwohl wir ihre Präsenz spüren können.

*

Könnte (oder sollte) denn für uns irgendetwas von Bedeutung sein an jener Zeit vor gut 60 Jahren, in der Mitte des vergangenen Jahrhunderts, die – in so vielerlei Hinsicht – so zurückhaltend hinsichtlich dessen war, was damals womöglich wichtig war? Eine gute Möglichkeit, einer Antwort auf diese Frage zumindest nahezukommen, ist, die Zeit nach 1945 mit dem Zeitraum weniger als 30 Jahre zuvor zu vergleichen, der auf den ersten Krieg folgte, den man »Weltkrieg« nannte. Nicht nur von Intellektuellen wurde die Nachkriegszeit des frühen 20. Jahrhunderts als eine Phase tiefer Depression erlebt. Waren die Tage der europaweiten militärischen Mobilmachung Ende Juli 1914 noch eine Orgie des patriotischen Zutrauens gewesen, so lag auf den Gesichtern derer, die im November 1918 aus den Schützengräben zurückkehrten, egal ob als Sieger oder Besiegte, allgemein ein düsterer Ernst. Auf den Bildern und Filmaufnahmen, die wir kennen, sieht es so aus, als sei die Welt innerhalb von nur vier Jahren um Jahrzehnte gealtert. Die fieberhafte Suche nach einem festen Boden, auf den man ein neues Leben gründen konnte, eine Suche, die auch in den Spuren der Verzweiflung anklingt, die wir in Martin Heideggers Text von 1947 gesehen haben, war ein Verlangen, das jede gesellschaftliche Gruppe nach 1918 durchdrang. Die Biografie Ludwig Wittgensteins ist hier ein besonders dramatischer, aber auch sehr typischer Fall. Wittgenstein wollte nach der Niederlage und dem Ende des österreichisch-ungarischen Reichs ganz buchstäblich ein neues Leben anfangen, indem er sein beträchtliches Vermögen verschenkte und den Fokus seines intellektuellen Interesses vom Ingenieurwesen auf die Philosophie verlagerte.

Was aber war jenes einschneidende Erlebnis während des ersten Krieges gewesen, aufgrund dessen das so weitverbreitete Gefühl entstand, dass jede einfache Fortsetzung des Lebens unmöglich wäre? Es war die überraschende Erkenntnis auf beiden Seiten während der ersten Monate der militärischen Auseinandersetzung, dass ein leichter Sieg im alten, gewissermaßen ritterlichen (oder zumindest napoleonischen) Stil nicht länger zu haben war. Die Paralyse eines Grabenkrieges der kleinen, aber stets teuer erkauften Fortschritte war zum neuen Horizont der Kriegführung geworden. Mit der beschleunigten Entwicklung der Wehrtechnik, mit dem Feuer der Maschinengewehre, den Flugzeugen und Gasangriffen drang allerdings allmählich eine weitaus tiefere, existenzielle Frustration ins Bewusstsein. Bei diesem Krieg ging es nicht mehr um die lebensentscheidende Situation, in der es auf die Tapferkeit oder Genialität des Einzelnen ankam; es war nicht mehr der Krieg, den Ernst Jünger noch in einzelnen Begegnungen und Situationen erlebte. Er war zu einem Krieg geworden, der von der Menge und Effizienz des »Materials« entschieden wurde, davon, wer es sich eher leisten konnte, Hunderttausende von Leben zu opfern, und davon, welche Heimatfront die größere industrielle Produktion aufweisen konnte. Als Reaktion etablierten sich neue Ideologien in der Öffentlichkeit, allen voran Kommunismus und Faschismus, um den Sinn des gemeinschaftlichen und individuellen Lebens und Verlusts auf der Grundlage angeblich neuer Werte zu bekräftigen und zu definieren.

In Größe und Ausmaß der zerstörerischen Kraft stellte der Zweite Weltkrieg den Ersten deutlich in den Schatten – trotzdem löste er erstaunlicherweise kaum Bestrebungen, ja vielleicht nicht einmal das Bedürfnis aus, das menschliche Dasein zu hinterfragen. Es gab natürlich intellektuelle Reaktionen, doch passten sie offenbar nicht zur Stimmung der Jahre nach 1945, so dass wichtige Bücher, wie etwa die *Dialektik der Aufklärung* von Max Horkheimer und Theodor W. Adorno, ihre eigentliche Wirkung erst Jahrzehnte später entfalteten. Wie bereits gesagt, steht dieser Gegensatz der jeweiligen Resonanzen auf den Krieg nach 1945 und nach 1918 in einem merkwürdigen chiastischen Zusammenhang mit den unterschiedlichen Ausmaßen der Zerstörung, die sie herbeiführten. Nur der zweite Krieg war in Bezug auf die Geografie der militärischen Handlungen ein »Weltkrieg«. Die Schätzungen über die Gesamtzahl der unmittelbar durch den Krieg verursachten Opfer schwanken, jedoch vermittelt ein Vergleich, den das *Musée de l'Armée* in Paris liefert, ein eindrucksvolles Bild der Verhältnisse: Die am stärksten betroffene Nation des Ersten Weltkriegs war Frankreich mit 1,37 Millionen Opfern gegenüber 26,6 Millionen Sowjetbürgern, die während des Zweiten Weltkriegs starben. Weder für die in den deutschen Konzentrationslagern ermordeten Menschen noch für die Frauen, Kinder und Männer, die während des Zweiten Weltkriegs unter grausamen Umständen in der Sowjetunion, in Japan und anderen Ländern der Erde umkamen, gibt es eine Entsprechung im Ersten Weltkrieg.

Der entscheidende Unterschied jedoch, der die beiden Kriege »anthropologisch« betrachtet wahrhaft unvergleichbar macht, lässt sich nicht in Zahlen ausdrücken. Es ist die von der deutschen SS entwickelte kühle Perfektion der industrialisierten Hinrichtung, und es ist die Schwelle, die durch die Vorstellung der nationalen Selbstauslöschung und sogar der Selbstauslöschung der gesamten Menschheit überschritten wurde, mit der die Führer des japanischen und des deutschen Militärs spielten, als sie merkten, dass der Krieg für sie verloren war. Mit der ersten Detonation einer Atombombe über einer Stadt am 6. August 1945 wurde diese Vorstellung des kollektiven Selbstmords einer Nation – ausgeweitet auf die gesamte Menschheit – zu einer konkreten und ständig verfügbaren technischen Möglichkeit, die wir nie wieder vergessen können. Aus den auf einer Handvoll Fotografien verewigten Gesichtern der Frauen und Männer, die in Hiroshima dabei waren und überlebten, können wir mehr als aus ihren Worten ablesen, dass sie der Überzeugung waren, den Anfang vom Ende der Welt zu erleben, und es wird nie genug Zukunft geben, um ihnen das Gegenteil zu beweisen.

*

Doch es stellt sich immer noch die Frage, was denn über jene Jahre noch nicht gesagt worden ist. Woher rührt die Dringlichkeit, ein weiteres Buch darüber zu schreiben? Es hat mit dem Eindruck zu tun, dass die Wirkung der irreversiblen Zerstörung, nachdem sie in der unmittelbaren Nachkriegssituation (nicht nur für die Kriegsteilnehmerländer) ebenso lautlos wie machtvoll präsent gewesen war, plötzlich verschwand oder, genauer gesagt, dass sie keinerlei Spuren oder Folgen in der Welt hinterließ, die mit denen nach 1918 vergleichbar wären. Wenn ich mir die Ausgabe des *Life Magazine* vom 24. Dezember 1945 ansehe, denke ich, dass Weihnachten in jenem Jahr der überraschend frühe Zeitpunkt gewesen sein könnte, an dem in den Vereinigten Staaten die Wirkung jener unumkehrbaren Zerstörung neutralisiert wurde. Die Zeitschrift ist voll mit Texten und Bildern, in denen eine Welt gezeigt wird, die zu dem zurückkehrt, was sie angeblich immer war. »Japanischer Bauer: Er kehrt aus dem Krieg zurück zum uralten Lebensmuster seines Dorfes«[9] ist ein langer Artikel überschrieben, dessen Zwischenüberschriften unter anderem lauten: »Soldat findet Familie gut genährt und Ernte auskömmlich trotz schlimmer Ausfälle beim Reis«;[10] »Noch immer befolgt er die tief verwurzelten Shinto-Riten«;[11] oder »Das Dorf Harada ist sparsam, fleißig und unbeschädigt vom Krieg«.[12] Es findet sich kein Hinweis auf die Katastrophen und die Wunden von Hiroshima und Nagasaki. Stattdessen stößt man auf eine Anzeige für die »preisgekrönten Kameras von Graflex«[13] mit dem Foto eines Soldaten der US-Navy, welches einen Ausbruch des Vesuv zeigt, dessen pilzförmige Aschewolke stark an die Form erinnert, die wir seit Hiroshima mit Atomwaffen verbinden.

Auf einem weiteren, halbseitigen Bild sitzen drei hinreißende, nach der letzten Mode gekleidete junge Frauen mit ihren Babys nebeneinander auf einem Sofa wie eine vollkommen symmetrische Skulptur. Sie schauen alle nach links und haben das linke Bein über das rechte geschlagen. Die Bildunterschrift lautet:

»Drei älteste Töchter geben ihren drei kleinen Kindern das Fläschchen. Von links nach rechts: Jeanne, 22, mit Sohn Joe; Myra Lee, 23, mit Sohn John; und Betty, 25, mit Tochter Julia Ann. Jeannes und Myra Lees Ehemänner sind außer Dienst und nahmen am Fest teil. Jeannes Mann war Funker der 8. US-Luftflotte mit 27 Einsätzen. Myra Lees Mann war Schiffsmonteur zweiter Klasse mit 26 Monaten Auslandseinsatz. Bettys Mann ist als vermisst gemeldet.«[14]

Irgendwie verschlingt die räumliche Symmetrie dieser schönen Mütter mit ihren Babys die existenzielle Asymmetrie zwischen Jeanne und Myra Lee auf der einen Seite, deren Männer zurückgekehrt sind, und Betty auf der anderen, deren Mann vermisst wird. Ein vergleichbarer Grad der Neutralisation nach dem Krieg, so haben Historiker bemerkt, wurde in Japan nicht vor 1964 erreicht, dem Jahr der Olympischen Spiele in Tokio. Was die französisch-deutsche Lage angeht, so begann, wie Peter Sloterdijk argumentiert, die frühere obsessive gegenseitige Faszination nun nachzulassen, nachdem sie über zwei Jahrhunderte lang sowohl überschwängliche Bewunderung als auch Kriege voller Grausamkeiten hervorgebracht hatte. Die sogenannte deutsch-französische »Freundschaft« als zentrale Achse der angehenden europäischen Vereinigung würde somit wesentlich auf dem Entstehen eines gegenseitigen Desinteresses beruhen. Wie aber können wir diese eigenartige Präsenz einer Vergangenheit beschreiben, die nicht aufhörte, obwohl sie doch anscheinend ihre Wirkung verloren hatte? Ist es nicht so, dass in dem Jahrzehnt nach 1945 eher etwas verschwand, als dass etwas »auftauchte«?

*

Ich möchte das Wort »Verdrängung« für das, was damals vor sich ging, vermeiden. Für das *Life Magazine* wäre es ein Leichtes gewesen, Bettys Schicksal einfach nicht zu erwähnen – nichts wäre einfacher gewesen, als es zu »verdrängen«. Die Irritationen der Kriegsjahre wurden nicht »verdrängt«, sie verschwanden vielmehr, als sie Teil einer neuen, ruhigen Welt wurden. Nicht die Fakten oder die Erinnerung an sie verschwanden – sondern der Schmerz, der Triumph, die Resonanz, die diese Fakten zunächst ausgelöst hatten. Und während die durch die irreversible Zerstörung verursachten Gefühle nachließen, begann sich rasch ein Gefühl der Latenz durchzusetzen (hier liegt vielleicht der Grund für den merkwürdigen Eindruck des Paradoxen im Zusammenhang mit jener Zeit: Mit dem Verschwinden persönlicher Gefühle tritt gleichzeitig eine allgemeine Stimmung der Latenz hervor). Wenn ich von »Latenz« spreche – statt von »Verdrängung« oder »Vergessen« –, dann meine ich die Art von Situation, die der niederländische Historiker Eelco Runia »Präsenz« nennt und die er mit der Metapher des blinden Passagiers veranschaulicht (in seinem Beitrag zu dem von mir und Florian Klinger herausgegebenen Sammelband *Latenz. Blinde Passagiere in den Geisteswissenschaften* hat Runia diese Intuition weiter ausgearbeitet).

In einer Situation der Latenz sind wir ebenso wie in Gegenwart eines blinden Passagiers in erster Linie sicher, dass etwas (oder jemand) da ist, das wir nicht fassen oder berühren können – und dass dieses »Etwas« (dieser »Jemand«) eine materielle Artikulation besitzt, was bedeutet, dass es (er, sie) Raum benötigt. Wir können offenbar weder sagen, woher wir diese Gewissheit einer Präsenz nehmen, noch wo das Latente genau sein soll. Und weil wir die Identität der latenten Sache oder Person nicht kennen, haben wir auch keine Garantie, dass wir das Latente überhaupt erkennen würden, wenn es sich denn zeigte.

Natürlich kann sich das Latente verändern, während es ungreifbar bleibt. Blinde Passagiere sind beispielsweise nicht vor dem Altern gefeit. Am wichtigsten ist jedoch, dass wir keinen Grund zu der Annahme haben – jedenfalls keinen systematischen Grund –, dass das, was einmal latent geworden ist, sich eines Tages entweder zeigen oder vollkommen in Vergessenheit geraten wird.

Es gibt keinerlei »Methoden« oder Standardverfahren, geschweige denn irgendeine Art der »Interpretation«, die uns helfen könnten, das, was einmal der Latenz anheimgefallen ist, wiederzuerlangen. Denn um einer Interpretation, also der Bestimmung einer Bedeutung, die »unter« einer Oberfläche zu liegen scheint, zugänglich zu sein, müsste das Latente die Form eines »propositionalen Gehalts« hervorbringen beziehungsweise annehmen, was zwar hin und wieder möglich sein kann, im Allgemeinen aber unwahrscheinlich ist. Aber noch einmal: Wie können wir so sicher sein, dass etwas Latentes »da« ist, wenn es uns doch nicht zugänglich ist? Wenn ich in unserem speziellen Fall jene demonstrativ friedlichen und geordneten Nachkriegszeitschriften durchsehe, dann springt mir die Gewalt ins Auge, die oft in den Werbeanzeigen aufscheint – wie auf dem von einer Graflex-Kamera aufgenommenen Foto der Vulkanexplosion mit der pilzförmigen Wolke. In ähnlichem Stil wird die einzigartige Qualität einer Rasierklinge dadurch präsentiert, dass gezeigt wird, wie reibungslos sie über die weiche Wange eines Babys fährt. In Karikaturdarstellungen des Ehelebens verprügeln Männer fröhlich ihre Frauen, weil sie ihnen den Morgenkaffee nicht stark genug gekocht oder sie zu wecken vergessen haben. Außerdem scheint man besessen von krankhaft aufgeregten alten Männern gewesen zu sein, die dringend spezielle Medikamente benötigen.

*

Die scheinbar ruhigen Nachkriegswelten durchdringt eine Art gewaltsame Nervosität, die uns auf das Vorhandensein einer Latenzsituation schließen lässt. Als Beschreibungsgrundlage dieser komplexen Figur möchte ich in den zentralen Kapiteln dieses Buches den Begriff der »Stimmung« verwenden: Tatsächlich vermuten wir ja oft aufgrund von Stimmungen, dass etwas latent vorhanden ist, sie dienen uns aber meist nicht als Ausgangspunkt für dessen Identifizierung (Stimmungen können im Allgemeinen als Wirkung von Latenzsituationen entstehen, haben diese aber nicht notwendigerweise zum Ursprung). Im Englischen wird das Wort »Stimmung« meist (zutreffend) mit »mood« oder metaphorisch mit »climate« (Klima) oder »atmosphere« (Atmosphäre) übersetzt. Die Metaphern »climate« und »atmosphere« haben mit dem deutschen Wort »Stimmung«, welches auf das Stammwort »Stimme« zurückgeht, gemeinsam, dass sie die Präsenz einer materiellen, typischerweise sehr leichten Berührung des Körpers desjenigen nahelegen, der eine Stimmung, ein Klima oder eine Atmosphäre wahrnimmt. Das Wetter, Stimmen oder Musik haben jeweils physische Wirkungen auf uns, auch wenn sie unsichtbar bleiben. Es handelt sich allerdings um physische Berührungen, die wir mit gewissen »inneren« Gefühlen assoziieren. Toni Morrison beschreibt diese innere Seite der Stimmung mit dem paradoxen Gefühl, »als ob man von innen berührt würde«. Die Bilder der Rasierklinge auf der Babywange, der gewalttätigen Ehemänner oder der aufgeregten Opas in der Werbung nach 1945 berühren uns körperlich, denn sie wecken innere Gefühle eines Unbehagens, für das wir keine Begriffe haben. In diesem doppelten, doch untrennbaren Sinne der leichtesten physischen Berührung in Verbindung mit Gefühlen, die wir nicht kontrollieren können, sind Stimmungen als objektive Umwelten Bestandteile historischer Situationen und Epochen – und als solche, das heißt als »objektive Sensibilität«, spielen sie eine zentrale, wenn auch weitgehend unterschätzte Rolle für die Frage, wie wir uns Vergangenes gegenwärtig, und zwar unmittelbar gegenwärtig machen können. Man könnte vielleicht argumentieren, dass die Texte und Genres, die wir als »episch« bezeichnen, die objektive Sensibilität der Vergangenheit, auf die sie sich beziehen, immer schon präsent gemacht haben – ohne dabei zu versuchen, faktisch genau zu sein oder irgendwelche historischen Deutungen nahezulegen.

*

Als ich vor einigen Jahren einem Freund von dem mir selbst noch unvertrauten und fast befremdenden Drang erzählte, über die Jahre nach 1945 schreiben zu wollen, sagte er ohne zu zögern, zu zweifeln oder auch nur den Hauch einer Frage aufkommen zu lassen, dass Samuel Becketts Tragikomödie *En attendant Godot* (*Warten auf Godot*), die in der Spielzeit 1952/53 am Théâtre de Babylone in Paris uraufgeführt wurde, das Zentrum eines solchen Buches bilden müsse. Ich hatte nie an diese Notwendigkeit gedacht, doch sie wurde auf der Stelle zu einer jener Gewissheiten, bei denen man im Nachhinein nur schwer glauben kann, dass es je eine Zeit ohne sie gegeben hat. *Warten auf Godot* ist nicht nur eine Darstellung der Latenz nach dem Zweiten Weltkrieg – es ist deren maximale Verdichtung in einer Stimmung, die aus einem wahren Meer der Latenz auftaucht. Denn es kommt Estragon und Wladimir nicht in den Sinn, dass Godot, den sie noch nie gesehen haben, ein Phantom oder schlicht inexistent sein könnte. In ihrer Welt ist die Existenz Godots eine Gewissheit, an die sie einander von Zeit zu Zeit erinnern und deren Folgen sie gelegentlich erwähnen. Vor allem nötigt der latente Godot die beiden zu bleiben, wo sie sind:

»ESTRAGON: Lauschiges Plätzchen. *Er dreht sich um, geht bis zur Rampe, blickt ins Publikum.* Heitere Aussichten! *Er wendet sich Wladimir zu.* Komm, wir gehen!
WLADIMIR: Wir können nicht.
ESTRAGON: Warum nicht?
WLADIMIR: Wir warten auf Godot.
ESTRAGON: Ach ja. *Pause.* Bist du sicher, daß es hier ist?«[15]

Mit dem »großen Gott« Godot (einer Kontamination aus dem englischen Wort »god« mit dem französischen Suffix »-ot«) ist es ebenso wie mit dem Gott des Mittelalters, dessen reale Präsenz von niemandem in Frage gestellt wurde, obwohl man sich nie ganz sicher sein konnte, wo er sich zeigen würde. Und dies ändert sich bis zum Ende der Tragikomödie nicht:

»ESTRAGON: Doch, doch, laß uns weit weggehen von hier!
WLADIMIR: Wir können nicht.
ESTRAGON: Warum nicht?
WLADIMIR: Wir müssen morgen wiederkommen.
ESTRAGON: Um was zu machen?
WLADIMIR: Um auf Godot zu warten.
ESTRAGON: Ach ja. *Pause.* Ist er nicht gekommen?«[16]

Da sie ihn nie gesehen haben, haben Wladimir und Estragon wie bei allem Latenten keine Garantie, dass sie Godot erkennen würden, wenn sie ihm begegneten. Es könnte also durchaus sein, dass Pozzo (mit dem sie zweimal reden) Godot ist:

»ESTRAGON: Das hast du geträumt. *Pause.* Komm, wir gehen. Wir können nicht. Ach ja. *Pause.* Bist du sicher, daß er es nicht war?
WLADIMIR: Wer?
ESTRAGON: Godot?

WLADIMIR: Wer denn?
ESTRAGON: Pozzo.
WLADIMIR: Ach was! Ach was! *Pause.* Ach was!«[17]

In *Warten auf Godot* steckt eine Wirkung von Latenz, die in meinen anfänglichen Beschreibungen der Latenz nach dem Zweiten Weltkrieg bislang nicht im Blickpunkt stand. Auf Godot zu warten, der nicht erscheint, friert sozusagen die Zeit ein, und gefrorene Zeit macht jeden Fortschritt und damit jedes Handeln unmöglich – denn eine Handlung braucht Zukunft, um sich von einer Motivation in eine Realität verwandeln zu können. Becketts Stück endet bekanntlich mit den berühmten Worten: »WLADIMIR: Also? Wir gehen? ESTRAGON: Gehen wir! *Sie gehen nicht von der Stelle.*«[18]

In einer Zeit, die sich nicht entfaltet, können Wladimir und Estragon nicht vorankommen, sie können nicht handeln, sie können sich nicht einmal selbst töten. Wie bei einem alten, zankenden Paar ändert sich bei ihnen nie etwas. In ähnlicher Weise scheint auch die Herr-Sklave-Beziehung zwischen Pozzo und Lucky unabänderlich zu sein. Als Estragon und Wladimir Pozzo und Lucky zum zweiten Mal begegnen, ist Pozzo bemüht, gegenüber Wladimir und Estragon eine unterwürfige Rolle einzunehmen (jemandem »gleich zu sein« scheint für ihn nicht in Frage zu kommen). Dies hat jedoch keinerlei Auswirkungen auf die Machtbeziehung zwischen ihm und Lucky, denn dieser bleibt weiterhin das Tier und der Sklave seines Herrn. Auch das Bemühen zu denken ändert nichts; Denken trägt vor allem zum Prozess der Annäherung an die Latenz und mögliche Ankunft Godots bei. Als Lucky »denkt«, schalten Estragon und Wladimir lediglich von Langeweile auf »gewaltsamen Protest« um. Denn was das Stück und seine Protagonisten »denken« nennen, ist (wie Wladimirs und Estragons Gehen) eine Bewegung, die nirgendwo hinführt.

*

Ich werde nun nicht den (voreiligen und zu sehr verallgemeinernden) Schluss ziehen, dass mit dem Nachlassen der Wirkung des Krieges zu einer Stimmung der Latenz die Nachkriegszeit eingefroren worden wäre. Ich will an dieser Stelle nur sagen, dass das Leben meiner Generation von einer Erwartung und Hoffnung begleitet wurde, kondensiert in einer Reihe aufeinanderfolgender historischer Augenblicke in den sechseinhalb Jahrzehnten, die uns mittlerweile von 1945 trennen, von einer Erwartung und Hoffnung, dass etwas »Latentes« hervortreten und sich zeigen würde, durch das wir endlich dem langen Schatten einer Stimmung entfliehen könnten, dessen Ursprung wir nie identifizieren konnten – und dass diese Erwartung und Hoffnung auf eine Entbergung der Latenz und damit auf ein Generationsgefühl der »Erlösung« nie erfüllt wurde. Unsere Situation gleicht wirklich der Wladimirs in Becketts Stück: »Letzten Endes werde ich auch wohl allein aufstehen können. *Er versucht aufzustehen und fällt wieder hin.* Früher oder später!«[19] Wir mögen zwar noch erwarten, dass dieser Zeitpunkt irgendwann einmal kommt, aber im Moment glauben wir nicht mehr, dass dies wirklich geschieht.

Wer das Ende von Rainer Werner Fassbinders Film *Die Ehe der Maria Braun* aus dem Jahre 1979 gesehen hat, weiß, dass die erste deutsche Nachkriegsillusion darüber, dass dieses »Früher oder später« eingetreten sei, ironischerweise mit einem Fußballspiel zu tun hatte. Ich war erst sechs Jahre und drei Wochen alt, als ich am 4. Juli 1954 mit meinen Eltern und einigen ihrer Freunde die Radioreportage des Finales der Fußballweltmeisterschaft hörte, in dem Deutschland eine haushoch überlegene ungarische Mannschaft sensationell mit 3:2 besiegte. In Fassbinders Film überschneidet sich die triumphierende Stimme des Radioreporters Herbert Zimmermann (»Aus, aus, aus! Deutschland ist Weltmeister!«) mit dem Knall einer Gasexplosion, welche die Villa zerstört, die zu einem Monument des Vermögens geworden war, das Maria Braun in den Nachkriegsjahren durch harte Arbeit und rücksichtslose Ausbeutung angehäuft hat – mit dem Ziel, mit ihrem Mann nach dessen Haftentlassung ein erfülltes Leben zu führen.

In der neuen, mit zwei Schlafzimmern ausgestatteten Wohnung meiner Eltern sorgte Zimmermanns Stimme dafür, dass die Erwachsenen sich wie auf einen militärischen Befehl hin erhoben und ein feierliches Lied anstimmten, das ich noch nie zuvor gehört hatte, wahrscheinlich die erste Strophe der deutschen Nationalhymne, deren chauvinistischer Text per Gesetz aus der Öffentlichkeit verbannt worden war. Mein vages und dennoch untrügliches Gefühl, dass sich in diesem Moment etwas Wichtiges verändert hatte, sollte sich bald bestätigen, als sich der selbstgefällige Slogan der mittleren 50er Jahre in Deutschland durchzusetzen begann: »Wir sind wieder wer.« Das fußballerische Ansehen in Verbindung mit dem notorischen »Wunder« der deutschen Wirtschaft halfen dem Land zwar, aus dem Gedächtnis zu verlieren, woran es sich nicht erinnern wollte, das bedeutete aber keineswegs, dass die Latenz der Nachkriegszeit damit zu Ende war.

Anderthalb Jahrzehnte später, um das Jahr 1968, sollte die in gewisser Weise intransitive Stimmung der Nachkriegslatenz in der ganzen westlichen Welt (und vielleicht nicht nur dort) im Zuge der so genannten »Studentenrevolte« in eine aggressive Befragung und Beschuldigung der älteren Generationen umschlagen. In vielen Ländern glaubte meine Generation daran, dass eine schonungslose Dokumentation der in den früheren Jahrzehnten des 20. Jahrhunderts begangenen Verbrechen, insbesondere der Verbrechen der eigenen Eltern und Vorfahren, uns aus einer Atmosphäre der Begrenzung und der Heuchelei befreien würde. Tatsächlich erzeugte 1968 für einen kurzen Moment die sanfte Oberflächenwirkung einer Kulturrevolution, die für größere historische Transparenz, einen höheren Grad an gesellschaftlicher Solidarität und eine vielleicht allzu großzügige ideologische Toleranz gegenüber der sozialistischen Seite des Kalten Krieges sorgte. Doch wir stolperten nur in die nächste Periode ruhiger, friedlicher Latenz und waren in grotesker Weise unfähig, mit dem gewaltsamen Terrorismus umzugehen, in den die Reste unserer eigenen linken Haltung etwa zehn Jahre später umschlugen. Als es dann schließlich so aussah, als könne der Kalte Krieg doch noch in eine nahezu harmonische »friedliche Koexistenz« von Sozialismus und Kapitalismus übergehen, wurde unser guter Wille 1989 durch die Implosion des Staatssozialismus überrascht, und wir mussten eingestehen, dass sich die Ziellinie der Nachkriegszeit wieder einmal verschoben hatte. Wie Wladimir und Estragon hatten wir uns die ganze Zeit bewegt, ohne Fortschritte zu machen und ohne die Vergangenheit der Latenz hinter uns zu lassen. Die Nachkriegszeit schien nie enden zu wollen.

*

Ich werde im letzten Kapitel dieses Buches auf all diese (und andere) Momente der historischen Verdichtung, in denen wir annahmen, die Nachkriegszeit sei zu Ende, noch ausführlicher und mit größerer analytischer Beharrlichkeit eingehen. Heute (ich schreibe diese Zeilen am 20. März 2010 in Paris) und zu

Beginn des Buches beschäftigen mich hauptsächlich zwei Fragen; es sind gewissermaßen rohe, undifferenzierte Fragen, die jedoch in den Jahrzehnten, in denen sie unbeantwortet blieben, nur umso drängender wurden: Erstens, ob es je möglich sein wird, einen Schlussstrich zu ziehen, der uns endgültig von der Latenz der Zeit nach dem Zweiten Weltkrieg trennt, und zweitens, ob die Schwierigkeit, die wir bei der Bewältigung der ersten Frage erlebt haben und die zum Schicksal meiner Generation geworden ist, eine Besonderheit »unserer« historischen Epoche ist oder eher ein allgemeines Problem, vor dem jede Kultur und jede Zeit steht, wenn sie versucht, »ihre« Vergangenheit hinter sich zu lassen.

Auch wenn wir uns so sehr daran gewöhnt haben, ist es doch bemerkenswert, dass auch noch 65 Jahre nach der bedingungslosen Kapitulation der Achsenmächte mehr als nur ein paar undeutliche Spuren des Zweiten Weltkriegs übrig sind. Obwohl zum Beispiel Russland und die Volksrepublik China eigentlich keine kommunistischen Staaten mehr sind, fungieren sie weiterhin als »das Andere« des ehemaligen westlichen Blocks. Die Vereinigten Staaten von Amerika, die nie ganz gelernt haben, die Rolle der Hegemonialmacht zu spielen, die sie während der letzten Kriegsjahre übernahmen, bemühen sich heute, ebendiesen Status, den sie sich nie wirklich zu eigen machen konnten, sogar noch zu übertreffen. Französische Historiker und Generäle diskutieren bis heute darüber, in welcher Form die Museen und *lieux de mémoire* des Landes die Jahre zwischen 1940 und 1945, als die Nation besiegt wurde und aus denen sie dennoch als Sieger hervorging, für die jüngere Generation und die Touristen aus aller Welt inszenieren und darstellen sollen. Und obwohl es nur sehr wenige Fakten zu geben scheint, die über den Holocaust als extremste Selbstentbergung der Menschheit noch nicht ans Licht gekommen sind, schafft es ein Film wie Quentin Tarantinos *Inglourious Basterds*, Millionen von Zuschauern schlaflose Nächte zu bereiten, weil er uns zwingt, darüber nachzudenken, ob Verständnis, Vergebung und Versöhnung, ob ein Aufarbeiten der Geschichte ohne jede gewaltsame Vergeltung jemals ausreichen werden, um uns, unsere Kinder und Enkelkinder mit jener Vergangenheit abschließen zu lassen. Etwas an dieser Vergangenheit und daran, wie sie zum Teil unserer Gegenwart wurde, kommt nicht zur Ruhe, und jeder Versuch einer Lösung müsste damit beginnen, genau zu bestimmen, was dieses »Etwas« sein könnte.

Dieses Buch unternimmt aus verschiedenen Gründen nicht den Versuch, eine solche »Lösung« anzubieten. Der erste ist, dass, was immer wir auch als »Lösung« definieren mögen, unvermeidlich den Beigeschmack des »Ethischen« oder gar »Erbaulichen« haben würde – und das sind Dimensionen des Schreibens und Denkens, mit denen ich mich persönlich nie wohlgefühlt habe (ich glaube übrigens auch nicht, dass die Geisteswissenschaften in der privilegierten Position sind, Orientierungen dieser Art geben zu können). Zweitens würden solche »Lösungen«, so sie überhaupt möglich wären, für meine Generation zu spät kommen. Es ist, glaube ich, die Geschichte unseres Lebens, kein stabiles Verhältnis mit der Vergangenheit, die wir geerbt haben, zu finden, und es bleibt uns nicht mehr genug Zukunft, um uns von diesem Schicksal zu befreien. Vor allem aber glaube ich, drittens, dass das einzige mehr oder weniger realistische Ziel in dem Schritt davor besteht (»vor« irgendeiner Art von »Lösung«), nämlich in der Beschreibung des Jahrzehnts nach Ende des Zweiten Weltkriegs, um zu sehen, wie die Stimmung der Latenz aufkam, sich festsetzte und möglicherweise auf dem Weg in unsere Gegenwart verändert wurde. Dieses bescheidene und doch ungeheuer ehrgeizige Projekt zu verfolgen, war mir ein persönliches, ja – wenn es nicht so prätentiös klänge, könnte man sagen – »existenzielles« Bedürfnis. Es wurde auch zu einer Übung, bei der ich in Teilen von meinen akademischen und fachlichen Erfahrungen profitieren konnte – auch wenn diese Verbindung eher willkürlich und in den meisten Fällen zweitrangig war. Es war nicht meine Absicht, irgendwelche »Theorien« (geschweige denn »Methoden«) zu entwickeln, zu erläutern oder anzuwenden – wie sehr ich auch beim Durcharbeiten des existenziellen Problems von den Gedanken vieler Vorläufer, Kollegen und Schüler profitiert habe und abhängig war.

2
Formen von Latenz

Der Begriff »Auftauchen von Latenz«, mit dem ich in einem ersten Ansatz versucht habe, die Jahre nach dem Zweiten Weltkrieg zu vergegenwärtigen, birgt eine potenzielle Spannung in sich. Denn so wie wir aus etymologischen Gründen fast unvermeidlich dazu neigen, das »Auftauchen« mit einer spontanen Aufwärtsbewegung in Verbindung zu bringen, so wie etwa ein Stück Holz, das man unter Wasser hält, nach oben schwimmt und »auftaucht«, sobald man es loslässt, sagt uns ein ähnliches, fast instinktives Gefühl, dass ein Zustand der »Latenz« mit einer Abwärtsbewegung beginnt, wie wenn etwas fallen gelassen wird und möglicherweise unbemerkt bleibt, bevor seine Präsenz dann latent wird. Wir können also strenggenommen das, was nach 1945 »auftauchte«, nicht wirklich als »Latenz« bezeichnen, weil wir diesen Begriff nicht mit einer Aufwärtsbewegung assoziieren. Möglich ist dagegen, den Begriff der Stimmung zu verwenden, und zwar sowohl im Sinne einer allumfassenden Atmosphäre als auch in dem einer subjektiven Gestimmtheit. Die Erinnerung an Stimmungen kann uns die retrospektive Gewissheit geben, dass etwas Vernachlässigtes, Übersehenes, manchmal sogar Verlorenes eine entscheidende Wirkung auf das Leben eines historischen Zeitpunkts gehabt hat – und häufig weiterhin Teil dessen ist, was jede nachfolgende Gegenwart ausmacht.

Ähnliche Eindrücke einer unbestimmten Differenz zwischen der Erwartung, wie sich die Gegenwart entwickeln würde, und dem, was dann wirklich aus ihr wurde, waren nach dem Zweiten Weltkrieg auch unter Intellektuellen weit verbreitet. In einem Essay mit dem Titel »La fin de la guerre« (»Das Ende des Krieges«), der im Oktober 1945 in seiner Zeitschrift *Les Temps Modernes* erschien, spricht Jean-Paul Sartre von einer quasi chiastischen Asymmetrie zwischen den unterschiedlichen Graden von »Grausamkeit«, welche die beiden Weltkriege kennzeichneten, einerseits und einem entgegengesetzten Grad der Intensität, mit der man ihrer gedenkt, andererseits: »Auch scheint es, als hätte dieser Krieg, der sehr viel schrecklicher war als der vorige, weniger schlechte Erinnerungen hinterlassen.«[1] Beim Versuch, diese Beobachtung zu erklären, bemerkt Sartre, dass er den zweiten Krieg »weniger unsinnig« fand, weil er auch vernünftigen Zwecken diente – es überrascht allerdings, dass er dann eine endgültige Erklärung aufschiebt. Hier ist die betreffende Textstelle:

»Vielleicht deshalb, weil man lange glaubte, er [der Zweite Weltkrieg] sei weniger unsinnig. Es erschien nicht unsinnig, gegen den deutschen Imperialismus zu kämpfen, der Besatzungsarmee Widerstand zu leisten. Erst heute merkt man, daß Mussolini, Hitler, Hirohito nur Schattenkönige waren. Diese Raub- und Blutmächte, die sich auf die Demokratien stürzten, waren bei weitem die schwächsten Nationen. Die Schattenkönige sind gestorben und gestürzt, ihre kleinen Lehnsfürstentümer – Deutschland, Italien, Japan – liegen am Boden. Die Welt ist vereinfacht: zwei Riesen nur ragen auf und betrachten einander ohne Wohlwollen. Doch wird es einige Zeit brauchen, bis dieser Krieg sein wahres Gesicht enthüllt.«[2]

Was mir auffiel, als ich diese Passage zum ersten Mal las, war die Konvergenz über einen Zeitraum von über sechseinhalb Jahrzehnten zwischen Sartres Gefühl, der Zweite Weltkrieg habe im damals hervortretenden Kalten Krieg »sein wahres

Gesicht« noch nicht enthüllt, und meiner These, dass wir selbst heute noch nicht wissen, wie wir einen Zugang zu diesem Ereignis finden können. Wenn Sartre mit einer überzeugenden Reaktion und Antwort innerhalb weniger Monate gerechnet hat, können wir heute sagen, dass das, was für ihn zunächst eine kurzfristige Latenzsituation war, mittlerweile zu einer Bedingung geworden ist, mit der die Menschheit leben muss und die vielleicht sogar nie ganz verschwinden wird. Sartre erwähnte als Erster – und wir tun es im 21. Jahrhundert immer noch – die Atombombe, als es darum ging, jene »latenten« Bedingungen zu identifizieren, die nie verborgen waren, die wir aber auch nie ganz anerkennen konnten:

»Mehr als einem Europäer wäre es lieber gewesen, daß Japan eingenommen, daß es unter den Bombardierungen der Flotte vernichtet worden wäre: doch die kleine Bombe, die auf einen Schlag hunderttausend Menschen töten kann und die morgen zwei Millionen töten wird, stellt uns plötzlich vor unsere Verantwortungen. Beim nächstenmal kann die Erde hochgehen: dieses absurde Ende würde für immer die Fragen in der Schwebe lassen, die seit zehntausend Jahren unsere Sorgen ausmachen. […] Doch jetzt sind wir ins Jahr Tausend zurückgekehrt, jeden Morgen werden wir am Vorabend des Tages, wo unser Anstand, unser Mut, unser guter Wille für niemand mehr Sinn haben, wo sie gemeinsam mit der Bosheit, dem bösen Willen, der Angst in radikaler Ununterscheidbarkeit versinken werden. Nach dem Tode Gottes verkündet man jetzt den Tod des Menschen.«[3]

Interessanterweise schreibt sich Sartre die grammatische Position, von der aus der »Tod des Menschen« verkündet wird, nicht selbst zu. Als ob er sich vor dieser Konsequenz seiner Analyse fürchtete, nimmt er eine rhetorische Distanz ein, indem er sagt, »man« tue dies. Zum ersten Mal zu realisieren, dass man nun für immer mit der Möglichkeit einer technisch herbeigeführten Selbstvernichtung der Menschheit würde leben müssen, war wohl mehr, als er verkraften konnte – und jeder, der die Fotos des *von Tränen beschlagenen Suchers* gesehen hat, die eine halbe Stunde nach der Detonation der Bombe in Hiroshima aufgenommen wurden, kann dieses Zögern nachvollziehen. Die verzweifelte Gelassenheit der Gesichter (ist es die Freiheit derer, die wissen, dass sie nichts mehr zu verlieren haben?) und die überlebenden Körper, die auf diesen Fotos zu sehen sind, stellen einen Bruch mit dem dar, was wir als »menschlich« zu erkennen vermögen. Heute ist uns dieses Gefühl freilich seltsam vertraut geworden, insofern als, erstens, einige Anzeichen für das »Ende der Menschheit« zu einem ständigen, um nicht zu sagen populären Bezugspunkt für uns geworden sind, und wir diese Anzeichen, zweitens, stets wie etwas Äußerliches behandeln und wahrnehmen, statt uns für sie verantwortlich zu fühlen und nach ihren Gründen und möglichen Folgen zu fragen. Wie von Sartre vorausgesagt, leben wir mit der Bedrohung der Selbstauslöschung des Menschen im Zustand des abstrakten Wissens, und wir haben nichts dagegen, dies aus dem Bewusstsein verschwinden zu lassen.

Zuversichtlich sind wir dagegen, was die Erfassung und Beschreibung der Objektivierung des Zustands der Latenz (nicht des latenten Gegenstands) in einer bestimmten Stimmung angeht. Eine Stimmung verknüpft, wie ich versucht habe darzulegen, gewisse Wissenskonfigurationen mit dem Eindruck, von einer Berührung der uns umgebenden materiellen Welt eingehüllt und beeinflusst zu sein. In allen Variationen dieses ontologisch sonderbaren Amalgams (man kann sie in Anlehnung an die rhetorische Tradition *Topoi* nennen, wobei der Begriff hier komplexer gefasst und seine räumliche Implikation hervorgehoben werden soll) erzeugen Stimmungen auch gewisse Wünsche und sehr oft auch Gefühle eines gewissen Widerstands, auf den die Erfüllung dieser Wünsche stößt. Stimmungen entstehen sowohl als Reaktionen auf Latenz als auch als deren Folge, wobei sie gleichzeitig aktiv das latent halten, was immer da ist, ohne in den Blick zu geraten. In den folgenden drei Kapiteln möchte ich drei Konfigurationen von Topoi beschreiben, die ich für Resultate beziehungsweise Reaktionen auf die besondere Latenzsituation nach dem Zweiten Weltkrieg halte – und die auf der anderen Seite als komplexe Anordnung fungiert haben müssen, um das Latente verdeckt und auf Distanz zu halten. Zur Veranschaulichung dieser drei Konfigurationen werde ich Dokumente verschiedener Sprachen und Kulturen heranziehen, auch aus Ländern, die nicht am Zweiten Weltkrieg beteiligt waren – denn ich glaube, dass die Situation der Latenz und die Strukturen ihrer Stimmung nach 1945 eine »globale« Bedingung darstellten. Darüber hinaus ist es mir wichtig zu betonen, dass die Identifizierung dieser Topoi und ihres Zusammenspiels in einem ausschließlich induktiven Prozess extensiver Lektüre und intensiver Seminardiskussionen stattfand. Ich kann mich nicht erinnern, dass dieser Prozess je von einer bestimmten »Geschichtsphilosophie« oder einer beherrschenden »Theorie« beeinflusst oder geformt worden wäre.

Für die meisten der Topoi, in denen wir die Formen der Stimmung nach 1945 wahrnehmen und betrachten können, werde ich mich metonymisch auf bestimmte Texte aus dem ersten Nachkriegsjahrzehnt beziehen, Texte, in denen diese Stimmung in besonders klarer und eindrucksvoller Weise aufscheint. Es ist wohl kein Zufall, dass viele dieser Dokumente zumindest in ihren jeweiligen nationalen Ursprungszusammenhängen emblematisch, wenn nicht sogar »klassisch« geworden sind. Die erste der drei Konfigurationen bringt das klaustrophobische Gefühl des Eingeschlossenseins in einem Raum ohne Ausgang mit der gegenteiligen Obsession zusammen, sich außerhalb eines Raums zu befinden, zu dem es keinen Eingang gibt. Die drei Protagonisten in Jean-Paul Sartres Stück *Geschlossene Gesellschaft* (*Huis clos*) brauchen zum Beispiel viel Zeit, bis sie ganz begriffen haben, dass sie sich in einem Raum befinden, den sie nie wieder verlassen können – und am Ende steht die Erfahrung, dass sogar das Öffnen der Türen nichts an ihrer Lage ändert. Die Grenze zwischen dem Innen, das sie bewohnen, und dem Außen, das unerreichbar bleibt, wird zu einer in immer weitere Ferne rückenden Schwelle, einer Schwelle also, die letztlich Skepsis daran aufkommen lässt, ob es überhaupt ein Außen gibt. Im Gegensatz dazu versucht der Soldat Beckmann, der Spätheimkehrer aus Wolfgang Borcherts Stück *Draußen vor der Tür*, an verschiedenen Stellen und auf mehreren Ebenen Einlass in die sich innerhalb der endlich befriedeten Welt entwickelnden Gesellschaft zu finden, stößt aber nur auf verschlossene Türen, ablehnende Gesten und einen Mangel an Hilfsbereitschaft. Irgendwann lässt sich Beckmann darauf ein, sein Bett mit einer Frau zu teilen, deren Mann noch vermisst ist – und verwandelt sich somit in einen Körper, der jemandem den Zutritt verweigert, dessen Schicksal dem seinen genau gleicht. Es gibt, wie es scheint, nur die Möglichkeit, abgewiesen zu werden oder selbst aktiv abzuweisen. In beiden Perspektiven der genannten Konfiguration – sowohl aus der Sicht von Sartres Protagonisten als auch aus der Beckmanns – verwandelt sich ein Raum in ein Objekt der Begierde, ein Raum, der außerhalb der Welt liegt, die den Handelnden präsent ist und über dessen Inhalt sie nicht viel wissen. Aus beiden Blickwinkeln wird der begehrte Raum zu einem Latenzraum.

In der zweiten Gruppe von Topoi wird das damals zentrale

philosophische Thema der »Unwahrhaftigkeit« (*mauvaise foi*) mit der Choreografie und den Regeln bestimmter Befragungsrituale verflochten. Wieder ist es Jean-Paul Sartre, der im zweiten Kapitel seines philosophischen Meisterwerks *L'être et le néant* (*Das Sein und das Nichts*) über die Beschreibung von Alltagssituationen, die von Unwahrhaftigkeit durchdrungen sind, hinausgeht, um zu einer systematischen Konsequenz zu gelangen, welche jede Philosophie, die sich auf die Form und die innere Struktur des cartesianischen Subjekts stützt, in ihren Grundfesten erschüttert. Vollständige Selbstdurchsichtigkeit ist für Sartre eine Illusion, der wir häufig zum Opfer fallen. In Wirklichkeit können wir nie ganz wissen, was wir erreichen oder sagen wollen – und somit sind wir auch keiner glatten Lüge fähig. Denn eine solche Lüge wäre die vollkommene Negation dessen, was wir erreichen oder sagen wollen – und genau dieser Bezugspunkt ist uns unzugänglich. Die Nachkriegsliteratur ist voll von biografischen und autobiografischen Erzählungen, deren Helden ebendieses Stadium auf viele verschiedene Weisen erreichen oder buchstäblich »verkörpern«. Als Konkretisierungen eines historisch spezifischen philosophischen Topos überschneiden sich diese Geschichten in meinen Augen mit Narrativen und Projekten, die von aggressiven Untersuchungsverfahren konstituiert werden, in denen es darum geht, verborgene oder latente Wahrheiten ans Licht zu bringen. In William Faulkners Roman *Requiem for a Nun* (*Requiem für eine Nonne*) weigert sich ein Verwandter der Hauptprotagonistin (einer jungen Frau aus der Oberschicht der amerikanischen Südstaaten) selbst in den privatesten Situationen, seine berufliche Rolle als Rechtsanwalt abzulegen, und zwingt sie so, sich mit ihrer fürchterlichen Vergangenheit auseinanderzusetzen, die sie schon überwunden geglaubt hatte. In ganz ähnlicher Weise, wenn auch auf der Basis einer dem damals aktuellen Stand der Sozialwissenschaften entsprechenden Methodik, versucht Alfred Kinsey in seinem berühmten gleichnamigen Report, mittels unzähliger Tabellen und Diagramme eine Dimension unserer Psyche und unserer Erinnerungen zu beschreiben und zu durchdringen, die laut Sartre niemals vollständig transparent sein kann. Die zweite Konfiguration von Topoi bringt also aus zwei unterschiedlichen Richtungen und Blickwinkeln verschiedene Arten der Wissbegierde mit verschiedenen Arten von Hindernissen und Problemen des Selbstverständnisses zusammen. Während der Kinsey-Report, dessen erster Teil 1948 als Buch erschien, bei seinen ersten Lesern noch entweder Begeisterung oder Empörung hervorrief, verstehen wir ihn heute als einen frühen Beitrag zu der Einsicht, dass es kein Sexualleben ohne Latenzzonen geben kann.

In der dritten und letzten Konfiguration von Topoi, welche die Nachkriegsstimmung ausmachen, erleben wir, wie Autoren und literarische Protagonisten entdecken, dass sich ihre eigene Gegenwart von dem entfernt, was von ihr vorausgesagt worden war, als sie noch die Zukunft ihrer Vergangenheit war – und können dann eine Konvergenz zwischen der daraus resultierenden Enttäuschung und dem Traum von Ruhe in einem eng umgrenzten Raum erkennen, das heißt, in einer räumlichen und existenziellen Situation, die ich als »Behälter« bezeichnen möchte. Diese dritte Konfiguration ist anfänglich womöglich schwerer zu fassen als die beiden vorherigen. Die spezifische Schnittmenge, die ich zwischen den sie konstituierenden Topoi sehe, wird von dem Gefühl getragen, dass das Scheitern einer großen Zukunftshoffnung und -erwartung zu Richtungs- und Heimatlosigkeit geführt hat. Viele der Gedichte Pier Paolo Pasolinis aus den Nachkriegsjahren kreisen wie besessen um die

Erfahrung, dass bestimmte marxistische Prophezeiungen, die im Verlauf der Befreiung Italiens vom Faschismus populär geworden waren, nicht eintraten und die neue Zukunft somit offen und unsicher blieb. Eine Variation dieses Topos findet sich in Boris Pasternaks Roman *Doktor Zhivago* (*Doktor Shiwago*), der mit dem Gespräch zweier Charaktere endet, die auf das spätstalinistische Moskau hinabblicken und einhellig der Ansicht sind (aus der eine revidierte historische Erwartung wird), dass der Kommunismus siegen werde – auch wenn sich dessen Entwicklung und Ankunft als komplizierter und umkämpfter erwiesen haben als ursprünglich erwartet.

Zum Ende der 1940er Jahre war (wenn überhaupt) nicht viel übrig von jener Zeit des 19. und früheren 20. Jahrhunderts, als die stets glorreichen Zukunftsentwürfe sichere Versprechen zu sein schienen – entweder Versprechen auf kapitalistischen Fortschritt oder auf sozialistische Teleologie. Diese verschiedenen Glücksvorstellungen waren zwar nicht vollkommen verschwunden, wirkten nun aber zunehmend undeutlicher und zerbrechlicher. Zusammen mit dem massiven, durch die Katastrophen des Krieges bedingten Verfall des Werts menschlichen Lebens muss diese Erfahrung Träume von ewigem Schlaf hervorgerufen haben, wie das Bett im Himmel, das in einigen Texten Paul Celans auftaucht, oder die Gräber als geschützte Räume, von denen der große brasilianische Dichter João Cabral de Melo Neto besessen war. Die einzige substanziell positive Lebensbedingung schien die Erlösung im ewigen Schlaf des Todes zu sein.

Was ihre Kontamination angeht, sind die Wirkungen der Exklusion und der Nichterfüllung also mit Abstand die häufigsten unter den drei Konfigurationen, die wir im Folgenden ausführlich beschreiben wollen. Was in der ersten Hälfte des 20. Jahrhunderts in den vielen verschiedenen Wunschvorstellungen von großer individueller oder kollektiver menschlicher Handlungsfähigkeit noch so leicht erreichbar schien, rückte nun langsam, aber sicher in immer weitere Ferne und begann in Erinnerungen zu erstarren, deren Motivationskraft zunehmend nachließ. Die Lebensbedingungen Hunderter Millionen Menschen in den Nachkriegsgesellschaften hatten sich objektiv verbessert – aber ihre Existenz hatte jeden ihrer einst strahlenden Horizonte verloren und viel von ihrer Intensität eingebüßt. Die Menschheit als historischer Prozess erstarrte zunehmend in scheinbar unsichtbaren Bedingungen, die nicht verschwinden wollten. Exakt diese Situation und ihren fast unmerklich langsamen Verlauf in den letzten sieben Jahrzehnten möchte ich beschreiben. Zwar mag das Tempo unserer Aktivitäten und Erfindungen zugenommen haben, aber wir sind heute nicht mehr sicher, ob wir auf dem Weg in die Zukunft immer noch Grenzen überschreiten können.

In einem abschließendem Kapitel werde ich im Anschluss an die Analyse der drei Konfigurationen von Topoi der Frage nachgehen, wie andere historische Momente und Ereignisse, die zur Zeit ihres ersten Auftretens ähnlich einschneidend zu sein schienen, wie etwa die internationalen Protestbewegungen von 1968, der Zusammenbruch des Staatssozialismus 1989 oder der 11. September 2001, im Rückblick Teil einer sich immer mehr verbreiternden Gegenwart werden, über die hinauszugehen wir nicht mehr ernsthaft hoffen. Die Zeit scheint für uns heute eine neue Struktur aufzuweisen und sich in einem Rhythmus zu entfalten, der sich von der »historischen« Zeit unterscheidet, wie sie im 19. und früheren 20. Jahrhundert vorherrschte. In diesem neuen Chronotop, für den wir keinen Namen haben und in dessen Formen wir, oft ohne es überhaupt zu bemerken, leben, sind Handlungsfähigkeit, Gewissheit und die historische Bewegung der Menschheit zu schwachen Erinnerungen verblasst. Was uns bleibt, sind nur ein ungestilltes Verlangen, Unsicherheit und Orientierungslosigkeit. Zugleich bedroht uns eine Zukunft, die wir uns gewiss nicht ausgesucht haben; es gibt weder ein Entrinnen noch eine genaue Vorstellung davon, an welchem Punkt wir uns gerade befinden oder wo wir sein sollten. Und vor allem besteht noch immer kein Grund zu der Hoffnung, dass das, was schon so viele Jahrzehnte lang latent gewesen ist, nun anfängt, »sein Gesicht zu zeigen«.

3
Kein Ausgang und kein Eingang

Das deutsche Panzerschiff Graf Spee, benannt nach Graf Maximilian von Spee, einem Admiral des Ersten Weltkriegs, der zusammen mit seinen beiden Söhnen im Seegefecht bei den Falklandinseln am 8. Dezember 1914 gefallen war, wurde am 1. Oktober 1932, kaum vier Monate vor der endgültigen Machtübernahme durch Adolf Hitlers Nationalsozialistische Partei, auf Kiel gelegt und hatte am 30. Juni 1934 seinen Stapellauf. Zunächst wurde das Schiff für internationale Sicherungsaufgaben vor der iberischen Küste während des Spanischen Bürgerkriegs eingesetzt. Unmittelbar nach Ausbruch des Zweiten Weltkriegs wurde es dann im September 1939 als Kriegsschiff in den Atlantik geschickt, wo es insgesamt neun alliierte Handelsschiffe versenkte. Dass die Graf Spee eine solche Bedrohung darstellte, lag zum Teil an ihrer fortschrittlichen Technologie – sie war das erste Schiff der deutschen Kriegsmarine, das mit einem Seetakt-Radar ausgestattet war. Es wurde aber auch ihrem Kapitän Hans Langsdorff zugeschrieben, einem Veteranen des Ersten Weltkriegs, der am 1. November 1938 das Kommando über den Kreuzer übernommen hatte. Langsdorff hielt sich strikt an die damals geltenden Regeln des Handelskriegs, indem er das Leben aller 303 Besatzungsmitglieder der von ihm versenkten Schiffe verschonte (sie wurden später durch einen britischen Zerstörer in neutralen norwegischen Gewässern von dem deutschen Trossschiff Altmark gewaltsam befreit). Viele dieser Seeleute sprachen sich lobend über Langsdorff aus, der perfekt

Englisch sprach und einige von ihnen mit Büchern in ihrer eigenen Sprache versorgt hatte, damit sie sich die Zeit vertreiben konnten.

Um die Graf Spee aufzuspüren, wurden acht Jagdverbände mit insgesamt 25 hauptsächlich britischen Schiffen gebildet. Am 13. Dezember 1939, im Hochsommer der südlichen Hemisphäre, wurde sie vom siebten dieser Verbände nahe der argentinisch-uruguayischen Küste geortet. Bereits zu Beginn des darauffolgenden Gefechts durchschlugen zwei 20,3-cm-Granaten zwei Decks der Graf Spee und verursachten darüber hinaus schwere Schäden im Bereich des Schornsteins. Sie musste zur Reparatur den (offiziell) neutralen (de facto aber auf der Seite der Alliierten stehenden) Hafen von Montevideo anlaufen. Gemäß dem Haager Abkommen von 1907 sollte die Graf Spee den Hafen nach einer Frist von 72 Stunden wieder verlassen. Während dieser Zeit wurden die Leichname von über 30 Besatzungsmitgliedern mit militärischen Ehren auf dem deutschen Friedhof in Montevideo beigesetzt. Unterdessen erhielt Langsdorff von Adolf Hitler den persönlichen Befehl, unter Verwendung der verbliebenen Munition kämpfend nach Buenos Aires durchzubrechen. Als die Graf Spee am 17. Dezember 1939 um 18:15 Uhr den Hafen von Montevideo verließ, warteten acht britische Kriegsschiffe im internationalen Gewässer, um sie anzugreifen. Doch kurz nach dem Auslaufen, um 19:52 Uhr, ließ Langsdorff das Schiff im flachen Wasser versenken und verhinderte so einen vermutlich aussichtslosen Kampf, der viele Menschenleben gekostet hätte. Drei Tage später erschoss sich Langsdorff – eingehüllt in eine Reichskriegsflagge. Ein Großteil der 1000 Mann umfassenden Besatzung der Graf Spee war heimlich im Rio de la Plata von Bord gegangen und wurde von drei Schiffen ortsansässiger Deutscher aufgenommen, die unter argentinischer Flagge fuhren. Einige der verwundeten Besatzungsmitglieder wurden in Montevideo zurückgelassen und entschlossen sich später, dort zu bleiben. Nach Kriegsende, im Februar 1946, kamen Bestrebungen bei der argentinischen Regierung auf, die über 800 in Buenos Aires verbliebenen ehemaligen deutschen Soldaten gegen ihren Willen in die Heimat zurückzuführen. Die meisten von ihnen zogen es allerdings vor, in Südamerika zu bleiben, was nur dank des Eingreifens der argentinischen Marine möglich wurde, die ihnen im buchstäblich letzten Moment argentinische Papiere besorgte.

Nach der Versenkung der Graf Spee blieben noch große Teile der Deckaufbauten über Wasser sichtbar. Erst im Laufe der Jahre verschwand das Wrack allmählich, und bis vor kurzem lugte nur noch die Spitze des Masts aus dem Wasser hervor. Da das Wrack eine ständige Gefahr für den Schiffsverkehr darstellte, wurde im Februar 2004 ein Bergungsversuch unternommen, der jedoch 2009 auf Erlass des uruguayischen Präsidenten wieder abgebrochen wurde. Die in Argentinien und Uruguay lebenden Nachkommen der Besatzungsmitglieder der Graf Spee halten zusammen mit dem Mast und den geborgenen Teilen des Schiffes eine Episode aus der Frühphase des Zweiten Weltkriegs in einem Zustand der Latenz am Leben, der viele Menschen in der Mitte des 20. Jahrhunderts faszinierte. Genauer gesagt: Einige materielle Überreste dieser Episode sind noch immer präsent und sichtbar – aber es ist äußerst unwahrscheinlich, dass wir sie je spontan erkennen würden. Die Geschichte der Graf Spee beruht einerseits auf dem klaustrophobischen Gefühl, nicht aus Montevideo und vom Rio de la Plata wegzukommen, und andererseits auf der Weigerung Kapitän Langsdorffs, ganz Teil einer von den Nazis kontrollierten militärischen Welt zu werden, sowie dem Widerwillen der einstigen

Besatzung der Graf Spee, den Rio de la Plata zu verlassen. Bei der Begräbnisfeier in Montevideo am 15. Dezember hatte Langsdorff auf traditionelle Weise salutiert, während alle um ihn herum den Arm zum Hitlergruß erhoben. Doch wir werden nie genau wissen, welche Motivation hinter seiner letzten Handlung als Marinekommandant gestanden haben mag.

*

Wie eine Allegorie antizipiert und kondensiert die Geschichte der Graf Spee aus der Frühphase des Krieges über das Nicht-Weggehen-Können und das Nicht-Eintreten-Wollen auf eigentümliche Weise eine Dimension der Stimmung, die in den letzten Jahren des Krieges aufkam – und die Welt nach dessen Ende beherrschen sollte. Bei dem im Mai 1944 – nur wenige Tage vor der Landung der Alliierten in der Normandie – im Theater Le Vieux Colombier im besetzten Paris uraufgeführten Drama *Geschlossene Gesellschaft* des damals 38-jährigen Jean-Paul Sartre geht es um die Unmöglichkeit, einen Raum und eine grundlegende existenzielle Situation zu verlassen. Drei Personen, Inés, Estelle sowie ein Mann mittleren Alters namens Garcin, treffen in einem mit schweren Möbeln aus dem 19. Jahrhundert ausstaffierten Salon aufeinander. Der Raum hat keine Fenster oder Spiegel, so dass die Charaktere weder nach draußen schauen noch sich selbst betrachten können, ein Umstand, der sie empfindlicher zu machen scheint und in zunehmendem Maße dazu führt, dass sie sich den Blicken der anderen schutzlos ausgeliefert fühlen. Estelle, Garcin und Inés sind sich von Anfang an bewusst – und sprechen auch ganz ungezwungen darüber –, dass ihr Leben zu Ende ist und dass die Situation, in der sie sich befinden, die Hölle ist. Was diesen Raum für die Anwesenden jedoch zur Hölle macht, ist der Umstand, dass sie für immer in

Gegenwart der beiden anderen und ihrer Blicke werden leben müssen. »Die Hölle, das sind die anderen«, ist die bittere Erkenntnis des Stücks. »Der Folterknecht ist jeder von uns für die beiden anderen«, sagt Inés.[1] Sie ist lesbisch und begehrt Estelle, die von Garcin begehrt werden möchte, was wiederum Inés eifersüchtig macht. Inés' Rache besteht einfach darin, dass Estelle und Garcin keine Zärtlichkeiten austauschen können, ohne ihrem Blick ausgesetzt zu sein. Es bedarf nicht einmal einer Handlung oder Entscheidung seitens Inés', um Estelle und Garcin in Verlegenheit zu bringen und zu frustrieren. Denn es gehört, wie Garcin als Erster bemerkt, zu ihrer Situation, dass sie keine Augenlider haben und daher nicht in der Lage sind, den visuellen Kontakt mit ihrer Umgebung jemals zu unterbrechen, wie es für das Leben vor dem Tod ganz normal ist: »Sie können sich gar nicht vorstellen, wie erholsam das war. Viertausend Pausen in einer Stunde. Viertausend kleine Fluchten. Und wenn ich sage viertausend ... Und jetzt? Ich werde also ohne Augenlider leben? Sehen Sie mich doch nicht so dämlich an! Ohne Augenlider, ohne Schlaf, das ist doch dasselbe. Ich werde nicht mehr schlafen können ... Aber wie kann ich mich dann ertragen?«[2] Augen ohne Lider können nicht einmal Tränen hervorbringen. In einem geschlossenen Raum ohne Fenster gibt es auch keinen Unterschied zwischen Tag und Nacht. Darüber hinaus können Estelle, Garcin und Inés nicht einmal das Licht ausschalten, denn alles ist so arrangiert, dass die aggressive Wirkung der Blicke der anderen gesteigert wird. Die einzige Überraschung, welche die Handlung von *Geschlossene Gesellschaft* neben dem immer stärker werdenden Gefühl der Klaustrophobie bereithält, ereignet sich gegen Ende. Garcin schlägt mit der Faust gegen die Tür, vergeblich, wie es scheint, bis sich die Tür plötzlich und unerwartet öffnet:

»ESTELLE: [...] wenn diese Tür aufgeht, laufe ich weg.
INÉS: Wohin?
ESTELLE: Irgendwohin. Möglichst weit weg von dir.
GARCIN *trommelt immer noch gegen die Tür*: Aufmachen! Aufmachen! Ich nehme alles hin: Beinschrauben, Zangen, flüssiges Blei, Halseisen, alles, was brennt, alles, was quält, ich will richtig leiden. Lieber hundert Stiche, lieber Peitsche, Vitriol als dieses abstrakte Leiden, dieses Schattenleiden, das einen streift, das einen streichelt und das niemals richtig weh tut. *Er greift nach dem Türgriff und rüttelt daran.* Wollen Sie wohl aufmachen? *Die Tür geht plötzlich auf, und er fällt fast hin.* Hah!
Lange Stille.
INÉS: Nun, Garcin? Gehen Sie doch.
GARCIN *langsam*: Ich frage mich, warum diese Tür aufgegangen ist.
INÉS: Worauf warten Sie denn? Gehen Sie, schnell!
GARCIN: Ich gehe nicht weg.
INÉS: Und du, Estelle? *Estelle rührt sich nicht. Inés platzt heraus*: Also? Wer? Wer von uns dreien? Der Weg ist frei, wer hält uns zurück? Ha! Das ist ja zum Totlachen! Wir sind unzertrennlich.«[3]

Eine soziologische Interpretation dieser Szene könnte nahelegen, dass die drei Charaktere ihre spezifische Situation verinnerlicht haben, so dass sie zu ihrer »zweiten Natur« geworden ist. Aus psychoanalytischer Sicht könnte man dagegen vorbringen, dass die drei sich, ohne es zu wissen, in ihr eigenes Leiden verliebt haben. Aber vielleicht müssen wir uns überhaupt nicht fragen, was die Szene »bedeutet«. Wir können vielmehr einfach sagen, dass die hier zum Ausdruck kommende Art von Klaustrophobie nicht von bestimmten materiellen Einschlussbedingungen abhängt. Es handelt sich vielmehr um die Unfähigkeit der drei Toten, die Schwelle zu überschreiten, die sie von einem Außen trennt, nach dem sie sich in zunehmendem Maße sehnen, je mehr die Spannungen zwischen ihnen anwachsen. Oder gibt es vielleicht gar kein Außen? Ein Film von Luis Buñuel, der 1962 in Mexiko produziert wurde, entwickelt ein ähnliches Szenario. *El ángel exterminador* (*Der Würgeengel*) handelt von einem wohlhabenden Paar, das nach einem Opernbesuch eine Gruppe von Freunden in sein luxuriöses Heim einlädt. Zahlreiche Drinks und viele unsinnige Gespräche später stellen die Gäste in den frühen Morgenstunden fest, dass sie nicht in der Lage sind, das Haus durch eine der vielen offenen Türen zu verlassen. Vollkommen von der Außenwelt abgeschnitten sind sie so gezwungen, mehrere Tage zusammenzubleiben. Nach und nach legen die Gäste und ihre Gastgeber jede Höflichkeit ab, am Ende sogar viele der Verhaltensmuster, die wir als »menschlich« bezeichnen. Alle Versuche der Staatsmacht, von außen in das Anwesen einzudringen, scheitern – bis irgendwann einfach eine Schafherde hineinläuft, als ob es keinen Bann gäbe. Die Gäste und ihre Gastgeber schlachten und essen einige der Tiere, und plötzlich können sie das Haus verlassen. Auch hier ist es sinnlos, nach einer Bedeutung zu fragen, also danach, woher der Bann kommt und warum er wieder verschwindet. Es geht in Buñuels Film um das Gefühl, auf einen engen Raum ohne physische Barrieren beschränkt zu sein. In dieser Hinsicht unterscheidet sich die Situation nicht von der Estragons und Wladimirs, die sich in Becketts Stück nicht von dem Ort, an dem sie sich befinden, wegbewegen können:

»ESTRAGON: Komm, wir gehen.
WLADIMIR: Wir können nicht.
ESTRAGON: Warum nicht?
WLADIMIR: Wir warten auf Godot.
ESTRAGON: Ach ja.«[4]

Sie wissen nicht, wer Godot ist und wie er aussieht, so dass sie ihn vermutlich gar nicht erkennen würden, wenn er denn erschiene. Sie wissen nicht einmal, ob er überhaupt jemals kommt. Godot ist die immaterielle Bedingung ihrer Unfähigkeit zu gehen. Als Texte wie *Warten auf Godot* oder *Geschlossene Gesellschaft* zum ersten Mal erschienen, interessierten sich die Leser hauptsächlich für die verschiedenen (offensichtlichen oder versteckten) Gründe, die es den Protagonisten unmöglich machten, aus ihrem Gefängnis auszubrechen; eifrig wurde der Blick der anderen oder die Abwesenheit Gottes als mögliche Quelle der existenziellen Qualen ausgemacht. Heute hingegen beeindruckt uns rückblickend am meisten die obsessive Beschäftigung mit dem Eingesperrtsein.

*

Wolfgang Borcherts einziges Theaterstück *Draußen vor der Tür* wurde am Abend des 21. November 1947, einen Tag nach dem Tod des 26-jährigen Autors in einem Basler Krankenhaus, auf einer Hamburger Bühne uraufgeführt. Der Text hatte schon in seiner Hörspielfassung, die neun Monate zuvor im Radio ausgestrahlt worden war, eine starke Reaktion in Deutschland hervorgerufen; bis in die 1960er oder sogar die frühen 1970er Jahre hinein hatte das Stück den Status eines Theaterklassikers inne und galt für den Literaturunterricht in Deutschland als der wohl emblematischste literarische Text der Nachkriegszeit. Heute sind Borchert und sein Werk außerhalb literaturgeschichtlicher Fachkreise weitgehend in Vergessenheit geraten. Er hatte zu den wenigen deutschen Intellektuellen seiner Generation gezählt, die das nationalsozialistische Regime durch Texte und Kabarettaufführungen relativ offen provozierten, und verbrachte deshalb während der Kriegsjahre mehr Zeit im Gefängnis oder unter strafrechtlicher Verfolgung als an der Front. Seit 1942 litt Borchert an Gelbsucht, und die Ursache für seinen frühzeitigen Tod lag weniger in einer bestimmten Verletzung oder Krankheit als vielmehr in einem allgemeinen physischen Erschöpfungszustand.

So gesehen ist der Soldat Beckmann, die Hauptfigur in *Draußen vor der Tür*, nicht wirklich eine autobiografische Gestalt. Denn Beckmann kommt von der Front zurück (oder vielleicht aus der Gefangenschaft, so wie Hunderttausende junge deutsche Männer in den Nachkriegsjahren), während Borchert es geschafft hatte, kurz vor Kriegsende beim Abtransport aus französischer Kriegsgefangenschaft bei Frankfurt am Main zu fliehen, sich dann fast 600 Kilometer zu Fuß durch die letzten Gefechte zu schlagen und am 10. Mai 1945 in seiner Heimatstadt Hamburg anzukommen, zwei Tage nach der bedingungslosen Kapitulation. Während Borchert Freunde hatte, die sich um ihn kümmerten und ihm sogar die Zugfahrt in die Schweiz finanzierten, wo er behandelt wurde und schließlich starb, muss Beckmann die Erfahrung machen, dass ihm alle Türen verschlossen sind – wie sie es für so viele heimkehrende Frontsoldaten waren.

Sartres Protagonisten können ihren *Salon* nicht verlassen, selbst dann nicht, als sich dessen Tür weit öffnet, Beckmann jedoch wird nie gestattet, auch nur irgendeinen Raum zu betreten oder in eine Lebenssituation zu kommen, die ihm Wärme, Schutz und Ruhe bieten würde. Sein Zustand ist buchstäblich der einer unerfüllten Klaustrophilie. Beckmann, der ständig seine dunkle Gasmaskenbrille trägt, beschreibt einem einbeinigen Kameraden seine Schlüsselerfahrung:

»Das hab ich gestern nacht auch den Mann gefragt, der bei meiner Frau war. In meinem Hemd war. In meinem Bett. Was tust du hier, du? hab ich gefragt. Da hat er die Schultern hochgehoben und wieder fallen lassen und hat gesagt: Ja, was tu ich hier. Das hat er geantwortet. Da habe ich die Schlafzimmertür wieder zugemacht, nein, erst noch das Licht wieder ausgemacht. Und dann stand ich draußen.«[5]

Er geht auch zum Haus seiner Eltern, nur um von der jetzigen Bewohnerin zu erfahren, dass die Eltern sich unter dem Druck, dem jetzt alle Nazi-Anhänger ausgesetzt sind, mit Gas aus dem Küchenherd umgebracht haben: »Einen Morgen lagen sie steif und blau in der Küche. So was Dummes, sagt mein Alter, von dem Gas hätten wir einen ganzen Monat kochen können.«[6] Am Ende dieses Gesprächs ist es Beckmann selbst, der die Frau auffordert, die Tür vor ihm zu verschließen. Sein Oberst aus dem Krieg findet Beckmann komisch und empfiehlt ihm, es mit einer Bühnenkarriere zu versuchen; der Theaterdirektor sagt ihm, er könne wiederkommen, wenn er mehr Lebenserfahrung gesammelt habe, und dann ein Star werden. Alle Türen seien verschlossen, nur für Leute wie Shirley Temple oder den Boxchampion Max Schmeling seien sie offen. Gott ist ein alter Mann, der weiß, dass niemand mehr an ihn glaubt, weil er nichts ändern kann, während der Tod so erfolgreich ist, dass seine allegorische Figur »ein bißchen Fett angesetzt«[7] hat. Doch selbst der Tod weist Beckmann zurück. Als er versucht, sich in der Elbe zu ertränken, spuckt der Fluss ihn wieder aus:

»Such dir ein anderes Bett, wenn deins besetzt ist. Ich will dein armseliges bißchen Leben nicht. Du bist mir zu wenig, mein Junge. Laß dir das von einer alten Frau sagen: Lebe erst mal. Laß dich treten. Tritt wieder! Wenn du den Kanal voll hast, hier, bis oben, wenn du lahmgestrampelt bist und wenn dein Herz auf allen vieren angekrochen kommt, dann können wir mal wieder über die Sache reden. Aber jetzt machst du keinen Unsinn, klar? Jetzt verschwindest du hier, mein Goldjunge. Deine kleine Handvoll Leben ist mir verdammt zu wenig. Behalt sie. Ich will sie nicht, du gerade eben Angefangener.«[8]

Auf einer nicht oder weniger allegorischen Ebene des Stücks ist es allerdings nicht der Fluss, der Beckmann am Leben erhält, indem er ihn zurückweist, sondern ein Mädchen, das seinen kalten Körper rettet; ihr Wunsch, ihn mit zu sich nach Hause zu nehmen, ist so stark, dass er Beckmann die Kraft zum Leben zu verleihen scheint:

»MÄDCHEN: Oh, dann würden wir zusammen nach Hause gehen, zu mir. Ja, sei wieder lebendig, kleiner kalter Fisch! Für mich. Mit mir. Komm, wir wollen zusammen lebendig sein.
BECKMANN: Soll ich leben? Hast du mich wirklich gesucht?
MÄDCHEN: Immerzu. Dich! Und nur dich. Die ganze Zeit über dich. Ach, warum bist du tot, armes graues Gespenst? Willst du nicht mit mir lebendig sein?
BECKMANN: Ja, ja, ja. Ich komme mit. Ich will mit dir lebendig sein!«[9]

Durch die Verbindung zum Mädchen tut Beckmann ihrem einbeinigen Mann, der aus dem Krieg heimkehrt, während Beckmann bei ihr ist, das Gleiche an, was er selbst erleiden musste, als er erkannte, dass auch seine Frau nicht auf ihn gewartet hatte. Der Einbeinige, der es im Unterschied zu Beckmann geschafft hat, sich umzubringen, nennt diesen nun einen Mörder. Dadurch wird Beckmanns Rolle demonstrativ doppelseitig. Er ist derjenige, der nicht heimkehren kann und draußen vor der Tür bleiben muss, weil ein anderer Mann den Platz in seinem Bett neben seiner Frau eingenommen hat. Gleichzeitig ist er aber auch derjenige, der den Platz eines Kameraden bei dessen Frau – wenn auch nur für einen kurzen Moment – einnimmt. Am Ende des Stückes spricht und schreit Beckmann einen Monolog, in dem er an seiner ausweglosen Situation – nicht sterben, aber auch nicht leben zu können – schier verzweifelt: »Hab ich kein Recht auf meinen Selbstmord? Soll ich mich weiter morden lassen und weiter morden? Wohin soll ich denn? Wovon soll ich leben? Mit wem? Für was? Wohin sollen wir denn auf dieser Welt!«[10]

Wenn wir unter »dieser Welt« die Welt des Dramas verstehen, die Welt des Soldaten Beckmann oder vielleicht die Welt Wolfgang Borcherts, dann müssen wir den Schluss ziehen, dass »diese Welt« keinen Ort bietet, der frei von Schuld ist. Während es in *Geschlossene Gesellschaft* die stets durchdringenden Blicke sind, welche die Präsenz der jeweils anderen für alle unerträglich machen, behauptet *Draußen vor der Tür*, dass schon unsere bloße physische Präsenz dem anderen immer – und unausweichlich – den Raum nimmt (was im Übrigen exakt der Alltagssituation vieler Deutscher in den unmittelbaren Nachkriegsjahren entspricht). Bei Borchert kommt noch – in der interessanten Figur des Anderen – hinzu, dass der Andere es ist, der Beckmann in seiner Todessehnsucht durch stetes Zureden am Leben und damit in einer Situation hält, in der es weder einen Ausgang noch einen Eingang gibt.

Zusammengenommen geben uns Sartres und Borcherts Nachkriegsdramen das Gefühl, dass in der zwischenmenschlichen Beziehung nichts von Natur aus gut und frei von Konflikten sein kann. Ihre Protagonisten fühlen sich ständig von der Präsenz der anderen durchdrungen oder ausgeschlossen und müssen gleichzeitig erfahren, dass es ihnen unmöglich ist, auf andere nicht die gleiche Wirkung auszuüben. Und die obsessive Intensität, mit der Gefühle im und über den Raum diesen Zustand um 1945 materialisieren, ist nicht bloß metaphorisch. Sie deutet vielmehr darauf hin, dass das, was in jener Zeit an den Beziehungen zu anderen falsch ist, immer auch, zumindest teilweise, physisch falsch ist – so dass es physische Schmerzen verursacht, Schmerzen, die einen Körper und durch diesen

Körper einen Raum haben. Dieser Zustand weckt in seiner ganzen Komplexität eine Sehnsucht nach Erlösung, ebenso wie er einen Traum oder gar eine Erinnerung daran wachruft, dass es auch anders sein könnte, ja tatsächlich einmal anders war und eines Tages wieder anders und somit wieder gut werden kann. Diese – andere – Welt bleibt jedoch latent, insofern sie nur vage in dem Wunsch existiert, dass sich die Dinge ändern mögen.

*

Die Verzweiflung darüber, nicht hinaus- beziehungsweise nicht hineingehen zu können, auf die wir uns bei unserer Betrachtung von Sartres *Geschlossene Gesellschaft* und Borcherts *Draußen vor der Tür* konzentriert haben, ist in Texten aus dem ersten Nachkriegsjahrzehnt allgegenwärtig – und das nicht nur in Kulturen, deren Staaten sich an den Militäreinsätzen beteiligt hatten. Allmählich wird klar, zumindest was diese spezifische historische Konstellation angeht, dass die beiden Topoi – womit, um es noch einmal zu sagen, zumindest teilweise die wörtliche Bedeutung von »Räumen« und »Raumformen« gemeint ist – nicht so eindeutig zu unterscheiden sind, wie es vielleicht zunächst den Anschein hatte. Dasselbe gilt, wie wir gesehen haben, für die Unterscheidung zwischen Rollen der Täterschaft oder Aggression und Rollen der Opferschaft. Als Dimensionen der Erfahrung sind sie natürlich weder identisch noch ist ihre Beziehung die einer Oszillation oder Instabilität. Vielmehr gibt es, ähnlich wie in Hegels Beschreibung der Beziehung von Herr und Knecht, kaum eine Opfersituation, die nicht langfristig auch Aspekte der Aggressivität offenbart und umgekehrt. Trotz dieser letztlichen Untrennbarkeit möchte ich, zuerst am Beispiel »kein Eingang« und dann am Beispiel »kein Ausgang«, zeigen, wie diese Motive Texte von unterschiedlichster Art und Funktion durchdrungen haben. Wir werden dabei einen dichteren Eindruck sowohl von der Asymmetrie als auch von der Untrennbarkeit der Topoi gewinnen.

Das obsessive Verlangen nach einem unmöglichen Ausgang konfligiert häufig mit dem Albtraum einer immer weiter nach außen zurückweichenden Grenze – der dann plötzlich in den Wunsch umschlagen kann, im Innern zu bleiben. Das absolut drastischste Beispiel des »Kein-Ausgang-Motivs« findet sich in einem spanischen Roman aus dem Jahr 1961, der nie die Anerkennung gefunden hat, die er eigentlich verdient hätte. Es geht um eine Szene in Luis Martín-Santos' Roman *Tiempo de silencio* (*Schweigen über Madrid*), in der ein gescheiterter Abtreibungsversuch mit tödlichem Ausgang geschildert wird. Die junge Frau – die sterben wird – ist schwanger geworden, nachdem sie regelmäßig und vor der ganzen Familie von ihrem Vater vergewaltigt worden war. In einem weit fortgeschrittenen Stadium der Schwangerschaft versucht der Vater der werdenden Mutter wie auch des Kindes völlig ungeniert und unter Mithilfe der ganzen Familie, den Tod und den Abgang des Fötus zu erzwingen:

»Das runde Eheweib mußte sich auf den Bauch der Tochter setzen, da er der Meinung war, auf diese Weise den Erfordernissen einer starken Anziehungskraft und gleichzeitig dem gebührenden Schamgefühl Genüge zu tun; er schnürte mit einem Seil die schmale Taille des Mädchens in Nabelhöhe ab und umwickelte sie dann immer fester mit dem Seil bis hinab zu den ausladenden Hüften; er massierte, nachdem das Seil, das die Haut bis zu den äußeren Enden der Hüftknochen hochgeschoben hatte, wieder entfernt war, die betroffene Körperzone mit beiden Händen, wobei er schnelle Bewegungen von oben nach unten machte, die er so lange energisch fortsetzte, bis der ganze Kot und der zurückgehaltene Urin vollständig ausgeschieden waren; er verabreichte kochendheiße Getränke von geheimer Zusammensetzung, die das Gaumengewölbe der Weder-Mutter-noch-Jungfrau verbrühten (wenn auch nur leicht); er stellte kaltes Wasser auf den Bauch und kochendes Wasser mit etwas Senf auf die Unterschenkel; und schweißgebadet, wenn auch nicht besiegt, verkündete er, daß er es mit der Hand herausholen würde, was sich als völlig unmöglich erwies [...]. Das Eheweib hingegen gab die Erlaubnis, daß ein grüner Fenchelzweig zwischen die Beine des Mädchens gelegt wurde, der durch seinen Geruch das Kind anlocken sollte.«[11]

Als der junge Arzt Pedro dazukommt, den der Vater des schwangeren Mädchens zufällig kennt und eher aus Ungeduld als aus Mitleid oder Verantwortungsgefühl herbeigerufen hat, versucht er noch, den sterbenden Körper der jungen Mutter mit seinen medizinischen Instrumenten zu behandeln. Doch Pedro kann nur noch feststellen, dass er zu spät gekommen ist und dass das, was seine Instrumente im Inneren der Gebärmutter ertasten, bereits tote Materie ist, die den Körper der leblosen Mutter nie verlassen wird.

Es gibt keinen Weg ins Freie, und jeder Versuch, das Innere zu verlassen, muss tödlich enden. Dies ist von all den klaustrophobischen Szenarien, von denen die Nachkriegsjahre durchdrungen sind, das dramatischste. Was immer das Innere umgibt, ausmacht und umfasst, kann zart sein wie der Körper des schwangeren Mädchens, aber es bleibt hartnäckig und widersteht allen Versuchen, nach außen durchzubrechen. Darüber hinaus schafft das Innere oft eine unerträgliche Atmosphäre, welche das Verlangen herauszukommen nur größer und zu einer Frage des Überlebens werden lässt. Was in Sartres *Geschlossene Gesellschaft* für das Zimmer, in dem Estelle, Inés und Garcin weder sterben noch die Augen schließen können, um den Blicken der anderen auszuweichen, als psychologische Realität gilt, findet eine räumliche Entsprechung in Albert Camus' Beschreibung von Oran, dem Schauplatz seines Romans *La Peste* (*Die Pest*), wo sich die Krankheit ausbreitet, ohne den Einwohnern eine Chance zum Entkommen zu lassen:

»Die feuchte Hitze dieses Frühlings ließ einen die Glut des Sommers herbeisehnen. In der wie ein Schneckenhaus auf ihrer Anhöhe gebauten Stadt, die sich kaum gegen das Meer öffnet, herrschte dumpfe Betäubung. Zwischen den langen, verputzten Mauern, in den Straßen mit ihren verstaubten Schaufenstern, in den schmutziggelben Wagen der Straßenbahn fühlte man sich ein wenig als Gefangener des Himmels. Einzig Rieux' alter Patient überwand sein Asthma vor Freude über dieses Wetter.«[12]

Roberto Rossellinis *Germania anno zero* (*Deutschland im Jahre Null*), der letzte Film seiner Kriegstrilogie, wurde zwischen September 1947 und Januar 1948 in Berlin und Rom gedreht und weist ein ähnliches Setting in der zeitlichen Dimension auf. Der Vater zweier junger erwachsener Kinder und ihres zwölfjährigen, ebenso zarten wie frühreifen Bruders Edmund ist erschöpft von einem Leben des Widerstands in Nazideutschland. Er ist mit seinen physischen Kräften am Ende, und es besteht auch keine Aussicht auf Besserung. Der Vater ist ständig krank und kann sein Bett nicht mehr verlassen, aber er kann auch nicht sterben – und er weiß nur zu gut, dass er für seine Kinder in mehr als einer Hinsicht zu einer Last geworden ist. Unter dem Eindruck der unerträglichen Schwäche des Vaters und angestachelt von schlecht verdauten Ideen über das »Überleben des Stärkeren«, die immer noch in der Luft liegen, vergiftet Edmund schließlich seinen Vater mit unheimlicher Kälte und Entschlossenheit. Dem Vater zu ermöglichen, die Schwelle zum Tod überschreiten zu können, hat allerdings seinen Preis, denn Edmund nimmt sich in der letzten Szene des Films selbst das Leben.

*

Mit der gleichen Stärke äußert sich die entgegengesetzte Dynamik der Beschränkung. Reale ebenso wie fiktionale Charaktere beschließen, in eingegrenzten Räumen zu bleiben und alles in ihrer Macht Stehende zu unternehmen, um gegen vielfältige innere oder äußere Kräfte, die sie zum Überschreiten der Schwelle nach außen bewegen wollen, an diesem Zustand festzuhalten. Der französische Schriftsteller Louis-Ferdinand Céline, ein grimmiger, wenn auch wohl nicht politisch motivierter Verfechter des Nazismus (der Hauptgrund für seine Haltung war anscheinend ein bedingungslos aggressiver Antisemitismus), hatte Paris im Juni 1944 verlassen, um nach einem kurzem Aufenthalt in Dänemark den Hauptteil der letzten Kriegsmonate in Deutschland zu verbringen, wo er einigen der im Exil lebenden Mitglieder der früheren Vichy-Regierung medizinische Hilfe anbot. Im März 1945 kehrte Céline nach Dänemark zurück und nutzte danach jede rechtliche Möglichkeit, um seine Auslieferung nach Frankreich zu verhindern, wo er des Verrats angeklagt war und sehr wahrscheinlich zum Tode verurteilt worden wäre. Zusammen mit einem kurzen Begleitschreiben in englischer Sprache vom 12. Februar 1946 schickte Céline seinem dänischen Anwalt eine Nachricht, die ursprünglich an seine Frau Lucette Destouches (Destouches war Célines offizieller Name) gerichtet war, in der er erklärt, dass er sich unter keinen Umständen dem französischen Rechtssystem ausliefern werde:

»Mein kleiner Schatz, mit großer Sorge habe ich gesehen, dass du die Idee, dass ich nach Frankreich gehe, um mich verurteilen zu lassen, natürlich findest. Unter gar keinen Umständen! Ich werde keinem solchen Vorschlag zustimmen. Ich werde mich wie der Teufel an das Asylrecht klammern! Wie ein Jude! Kein Jude, der nach Dänemark geflohen ist, hat sich je durch nette Worte dazu überreden lassen, Hitlers Deutschland über ihn richten zu lassen! Völlig ausgeschlossen! Mein Fall ist ganz genauso! Klar wären die Dänen entzückt, wenn ich mich ergeben würde!«[13]

Nach seiner Verurteilung in Abwesenheit und anschließenden Begnadigung aufgrund seiner Verdienste im Ersten Weltkrieg durch ein Militärgericht konnte er 1951 schließlich gefahrlos und ohne negative Konsequenzen nach Frankreich zurückkehren, wo er zehn Jahre später starb.

Wenn es im Falle Célines eine komplexe juristische Situation war, die ihm die Möglichkeit bot, seiner Ausweisung aus Dänemark zu entgehen, die wahrscheinlich sein Todesurteil bedeutet hätte, so sind es für Gavin Stevens, einen der Protagonisten in William Faulkners Drama *Requiem für eine Nonne*, seine Rolle als Strafverteidiger und ein ausgeprägtes Rechtsempfinden, die dafür sorgen, dass er beharrlich im Haus seines Neffen Gowan und dessen Frau Temple bleibt und die beiden trotz ihres erbitterten und zunehmend deutlicheren Widerstands zu ausführlichen Gesprächen zwingt. Stevens versucht, den zunächst unwahrscheinlich erscheinenden Verdacht zu erhärten (was ihm am Ende auch gelingt), dass seine afroamerikanische Mandantin Nancy die kleine Tochter von Temple und Gowan getötet hat, weil sie aus nachvollziehbaren Gründen deren anderes Kind vor den Folgen der zwanghaften erotischen Leidenschaften ihrer Mutter schützen wollte. Die moralische Verantwortung liegt somit eher bei den Eltern als bei Nancy, die das Kindermädchen des Babys gewesen war.

Gowan beginnt schon frühzeitig zu ahnen, dass die Gegenwart seines Onkels den von ihm und seiner Frau geschmiedeten Plan in Gefahr bringen könnte, demzufolge Nancy für das Verbrechen sterben soll, das sie, die Eltern des Kindes, provoziert haben und für das sie folglich verantwortlich sind. Der Anwalt ignoriert jedoch alle Zeichen und Hinweise seiner Verwandten, die ihn nach den gesellschaftlichen Konventionen einer traditionellen Südstaatenfamilie eigentlich zum Gehen zwingen würden. Als die Spannungen immer größer werden, weigert sich Gavin Stevens sogar, eine Anspielung Gowans zu verstehen, in der dieser Nancys Hinrichtung als seine und Temples »Revanche« darstellt, und bringt seinen Neffen so fast dazu, die Kontrolle über sich zu verlieren:

»GOWAN Trink aus. Schließlich muß ich noch essen und meine Sachen packen.
STEVENS Was ist mit dir? Ich dachte, du wolltest mittrinken?
GOWAN Aber gerne, gerne. [greift nach dem kleinen vollen Glas] Ich schlage vor, du verschwindest und läßt uns von jetzt an ungestört Revanche nehmen.
STEVENS Schön wär's, wenn dich das trösten könnte.
GOWAN Weiß Gott, das wäre schön. Ich wünschte weiß Gott, ich wollte nichts als meine Revanche. Auge um Auge – was für ein leeres Wort. Aber das weiß man erst, wenn man sein Auge verloren hat.
STEVENS Und trotzdem soll sie sterben.
GOWAN Warum nicht? Als ob das ein Verlust wäre – eine Niggerhure, Säuferin, Morphinistin –
STEVENS – Vagabundin, Herumtreiberin, hoffnungslos verkommen, bis eines Tages Mr. und Mrs. Stevens, rein aus Mitleid und Menschlichkeit, sie aus der Gosse auflasen, um ihr eine letzte Chance zu geben – [Gowan steht unbeweglich, seine Hand umspannt das Glas fester. Stevens läßt ihn nicht aus den Augen] Und zum Dank dafür –
GOWAN Bitte, Onkel Gavin. Warum gehst du nicht endlich nach Hause? Oder geh zum Teufel, geh wohin du willst, aber geh.
STEVENS Ich gehe schon, gleich. Ist das der Grund, daß du glaubst – daß du willst, daß sie stirbt?«[14]

*

Es gibt in der Nachkriegswelt Schwellen, die niemand überschreiten kann, in beide Richtungen, und es gibt Charaktere, die, meist aus rechtlichen Gründen, jedem Druck widerstehen, dies zu tun – es gibt aber auch Schwellen, die sich nicht überschreiten lassen, weil sie zurückweichen. *Paisà*, der zweite und längste Film aus Rossellinis neorealistischer Trilogie, schildert in epischer Breite die Eroberung Italiens durch die amerikanischen Truppen im Zweiten Weltkrieg. Während die US-Armee langsam von Sizilien in den Norden der Halbinsel vorrückt, wird das Ereignis des endgültigen Sieges und der Befreiung Italiens von der deutschen Besatzung mit jeder Episode des Films nur immer weiter aufgeschoben. Denn die Deutschen befinden sich im langsamen Rückzug und meiden erfolgreich jede direkte und damit wohl finale Konfrontation. In *Giant* (*Giganten*), dem letzten der drei James-Dean-Filme, sind es Bohrtürme, die sich von dem inselgleichen Grundstück des jungen, rebellischen Filmhelden aus über das schier endlos scheinende Land einer texanischen Farm ausbreiten, bis sie auch das Haus der ortsansässigen Rancherfamilie umschließen, die sich weigert, den materiellen Fortschritt eines neuen Industriezeitalters anzuerkennen und sich ihm zu beugen.

Manchmal öffnen sich solche zurückweichenden Grenzen für einen unmerklichen Moment und nehmen die Kraft, die sie zu durchbrechen drohte, einfach in sich auf. In Rossellinis *Paisà* gibt es ein Kloster, dessen wenige verbliebene Mönche sich weigern, zusammen mit einem katholischen und einem protestantischen Geistlichen der US-Armee auch einen jüdischen Rabbi bei sich aufzunehmen – bis sie schließlich, statt sich einfach der militärischen Macht zu beugen, der sie ausgesetzt sind, zu der Überzeugung kommen, dass universelle Gastfreundschaft, die keine Ausnahmen macht, ihre ethische Pflicht ist und ihren christlichen Glauben nur stärker machen wird. Zu Beginn der 1950er Jahre führten Ernst Jünger und Martin Heidegger eine Diskussion, die genau dieser Logik einer zurückweichenden Linie, welche sich für einen Moment öffnen und ihr Inneres verwandeln kann, ausdrücklich und ausführlich folgt. Bei der Debatte ging es um mögliche philosophische Reaktionen auf das, was Heidegger und Jünger als immer weiter fortschreitende Ausbreitung des Nihilismus in ihrem Jahrhundert erlebt und beschrieben hatten. Beide bedienten sich zur Entwicklung ihrer unterschiedlichen Antworten auf die gemeinsame Frage des räumlichen Begriffs der »Linie«. Während Jünger eher die Notwendigkeit postuliert, den Nihilismus auf Distanz zu halten, schlägt Heidegger vor, sich dessen Herausforderungen zu stellen und ihn also zu einem Teil der eigenen existenziellen Situation zu machen:

»Demgemäß muß eine Erörterung der Linie fragen: worin besteht die Vollendung des Nihilismus? Die Antwort scheint nahe zu liegen. Der Nihilismus ist vollendet, wenn er alle Bestände ergriffen hat und überall auftritt, wenn nichts mehr als Ausnahme sich behaupten kann, insofern er zum Normalzustand geworden ist. Doch im Normalzustand *verwirklicht* sich nur die Vollendung. Jener ist eine Folge dieser. Vollendung meint die Versammlung aller Wesensmöglichkeiten des Nihilismus, die im ganzen und im einzelnen schwer durchschaubar bleiben. Die Wesensmöglichkeiten des Nihilismus lassen sich nur bedenken, wenn wir auf sein Wesen zurückdenken. Ich sage ›zurück‹, weil das Wesen des Nihilismus den einzelnen nihilistischen Erscheinungen vorauf- und deshalb vorauswährt und sie in die Vollendung versammelt.«[15]

In der Öffnung des philosophischen Denkens für das, was dessen Möglichkeit zunächst zu bedrohen scheint, kann sich die Philosophie selbst bestätigen. Sobald man jedoch den Nihilismus, die potenzielle Negation der Philosophie, durchdacht und durchschaut hat, scheint sich dessen bedrohliche Grenze, hinter der ein tödliches Ende zu lauern schien, schon wieder weiter entfernt zu haben:

»Wie steht es aber dann mit der Aussicht auf ein Überqueren der Linie? Ist der menschliche Bestand schon im Übergang trans lineam oder betritt er erst das weite Vorfeld vor der Linie? Vielleicht bannt uns aber auch eine unvermeidliche Augentäuschung. Vielleicht taucht die Null-Linie in der Form einer planetarischen Katastrophe jäh vor uns auf? Wer überquert sie dann noch? Und was vermögen Katastrophen? Die zwei Weltkriege haben die Bewegung des Nihilismus weder aufgehalten noch aus ihrer Richtung abgelenkt. [...] Wie steht es jetzt mit der kritischen Linie? In jedem Falle so, daß eine Erörterung ihres Ortes eine Besinnung darüber erwecken könnte, ob und inwiefern wir an ein Überqueren der Linie denken dürfen.«[16]

Wenn man das Schlimmste überlebt, wenn man das aufarbeitet, von dem man das Gefühl hatte, vor ihm fliehen oder sich von ihm abwenden zu müssen, dann kann das, was wie die Zukunft des eigenen Todes erschien, zum Teil des Lebens werden.

Die tröstliche Erfahrung tritt im anmutigen Pathos des *Hiroshima-Tagebuchs* in Erscheinung, das der japanische Arzt Michihiko Hachiya vom 6. August bis 30. September 1945 verfasst hat. Hachiya hatte die Explosion der ersten Atombombe überlebt und war anschließend rastlos damit beschäftigt, inmitten völliger materieller und physischer Zerstörung denen zu helfen, die noch schwerer von der Katastrophe betroffen waren als er selbst. Am 29. September, einen Tag vor dem schließlich letzten Tagebucheintrag, hat Dr. Hachiya die Aufgabe, »zwei junge Offiziere von der Besatzungstruppe« durchs Krankenhaus zu führen. Neben dem Ereignis vom 6. August trennt die drei Männer auch eine sprachliche Barriere. Dennoch fällt der erste Eindruck des Arztes so überraschend positiv aus, dass sich die Grenze zwischen ihm und den amerikanischen Offizieren zu öffnen beginnt:

»[I]ch glaubte, in ihren Worten einen freundlichen, herzlichen Ton zu empfinden. Ich nahm meinen ganzen Mut zusammen und fragte die Offiziere auf englisch: ›*How are you?*‹ Statt einer Antwort bot einer von ihnen mir eine Zigarette an. Zaghaft akzeptierte ich sie, und er gab mir Feuer, bevor er sich selbst bediente. Die Zigarette roch sehr angenehm. Mir imponierte der dicke rote Ring auf der Packung.«[17]

Für einen kurzen Moment kommt eine zerbrechliche, unsichere und vorsichtig tastende Unterhaltung zustande. Die jungen amerikanischen Offiziere probieren die wenigen japanischen Worte aus, die sie bislang gelernt haben. Dann gehen sie auseinander:

»Breit lächelnd bestiegen sie ihren Armeelastwagen und winkten, bis sie uns nicht mehr sehen konnten. ›Es wird noch alles gut werden‹, sagte jemand, dem alle sehr erleichtert und herzlich zustimmten. Die amerikanischen Soldaten in ihren flotten Uniformen hatten auf uns großen Eindruck gemacht, besonders durch ihre Ungezwungenheit. Mir ging der Geruch der amerikanischen Zigarette nicht mehr aus der Nase. Das war doch eine andere Sorte, als unsere Offiziere rauchten! Das ganze Auftreten der Amerikaner hatte mir gleich gezeigt, daß sie Bürger eines großen Landes waren. Auch daß sie sich nicht despotisch und nicht kleinlich benahmen, unterschied sie von unseren Offizieren.«[18]

Wir haben gesehen, dass sowohl starre als auch zurückweichende Grenzen vor allem zu Angst und Panik, aber auch zu hektischer Aktivität und in ganz seltenen und glücklichen Ausnahmefällen sogar zu Momenten des Trostes führen können. Den Grenzfall einer zurückweichenden Schwelle stellt der besondere

Eindruck räumlicher Unendlichkeit dar, den sich die Protagonisten einiger Romane aus der Mitte des 20. Jahrhunderts zu Bewusstsein bringen. In Boris Pasternaks 1957 erschienenem Roman *Doktor Shiwago* entkommen der Titelheld und seine ehemals wohlsituierte Familie den Verfolgungen und Gefahren der nachrevolutionären Unruhen in Moskau in einem Zug, der Richtung Osten fährt, bis sie nach vielen Tagen und Nächten, die sie in einem stickig-feuchten Abteil zubringen müssen, an einer Station anhalten, an der es nicht mehr weiterzugehen scheint. Allerdings ist dies nicht die Endstation ihrer Reise – es ist nicht einmal ein Ort innerhalb einer existierenden Topografie:

»Die Luft war so schwül und stickig, daß Juri Shiwago nicht schlafen konnte. Sein Kopf auf dem durchnäßten Kissen war schweißnaß. Behutsam ließ er sich von der Pritsche herabgleiten und öffnete leise, um niemanden zu wecken, die Waggontür. [...] Der Zug hielt auf einer sehr großen Station, die sicherlich ein Knotenpunkt war. Die Waggons waren von Stille und Nebel umgeben und von einer Art Nichtsein, einer Verlassenheit, als wären sie von allen vergessen, ein Zeichen dafür, daß sie bei der Einfahrt hielten und zwischen ihnen und dem entlegenen Bahnhofsgebäude sich ein endloses Netz von Gleisen hinzog.«[19]

In solchen Szenen ist jede Antizipation einer Grenze verblasst; die Logik der starren Grenzen, die eine panische Angst vor Überschreitung hervorrufen, ist hier auf den Kopf gestellt, und deshalb scheint es nichts mehr zu geben, das noch von Bedeutung wäre. Es wird nie etwas passieren, Veränderung ist nicht möglich, alle Bemühungen sind nutzlos, welchem Zweck sie auch dienen mögen. Ein Jahr, bevor Pasternaks *Shiwago* erstmals – in einer italienischen Übersetzung – erschien, hatte João Guimarães Rosa den Roman *Grande Sertão: Veredas* (*Grande Sertão*) vorgelegt, das Epos des Sertão, einer halbwüstenartigen Landschaft im Binnenland Brasiliens (mein Freund Pedro Dolabela, der dort lebt, beschreibt den Sertão so: »eine sehr trockene Region, bedeckt mit felsigem Boden und einer dürren, dornigen, buschigen Vegetation; spärlich besiedelt, größtenteils hügelig mit einem flachen – aber nicht kuppelartigen – Himmel; es ist still; überall sieht man Eidechsen, auch Ziegen; man spürt ständig, wie die Sonne einem in die Haut beißt«). In noch monochromerer Weise als Pasternaks Buch ist *Grande Sertão* eine machtvolle Beschwörung räumlicher Endlosigkeit und gleichzeitig eine Betrachtung der menschlichen Existenz ohne Grenzen:

»Wir blickten zurück. Von dort aus hatte die Sonne jede Spur ausgebleicht. Ich sah nur Licht, schmerzendes, und es war wie eine Strafe. Eine Schwalbenweihe war das letzte, was uns an Vögeln zu Gesicht kam. Vor uns hatten wir dies: das Ende von allem, eine Leere, die zerrann, eine Wüste, Öde. Es war ein neues, ein irres Land, ein Meer aus Sand. Wo war es zu Ende, wo seine Grenze? Die Sonne brannte senkrecht auf den Boden, der funkelte wie Salz. Da und dort ein Flecken totes Gras, ein Fetzen verdorrten Gestrüpps – wie Haar ohne Schädel. Weit vor uns schwelte gelblicher Dunst. Und mit der Luft drang Feuerbrand in die arme Brust.«[20]

Ein Entkommen aus dem Sertão ist nicht möglich, denn es gibt keinen anderen Ort, an den man gehen könnte, und die Idee eines drohenden Banns, der vielleicht gebrochen werden könnte, entpuppt sich schließlich bloß als ein merkwürdiger Fall von Wunschdenken. Vor allem aber erweist sich jeder Gedanke daran und jede Hoffnung darauf, diesen Ort hinter sich lassen zu können, immer und immer wieder als Illusion: »Sertão ist dies: man glaubt, man habe ihn hinter sich, und schon ist er wieder da und dringt von allen Seiten auf einen ein. Sertão ist da, wo man ihn am wenigsten erwartet.«[21]

*

Umgeben von Existenzhorizonten, die entweder so bedrohlich sind, dass sie nie überschritten, oder so flüchtig, dass sie nie erreicht werden können, verspüren viele Menschen in den Nachkriegsjahren den Impuls, sich nach innen zu wenden. »Nach innen« markiert häufig auch die Richtung einer existenziellen Bewegung, doch haben die Ziele dieser Bewegungen sehr unterschiedliche Formen und Eigenschaften. Ein mögliches Ziel ist die innere Sphäre des Einzelnen, andere sind das Innere als geschützter Raum oder das wiederzuentdeckende Innere einer vertrauten Welt, die man aufgegeben und vergessen hat. Gottfried Benn schreibt 1950 ein kurzes Gedicht mit dem lakonischen Titel »Reisen« und beschwört darin präzise den Gegensatz zwischen der Illusion, weit weg von zu Hause die Erfüllung finden zu können, und dem Glück, das in der Stille des eigenen Ichs zu finden ist:

»Meinen Sie Zürich zum Beispiel
sei eine tiefere Stadt,
wo man Wunder und Weihen
immer als Inhalt hat?

Meinen Sie, aus Habana,
weiß und hibiskusrot,
bräche ein ewiges Manna
für Ihre Wüstennot? [...]

ach, vergeblich das Fahren!
Spät erst erfahren Sie sich:
bleiben und stille bewahren
das sich umgrenzende Ich.«[22]

Ein solcher Rückzug in die Innerlichkeit kann ein Trost sein, sofern er eine Grenze schafft oder findet und so dem, was im Innern bleibt, Form, Schutz und Stärke verleiht. Heidegger, der sich seit der Veröffentlichung von *Sein und Zeit* 1927 sehr für eine neuerliche philosophische Beachtung der existenziellen Dimension des Raums stark gemacht hatte, entfaltete in einer Reihe von Vorträgen und Aufsätzen aus den 1950er Jahren, die den Themen »Wohnen« und »Bauen« gewidmet waren, die Idee des »Gevierts« als elementarster Bedingung des menschlichen Lebens. Im »Geviert« findet das menschliche Dasein laut Heidegger sowohl seine eigene Stabilität als auch ein lebenswertes Verhältnis zu den es umgebenden natürlichen und transzendentalen Welten:

> »Doch ›auf der Erde‹ heißt schon ›unter dem Himmel‹. Beides meint *mit* ›Bleiben vor den Göttlichen‹ und schließt ein ›gehörend in das Miteinander der Menschen‹. Aus einer *ursprünglichen* Einheit gehören die Vier: Erde und Himmel, die Göttlichen und die Sterblichen in eins.«[23]

Der Mensch ist eine der vier Dimensionen des Gevierts und muss daher strenggenommen als Teil dessen gesehen werden, was ihn als existenziellen Raum konstituiert. Heidegger deutet aber auch an, dass das Geviert, wie das »innere Selbst« in Benns Gedicht, dem menschlichen Dasein Sicherheit und Schutz bietet. »Sichsammeln« im Geviert heißt weder, sich vom inneren »Ich« noch von den Dingen wegzubewegen. Gegen die Logik des traditionellen Subjekt-Objekt-Paradigmas, in dem sich »Ich« und Objektwelt sozusagen vor einander befinden und somit durch eine letztlich unüberbrückbare ontologische Kluft getrennt sind, ist die Rückkehr zum »Ich« für Heidegger gleichzeitig auch die Rückkehr zu einer ursprünglichen Vertrautheit mit den Dingen. Das kann auch gar nicht anders sein, denn Dasein bedeutet für ihn In-der-Welt-Sein, das heißt, der Mensch ist seiner physischen Umgebung immer schon nahe: »Selbst dann, wenn die Sterblichen ›in sich gehen‹, verlassen sie die Zugehörigkeit zum Geviert nicht. Wenn wir uns – wie man sagt – auf uns selbst besinnen, kommen wir im Rückgang auf uns von den Dingen her, *ohne* den Aufenthalt bei den Dingen je *preiszugeben.*«[24]

Diese besondere Weise des »In-sich-Gehens«, welches gleichzeitig eine Rückkehr zu den Dingen ist, gleicht und entspricht, so meine Überzeugung, einer weiteren Bewegung nach innen, nämlich derjenigen, die uns näher auf den »Grund« und damit letztlich vor das Sein bringt. Für Heidegger ist der Mensch existenziell zur Begegnung mit einem ontischen Grund aufgerufen: »Der Grund als solcher verlangt es, *als* Grund zurückgegeben zu werden –, zurück (re) nämlich in der Richtung auf das repräsentierende, d.h. vor-stellende Subjekt und *durch* dieses *für* es.«[25] Sich auf das »Ich« und von dort aus auf den Grund zu besinnen, erneuert zugleich in etwas paradoxer Weise (jedenfalls gemessen an der klassischen Subjektphilosophie) die Zugehörigkeit und die Bindung des Menschen zur Erde, und nur durch ebendiese Innerlichkeit können sich nach Heidegger jene Momente der Wahrheit ereignen, in denen sich das Sein entbirgt. Ich glaube jedoch nicht, dass Heideggers »Sein« eine transzendentale Entität ist, also etwas, das von einer anderen Seite kommt. Es ist vielmehr – in dieser ausgedehntesten Version der existenziellen Nachkriegsstimmung – die reine Innerlichkeit; es sind einzelne Dinge in ihrer Substanz, die (so als wären sie) frei von einem subjektiven Blickwinkel wahrgenommen werden. Das scheinbare Paradox beruht auf der Intuition, dass nur eine bewusste Rückkehr zum »Ich« (zu dem, was früher »das Subjekt« hieß) die Präsenz der Objektwelt innerhalb des Wahrheitsereignisses, das heißt Präsenz in der Unverborgenheit des Seins, erreichen kann.

*

Für Albert Camus' 1951 veröffentlichte Essaysammlung *L'homme révolté* (*Der Mensch in der Revolte*), die einen endgültigen Bruch mit dem Bekenntnis seiner Generation zum Evangelium marxistischer Ideen markiert, ist diese Rückwärtsbewegung zum individuellen »Ich«, zur Erde und zum kulturell Vertrauten gleichbedeutend mit einer Abkehr von allen utopischen Horizonten, die in der Tradition der Hegelschen Geschichtsphilosophie mit einer bestimmten säkularen Transzendenz einhergehen, die also im Versprechen auf eine Zukunft jenseits des Todes des Individuums liegen (ihn transzendieren) sollten. Es ist dies eine weitere Abkehr von den Grenzen, »jenseits derer« Erfüllung und Erlösung warten sollten. Camus' schonungslose Kritik solcher abstrakten Zukunftsversprechen, die seiner Meinung nach einen Verrat an der Gegenwart und damit auch an der individuellen Existenz darstellen, wurde geschürt durch die Erfahrung des kalten Zynismus der totalitären Regime, die den Zweiten Weltkrieg ausgelöst hatten:

> »Die Menschen Europas, den Schatten preisgegeben, haben sich vom strahlenden Fixpunkt abgewandt. Sie vergessen die Gegenwart im Blick auf die Zukunft, den Gewinn der Menschen um des Rauschs der Macht willen, das Elend der Vorstädte über durchlichteten Wohnsiedlungen und die tägliche Gerechtigkeit über einem eitlen verheißenen Land. Sie verzweifeln an der Freiheit der Personen und träumen von einer befremdenden Freiheit der Gattung; sie lehnen den einsamen Tod ab und nennen Unsterblichkeit eine ungeheure kollektive Agonie.«[26]

Der ebenso mythologische wie präzise Name, den Camus für die Rückkehr zu einer zeitlichen und räumlichen Gegenwart wählt, für die er gegen alle vagen und gefährlichen Versprechen auf ein »Jenseits« in der Zukunft eintritt, ist Ithaka, die Insel, zu der Odysseus immer wieder zurückkehrt:

»Wir entscheiden uns für Ithaka, die treue Erde, das kühne und nüchterne Denken, die klare Tat, die Großzügigkeit des wissenden Menschen. Im Lichte bleibt die Welt unsere erste und letzte Liebe. Unsere Brüder atmen unter dem gleichen Himmel wie wir; die Gerechtigkeit lebt. Dann erwacht die sonderbare Freude, die zu leben und zu sterben hilft und die auf später zu verschieben, wir uns fortan weigern. Auf der schmerzensreichen Erde ist sie die bittere Nahrung, der rauhe Meerwind, das alte und das neue Morgenrot.«[27]

Ithaka steht für eine leidenschaftliche Konzentration auf die Gegenwart, für die Lossagung von einer Zeit, deren Vergangenheit auf dem Handeln lastete und deren Zukunft es für gewöhnlich verzerrte. Für kurze Augenblicke und in kleinen Textpassagen muss Camus sich stark genug gefühlt haben, aus der historischen Zeit auszubrechen, die zu einer Zeit der Ideologie geworden war.

*

Ralph Ellisons Roman *Invisible Man* (*Der unsichtbare Mann*), der nach vielen Jahren der Vorbereitung im Frühjahr 1952 erstmals erschien und schon früh als eines der besten Bücher gefeiert wurde, die je von einem afroamerikanischem Schriftsteller geschrieben wurden, scheint mit einem ähnlichen Rückzug in eine innere Welt zu beginnen. Der schwarze Protagonist und Ich-Erzähler bewohnt einen Raum in einem Keller, den er seine »Höhle« nennt:

»[Ich] wohne [...] umsonst in einem Haus, das ausschließlich an Weiße vermietet ist, in einem Teil des Kellers, der im neunzehnten Jahrhundert zugebaut und vergessen wurde [...]. Vor allem mußte ich ein Heim finden – oder ein Loch in der Erde, wenn man so will. Aber man hüte sich vor dem Schluß, mein Heim sei feucht und kalt wie ein Grab, weil ich es Höhle nenne. Es gibt kalte und warme Höhlen. Meine Höhle ist warm. Und dann vergesse man auch nicht, daß sich der Bär für den Winter in seine Höhle zurückzieht und dort bis zum Frühling lebt. Dann kommt er wieder hervor, wie das Osterküken, das die Eierschale sprengt.«[28]

Die Erfahrung, die hinter seiner Wahl steckt, unterscheidet sich allerdings von allem, was wir bislang betrachtet haben. Wenn Ellisons Ich-Erzähler der Zutritt zu gesellschaftlichen Kreisen verwehrt bleibt, wenn er auf Grenzen stößt, die unmöglich zu überwinden sind, und auf andere, die ständig zurückweichen, so dass sie unerreichbar bleiben, wenn »Kein Eingang« für ihn eine ständig aufs Neue wiederkehrende Erfahrung ist, so haben all diese unterschiedlichen Frustrationen einen übereinstimmenden Grund: Er ist als Schwarzer für seine Umgebung unsichtbar. Sein Rückzug in den Keller ist die Reaktion auf diese niemals physisch gewalttätige, aber existenziell vernichtende Form der Diskriminierung. Als wolle er seine Lage umkehren, umgibt er sich in seiner »Höhle« wie besessen mit einer Unmenge elektrischer Lichtquellen:

»Licht bestätigt meine Realität, gebiert meine Gestalt. Ein schönes Mädchen erzählte mir einmal von einem immer wiederkehrenden Alptraum, in dem sie in der Mitte eines großen, dunklen Zimmers lag und fühlte, wie sich ihr Gesicht immer weiter ausdehnte, bis es den ganzen Raum füllte, eine formlose Masse wurde, während ihre Augen als gallige Gallerte den Kamin hinaufliefen. Genau so geht es mir. Ohne Licht bin ich nicht nur unsichtbar, sondern auch gestaltlos. Und wer sich seiner Gestalt nicht bewußt ist, lebt einen Tod. Nachdem ich etwa zwanzig Jahre existiert hatte, wurde ich erst lebendig, als ich meine Unsichtbarkeit entdeckte. Deshalb führe ich meinen Kampf gegen die Licht- und Kraftwerke. Der tiefere Grund aber ist: er läßt mich meine Vitalität fühlen. Ich bekämpfe sie auch, weil sie mir so viel Geld abnahmen, bis ich endlich lernte, mich zu schützen. In meiner Höhle im Kellergeschoß brennen genau eintausenddreihundertneunundsechzig Lampen. Ich habe jeden Zoll der Decke mit Drähten bespannt.«[29]

Der Roman schildert natürlich eine ganze Reihe von Szenen, in denen der Protagonist in bestimmte Umgebungen oder gesellschaftliche Situationen nicht hineingelassen wird. In der Tat ist dies sein narratives Leitmotiv. Zu diesen Szenen gehört aber auch, dass die Zurückweisung niemals offen rassistisch ist. Als er beispielsweise den Campus des afroamerikanischen Colleges, das er besucht, dessen – weißem – Hauptgeldgeber Mr. Norton zeigen soll, landen die beiden in einem Bordell, das hauptsächlich von psychisch gestörten Veteranen des Ersten Weltkriegs besucht wird. Dort ist es ironischerweise ein dunkelhäutiger Barkeeper, der dem Protagonisten keinen Drink für Mr. Norton verkaufen will, weil er »noch auf der Schule«[30] ist. Nachdem also die Interaktion mit dem Geldgeber vollkommen schiefgelaufen ist, empfiehlt Mr. Norton dem – schwarzen – Leiter des Colleges, den Protagonisten der Schule zu verweisen; dies geschieht auf die subtile Weise, dass er nach New York geschickt wird, um sich auf Stellen zu bewerben, für die er Empfehlungsschreiben erhält, welche in Wirklichkeit jeden potenziellen Arbeitgeber vor dem Bewerber warnen. Anstatt mit klaren und aggressiven Akten der Exklusion konfrontiert zu werden, muss der Protagonist somit einen langen Prozess aus erfolglosen Begegnungen und Gesprächen durchmachen, bis er merkt, wie »unsichtbar« er ist.

Unsichtbarkeit und, als deren Folge, Gestaltlosigkeit sind jedoch nicht nur Formen der Rassendiskriminierung. Sie waren in der Mitte des 20. Jahrhunderts zum gemeinsamen Schicksal vieler geworden, die in verschiedenen eng umgrenzten sozialen Welten lebten. Der bereits angesprochene Roman *Schweigen über Madrid* von Luis Martín-Santos handelt in einem wichtigen Maße von Sozialbeziehungen unter genau dieser Voraussetzung. Nach einer durchzechten Nacht erkennt der Hauptcharakter Pedro, ein schüchterner junger Arzt, mit reflexiver Klarheit, dass ihm der Zugang zu den Bereichen menschlicher Wärme, nach denen er sich sehnt, für immer verwehrt bleiben wird: »Wünschend: Nicht allein zu sein, in einer menschlichen Wärme zu sein, umschlossen von einem samtweichen Fleisch, begehrt von einem nahen Geist. [...] Befürchtend: Nie werde ich richtig zu leben verstehen, ich werde immer am Rande bleiben.«[31] Später, nachdem klar geworden ist, dass er an einem Abtreibungsversuch mit tödlichem Ausgang beteiligt war (und trotz seiner Befreiung von möglichen rechtlichen Folgen), wird Pedros medizinischer Vorgesetzter all seine Hoffnungen auf eine akademische Karriere und den damit verbundenen sozialen Aufstieg sehr förmlich zunichtemachen. Pedro wird nie in die soziale Welt eintreten, in die er aufsteigen wollte:

»›Unser Beruf ist ein Priesteramt‹, sagte er gesetzt und ohne irgendeine Spur von Zorn, ›und er verlangt, daß wir uns seiner würdig erweisen. Ich würde sogar sagen, daß es nicht genügt, diesem Minimum an Anstand zu entsprechen, sondern daß man ihn auch nach außen hin zeigen muß. Es gibt Verdächtigungen, die nicht geduldet werden können. Ich weiß schon, daß Sie mir jetzt sagen werden, daß Sie in allen Anklagepunkten freigesprochen worden sind. Das stimmt, Sie sind in allen Anklagepunkten freigesprochen worden, aber nicht – wohlgemerkt – von jedem Verdacht. [...] Lassen Sie sich einen Rat geben. Verzichten Sie auf die Forschung. Sie sind dafür nicht begabt. Sie werden nie etwas erreichen. Ich sehe mich in Anbetracht der Umstände gezwungen, die Verlängerung Ihres Stipendiums abzulehnen. Aber vielleicht ist das zu Ihrem Vorteil. Sie haben geschickte Hände. Gehen Sie irgendwohin in die Provinz. Üben Sie Ihren Beruf als Arzt aus. Sie können einen ordentlichen Chirurgen abgeben. Dort werden Sie ein ruhigeres Leben führen fernab von einem gewissen Umgang.«[32]

Diskriminierung und Unsichtbarmachung funktionieren aber nicht nur hierarchisch, wie in dieser Szene, sie können in der straff gegliederten, unter einer Militärdiktatur lebenden spanischen Gesellschaft der Mitte des 20. Jahrhunderts auch auf Gegenseitigkeit beruhen oder sogar universell sein. Ein Grund dafür ist, dass Situationen der sozialen Exklusion immer einen Bonusgenuss für diejenigen enthalten, die in der Position des Handelnden sind – egal wie tief unten sie selbst stehen. Aus Sicht der universellen Diskriminierung und höchst ironisch schildert Martín-Santos, wie Muecas – ein Slumbewohner, der für Pedros Forschungslabor Ratten züchtet, und der Vater des schwangeren Mädchens, das bei dem Abtreibungsversuch stirbt (und auch ihres Kindes) – wie also dieser Muecas versucht, jeden auf Distanz zu halten, für den seine eigene Situation begehrenswert erscheinen könnte:

»Der etablierte Bürger Muecas, Grenzlandveteran, ein Honoratior der Kleinstadt, von seinesgleichen, den Ratsherren, geachtet, sah von den Höhen seiner einträglichen Viehzuchtanstalt auf die herab, die – einen Fetzen vorn und einen hinten –, gerade erst in schmutzstarrenden Eisenbahnwaggons dritter Klasse aus dem fernen Land des Hungers gekommen, so taten, als fingen sie bereits an, einigermaßen zu leben. Eine verächtliche Gewißheit erlaubte es, auf den Gesichtern dieser Irren das Zeichen der Schande und der minderwertigen Rasse zu erkennen. Intuitiv begriff er, daß diese Menschen nie imstande sein würden – wie er –, sich zur Würde eines freien Unternehmers zu erheben, der mit einer echten und legalen wissenschaftlichen Institution der Nachbarstadt, die noch nicht von der Bombe zerstört ist, vertraglich abgesicherte Geschäfte macht.«[33]

Selbst ein Slumbewohner wie Muecas »verweigert anderen den Zugang«, verteidigt seinen gesellschaftlichen Status gegen jene, die versuchen könnten, selbst dorthin »aufzusteigen«, und verdammt sie zu dem gleichen Schicksal der Bewegungsunfähigkeit, das Pedro als Lebensbedingung der Prostituierten aus der Stadt identifiziert: »Der Vulgärrealismus ihres Lebens vermochte nicht zu einem eigenen Stil zu gerinnen. Von dort kam nichts.«[34]

Auch in der Welt der Prostitution kann anderen der Zutritt verweigert werden. Als der (von James Dean gespielte) jugendliche Sohn aus gutem Hause im Film *East of Eden* (*Jenseits von Eden*) erfährt, dass seine Mutter in einer nahe gelegenen Kleinstadt ein Bordell leitet (und nicht früh verstorben ist, wie der fromme Vater die Kinder hatte glauben machen), versucht er, mit ihr Kontakt aufzunehmen. In einer Art umgekehrtem Stolz hat sich die Mutter jedoch entschieden, ihn von sich fern zu halten. Hier ist es eindeutig nicht mehr der Wille zur sozialen Diskriminierung, der die Grenze zieht. *Jenseits von Eden* liefert vielmehr ein dramatisches Beispiel für das existenzielle Paradox, dass sich nichts schwerer erreichen lässt als das, was uns am nächsten – oder sogar ein halbbewusster Teil unserer Identität – ist. Die Erfahrung ist geradezu alles durchdringend, und so hat sich die Philosophie des 20. Jahrhunderts wiederholt mit ihr beschäftigt. Sie beherrscht und bestimmt zum Beispiel die Textstruktur von Heideggers Vorlesung *Der Satz vom Grund*, in welcher der Autor immer wieder obsessiv einige wenige Zitate und Motive aus der Philosophiegeschichte interpretiert und wiederholt, die das Versprechen auf einen Zugang zum »Grund« als Dimension des »Seins« in sich zu bergen scheinen – ohne je zu einem tatsächlichen Wahrheitsereignis durchzudringen: »[U]nser Verhältnis zum Naheliegenden [ist] seit je stumpf […] und dumpf. Denn der Weg zum Nahen ist für uns Menschen jederzeit der weiteste und darum der schwerste.«[35]

*

Neben Situationen, in denen Menschen aus bestimmten sozialen Umgebungen ausgeschlossen sind, und solchen, in denen die Erfahrung, »keinen Eingang« zu haben, mit Strukturen des menschlichen Daseins zusammenhängt, gibt es schließlich auch noch das – für die Nachkriegsjahre möglicherweise typische – Gefühl, dass eine Rückkehr zur Geschichte, ein Wiedereintritt in die Geschichte unmöglich geworden ist. Angesichts seiner sonstigen kulturellen Vorlieben ist es einigermaßen überraschend, dass Carl Schmitt in einer kurzen, am 2. Januar 1948 niedergeschriebenen Betrachtung über seine gegenwärtige Lage den Titel von Thomas Wolfes berühmtem Roman *You can't go home again* von 1940 auf Englisch zitiert. Nachdem er über ein Jahrzehnt lang in Berlin gewohnt hatte und zumindest innerhalb des deutschen Rechtssystems äußerst einflussreich gewesen war, hatte er sich nunmehr in seinen Heimatort Plettenberg im Sauerland zurückgezogen – von wo aus er nie wieder auf einen Universitätsposten oder in eine neue Funktion innerhalb des Rechtssystems würde zurückkehren dürfen. Seine Erfahrung ähnelt in gewisser Weise der des Soldaten Beckmann in Borcherts Drama – aber Schmitt zieht natürlich weit weniger depressive Schlussfolgerungen:

> »You can't go home again!? Du kannst nicht in den Mutterleib zurück! Mein jetziger Aufenthalt in Plettenberg: ein abgeschossener Pfeil kehrt zur Sehne zurück und scheint darum zu bitten, nochmals abgeschossen zu werden. Die etwas naive Voraussetzung ist dabei, daß die Sehne noch straff und stark ist wie vor 50 Jahren; an einen Schützen wird merkwürdigerweise nicht gedacht.«[36]

Was die Metapher für Schmitt bedeutet haben muss, ist klar. Mit dem Zusammenbruch des nationalsozialistischen Deutschland wurde deutlich, dass er in seinem Leben nie mehr das Ziel treffen würde, das er sich als Verwirklichung und Erfüllung gesetzt hatte. Die Geschichte war inzwischen vorangeschritten, und er hatte keine Chance mehr auf ein neues Leben, ein Leben mit einer anderen Flugbahn. So wie ein Pfeil nicht zum Bogen zurückfliegen kann, kann auch das Leben nicht zu jugendlicherer Kraft und Begeisterung zurückkehren. Wenn man seine Chance im Lauf der Geschichte gehabt – und vertan – hat, gibt es keine zweite mehr, ein Wiedereintritt in die Geschichte ist nicht möglich. Strukturell gleicht Schmitts Gefühl der aktiveren Entschlossenheit und Absicht Albert Camus', die abstrakten Versprechen der Geschichte auf eine bessere Zukunft aufzugeben. Aus der Geschichte auszusteigen ist auch der Schluss, zu dem Ralph Ellisons Protagonist kommt, als er sich seiner Unsichtbarkeit vollständig bewusst geworden ist: »Ich weiß nicht [...]. Manchmal meine ich, der Mensch sollte sich aus allem geschichtlichen Geschehen heraushalten.«[37] Hier rührt die Entscheidung, nicht mehr zu versuchen, einen Weg innerhalb der Geschichte zu finden, aus der Einsicht, dass die Unsichtbarkeit eben ein Produkt der Geschichte ist. Auf der anderen Seite würde »aus der Geschichte auszusteigen« auch den Ausstieg aus der Bruderschaft der Afroamerikaner bedeuten:

»Außerhalb der Bruderschaft befanden wir uns außerhalb der Geschichte; aber innerhalb von ihr sah man uns nicht. Ein verteufelter Zustand, wir waren nirgendwo. Ich wollte nichts damit zu tun haben, aber dennoch wollte ich darüber diskutieren, mit jemand darüber sprechen, der mir dann sagte, es wäre nur eine kurze, emotionale Illusion. Ich wollte, daß die Welt ihre alten Stützen behielt.«[38]

Eine gute Lösung ist nicht in Sicht. Ellisons Erzähler spürt den Drang, »aus der Geschichte auszusteigen«, will aber gleichzeitig, dass die »alten Stützen« und damit die Geschichte als existenzielle Basis erhalten bleiben. Doch der Eindruck, die Intuition, dass die Geschichte von ihrem Kurs abgekommen ist, dass man nicht wieder in sie eintreten kann – ja nicht einmal sollte –, dieser Eindruck setzt sich fest und kehrt hartnäckig immer wieder.

*

Bei all diesen manchmal scharfen, manchmal endlos zurückweichenden Trennlinien scheint die Nachkriegswelt sich nicht für eine der verschiedenen Möglichkeiten ihrer Neugestaltung entscheiden zu können. Eine bedeutende Grenze scheint sich im Lauf des Jahres 1948 endgültig durchzusetzen. Es ist die Linie der politischen, ideologischen und wirtschaftlichen Trennung zwischen dem sowjetischen Einflussbereich und der von den Westalliierten kontrollierten Zone, die Grenze also, die nicht von ungefähr als »Eiserner Vorhang« bezeichnet und erlebt wird. Am 31. Januar 1948, fast ein halbes Jahr vor den politischen Ereignissen, welche diese Trennung erstmals sichtbar und maßgeblich machen werden, spricht Carl Schmitt von ihr als Druck einer seltsamen Ambiguität, unter dem sein Land sich befinde: »Deutschland – eingeklammert und ausgeklammert, in einer auseinanderklaffenden Welt.«[39] Vielleicht ist es der kumulative Effekt all jener die Nachkriegswelt durchschneidenden Linien und Grenzen, die eine Obsession mit Spalten entstehen lässt, eine Besessenheit von wachsenden Klüften und der unumkehrbaren Trennung, die sie herbeiführen. Jahre später wird sich die Kluft metonymisch in einen sichtbaren Raum verwandeln: in das leere Niemandsland, das Ost- und Westberlin als Sicherheitspuffer voneinander trennt.

Doch die Spalten und der Trennungsschmerz durchziehen beide Seiten der auseinanderklaffenden Welt. Juri Trifonows Roman *Studenten*, der 1951 den Stalinpreis gewann, findet ein unerwartetes Ende in genau diesem Sinne. Während ihrer gesamten Studentenzeit in Moskau scheint alles fast zwangsläufig darauf hinauszulaufen, dass Olga und Wadim, die beiden Hauptfiguren, eines Tages ein glücklich verheiratetes Paar sein werden. In der letzten Szene jedoch, die an einem sozialistischen Feiertag spielt, müssen sie feststellen, dass die Geschichte – in Gestalt der Bestimmungen des nächsten Fünfjahresplans – jedem von ihnen ein anderes Schicksal zugewiesen hat und sie an Orte innerhalb des Sowjetreichs schickt, die Tausende Kilometer voneinander entfernt sind:

»›Ich arbeite eine Zeitlang praktisch, und nachher komme ich nach Moskau zurück und werde an der Timirjasew-Akademie studieren.‹
›Hm ja‹, murmelt Wadim. ›Gerade dann, wenn ich mein Studium beendet habe und nach Sachalin fahre.‹
›Aha, du willst also auch fort!‹
›Ja, aber auch nicht für die Ewigkeit, ich komme zurück.‹
›Freilich, wenn ich an der Timirjasew-Akademie ausstudiert habe und nach Kamtschatka fahre‹, sagte Olga im selben Tonfall wie Wadim.
›Und so werden wir immer aneinander vorbeifahren‹, meint er lächelnd.
[...]
›Nein, wir werden uns wiedersehen‹, sagt Olga leise. ›Und wenn nicht, dann hat es eben nicht sein sollen.‹
Wadim blickt lächelnd in ihre schüchternen und erwartungsvoll zu ihm erhobenen Augen. Eine jähe Welle von Zärtlichkeit hält die Worte in seiner Kehle zurück.
›Wadim, freust du dich für mich?‹ fragt sie noch leiser.
Ja, er freut sich für sie. Und er freut sich auch für sich, daß er sich nicht in ihr getäuscht hatte. Er sagt ihr, daß er im Sommer mit einer dialektologischen Expedition in den Südural reisen und sie auf der Rückfahrt in ihrer Station besuchen wird.
›Das ist gar nicht weit, weißt du, das Stalingrader Gebiet vom Südural, bloß über die Wolga ...‹«[40]

Es ist ebenso merkwürdig wie bezeichnend, dass das Motiv der Kluft auch an einigen entscheidenden Nahtstellen der philosophischen Konstruktion von Sartres *Das Sein und das Nichts* erscheint. Sartre entwickelt darin als existenzialistische Variante der traditionellen Subjekt/Objekt-Topologie die Begriffe des »An-sich« (*en-soi*) und des »Für-sich« (*pour-soi*), nur um auf den letzten Seiten zu dem Schluss zu gelangen, dass die Möglichkeit einer Integration der beiden von Anfang an eine Illusion war. Sie sind – und waren immer – durch einen Spalt getrennt:

»Alles geht so vor sich, als ob das An-sich und das Für-sich sich im Zustande der *Auflösung* in bezug auf eine ideale Synthese darböten. Nicht weil der Zusammenschluss zur Synthese jemals *stattgefunden* hätte, sondern im Gegenteil, weil er immer angekündigt wird und immer unmöglich ist. Dieses fortwährende Scheitern ist es, wodurch die Untrennbarkeit von An-sich und Für-sich und zugleich ihre relative Unabhängigkeit erklärt werden. [...] Dieses Scheitern erklärt den Hiatus, dem wir im Begriff des Seins und gleichzeitig im Daseienden begegnen. Wenn es unmöglich ist, vom Begriff des An-sich-Seins zu dem des Für-sich-Seins überzugehen und sie in einem gemeinsamen Gattungsbegriff zu vereinen, so deshalb, weil der *faktische Übergang* von einem zum anderen und ihre Vereinigung nicht bewerkstelligt werden kann.«[41]

Eine andere Kluft, die man als gleichbedeutend mit der zwischen An-sich und Für-sich (oder als deren eigentlichen Grund) interpretieren kann, wird zu Beginn des Buches dargestellt. Es handelt sich um die Kluft zwischen dem »Endlichen« und dem »Unendlichen«, welche Sartre zufolge eine neue philosophische Dimension schafft. Mit dem Begriff des »Unendlichen« verweist er auf die Strukturerfahrung des Subjekts, die immer eine Erfahrung aus einer ganz bestimmten von unendlich vielen möglichen Perspektiven ist. Das »Endliche« dagegen spielt auf das Ideal und den Wunsch nach einem Objekt an, welches als Erfahrungsgegenstand mit sich selbst identisch bleibt. Weil das ideale Objekt zwangsläufig unerreichbar bleibt, muss sich die Philosophie nur mit den Kundgebungen von Phänomenen beschäftigen, das heißt mit Phänomenen, wie sie sich aus der ständig wechselnden Sicht des Subjekts manifestieren. An die Stelle der schwindenden Unterscheidung zwischen der Erscheinung und dem Sein eines Objekts tritt daher nun die zwischen dem »Endlichen« und dem »Unendlichen«, welche durch eine Kluft voneinander getrennt sind.

*

Im US-amerikanischen Alltag der Nachkriegszeit scheint unterdessen eher eine Stimmung der reibungslosen Reintegration und Absorption vorzuherrschen als eine der unmöglichen Rückkehr oder einer tiefen Kluft. Wir haben uns ja schon die Weihnachtsausgabe des *Life Magazine* von 1945 und die Episode über die Familie aus Kansas mit ihren (größtenteils) zurückkehrenden Kriegsveteranen angesehen. Von diesem Plot gibt es zahlreiche Wiederholungen. Wir erwähnten bereits die Überschrift eines weiteren Artikels: »Japanischer Bauer: Er kehrt aus dem Krieg zurück zum uralten Lebensmuster seines Dorfes«. Nach »zwölf Wochen zäher Verhandlungen«[42] unterzeichnen Vertreter Großbritanniens und der USA ein komplexes Darlehensabkommen, um die britische Wirtschaft zu sanieren. Eine ganzseitige Anzeige für den »aufregenden neuen Pontiac« des Jahres 1946 betont, »*alles*, was an den Vorkriegsmodellen gut war, wurde vollständig beibehalten«.[43] Unter der friedlichen Oberfläche des ersten Weihnachtsfestes nach dem Krieg ist allerdings ein Rest von Gefahr spürbar. Gegen die Bitten des Direktors des physikalisch-chemischen Forschungsinstituts in Tokio, Professor Nishina, haben amerikanische Soldaten fünf Zyklotronen demontiert. Teile dieser Teilchenbeschleuniger »wurden auf zwei Marinefrachter verladen und vor der Bucht von Tokio versenkt«.[44] Dabei waren selbst innerhalb der USA Zweifel daran aufgekommen, ob diese Geräte wirklich für militärische Zwecke hätten benutzt werden können. Eine ähnliche Ambivalenz scheint in einer Serie von Weihnachtsbaumzeichnungen auf, die das *Life Magazine* bei neun namhaften Künstlern, darunter auch Salvador Dalí, in Auftrag gegeben hatte. Sechs von ihnen zeigen nostalgische und humorvolle Variationen des Themas. Es gibt aber auch einen »einziehbaren, radargesteuerten, atomgetriebenen Weihnachtsbaum«[45] und eine Zeichnung, auf der im Vordergrund ein kleiner Junge zu sehen ist, dessen »Spielzeug eine Atombombe ist«.[46] Das letzte Bild der Serie zeigt einen explodierenden Weihnachtsbaum mit umherfliegenden Nazi-Utensilien, die wohl sein Schmuck gewesen sein müssen, und der Inschrift in der Bildmitte: »Wo ist der Frieden?«[47]

*

In meinen Kindheitserinnerungen haben solche Bäume ihren Platz. In den Weihnachtsferien fuhren meine Eltern mit mir zum Haus der Großeltern, einer ehemaligen Jagdhütte in den oft schneebedeckten Bergen, in die sich mein Großvater nach Kriegsende zurückgezogen hatte. Jedes Jahr hatten wir einen sorgfältig ausgewählten Baum, der mit Weihnachtsschmuck aus den alten Zeiten verziert wurde, wir sangen die klassischen Weihnachtslieder, als ob mit dem deutschen Brauchtum nichts geschehen wäre, und besuchten sogar manchmal die Christmette. Bald fand ich auch Vergnügen daran, die alten Familienalben durchzublättern und die Fotos aus der Gymnasialzeit meiner Mutter oder die der voluminösen Autos meines Großvaters auf seinen Urlaubstouren durch die Alpen zu betrachten. Auf einigen Seiten waren Fotos aus dem Album herausgerissen worden. Als ich meine Mutter nach dem Grund fragte, sagte sie, es seien darauf »Dinge, die man nicht mehr gerne sehen würde«, gewesen. Etwas in ihrer Antwort verstand ich sofort, und wenn es nur war, dass sie mich nicht ermutigte, weiter zu fragen. Also suchte ich anderswo, in Kisten voller nutzloser Gegenstände oder in leeren Koffern. Aber gefunden habe ich nichts.

Bis Mai 1945 war das Leben in Deutschland von immer näher rückenden Frontlinien geprägt gewesen, nun tat sich eine neue Welt der vielfältigen Grenzen auf. Es gab Grenzen, die man absolut nicht überschreiten konnte, vor allem diejenige, welche uns von der »sowjetischen Besatzungszone« trennte. Es wurde in der Nachkriegszeit allgemein niemandem leicht gemacht, woanders hinzugehen – nicht einmal von woanders nach Hause zurückzukehren, egal, ob die Grenzen nun »eisern« wie im russischen oder ständig zurückweichend wie im brasilianischen Beispiel erschienen. Die »andere Welt« der religiösen Transzendenz war noch nicht vollkommen verschwunden, aber sie muss so weit entfernt gewirkt haben, dass sie jenseits der Vorstellungskraft lag. Mit seinem asketischen Äußeren und seiner distanzierten, entrückt wirkenden Art schien Papst Pius XII. die Verkörperung jener Ferne und der Kluft zwischen Alltag und Transzendenz darzustellen. Da keine Grenzen überschritten werden sollten und niemand hinaus oder herein durfte, konnte auch nichts passieren, zumindest sollte in dieser Welt nichts passieren. Und doch war die Ruhe, die sich entwickelte, nie endgültig, sie blieb bedenklich und prekär. Die Welt war zwar befriedet, aber jedes aufflammende Gefühl, jeder Mangel an Kontrolle schien sie im Bruchteil einer Sekunde explodieren oder kollabieren lassen zu können.

Wie bereits gesagt ist Samuel Becketts *Warten auf Godot* – und insbesondere das Ende dieser »Tragikomödie« – ein Sinnbild dieser absoluten und labilen Bewegungslosigkeit: »WLADIMIR: Also? Wir gehen? ESTRAGON: Gehen wir! *Sie gehen nicht von der Stelle.*«[48] Sich nicht bewegen zu können, weder nach außen noch nach innen, macht alle Erzählungen zunehmend obsolet, die eine notwendige Beziehung von Zeit und Veränderung voraussetzen oder erklären. Es erscheint, mit anderen Worten, wie der Versuch, aus der Geschichte auszusteigen, die sich seit dem frühen 19. Jahrhundert so machtvoll und so ausnahmslos etabliert hatte, dass sie ein ewig gültiger Existenzrahmen zu sein schien. An einer früheren Stelle von *Warten auf Godot*, als Estragon sich erinnert, dass er »schon immer durchs Emsland wandern«[49] wollte, und Wladimir es nicht schafft aufzustehen, um ihn zu begleiten, zitiert dieser – und denunziert damit – den Diskurs, der die Erfüllung am Ende aller Zeiten beziehungsweise an irgendeinem Punkt in der Zukunft in Aussicht stellt:

»WLADIMIR: Schnell! Schnell! Reich mir die Hand!
ESTRAGON: Ich gehe. *Pause. Lauter.* Ich gehe.
WLADIMIR: Letzten Endes werde ich auch wohl allein aufstehen können.
Er versucht aufzustehen und fällt wieder hin. Früher oder später!
ESTRAGON: Was hast du?
WLADIMIR: Scher dich weg!
ESTRAGON: Bleibst du hier?
WLADIMIR: Momentan.
ESTRAGON: Steh doch auf. Du erkältest dich noch.
WLADIMIR: Kümmere dich nicht um mich.
ESTRAGON: Hör mal, Didi, sei nicht so stur.«[50]

Wir können diese Szene als Konvergenzpunkt oder als Allegorie der unterschiedlichen Situationen lesen, in denen Autoren wie Albert Camus, Ralph Ellison und selbst Carl Schmitt bewusst wird, dass ihnen die Geschichte nicht gestatten wird, sich in die Richtung zu bewegen, in die sie sich bewegen wollen – was sie zu dem Entschluss kommen lässt, dass sie aus der Geschichte aussteigen wollen.

Wo Grenzen kaum je überschritten werden können, wo Bewegungen im Raum keine Ereignisse zeitigen, wo nie etwas zurückgelassen wird, im wörtlichen wie im übertragenen Sinn, da übersetzt sich der Raum nicht mehr in Zeit, wie er es über die vorherigen zwei Jahrhunderte in zunehmendem Maße getan hat. Die Nachkriegswelt wird zur Welt des Kalten Krieges, in welcher der Raum dominiert, weil Ereignisse nur »fast« – und nicht »wirklich« – eintreten. Die Grenze zwischen Ost und West entlang dem Eisernen Vorhang behauptet und wiederholt sich in Deutschland, in China und in Korea. Und wo immer diese Trennlinie in Gefahr ist, wie 1953 in Berlin, 1956 in Budapest, 1961 noch einmal in Berlin oder 1968 in Prag, wird sie aufs Neue verstärkt, was die Kluft zwischen den beiden Seiten nur noch tiefer werden lässt. Der Beginn des Vietnamkriegs folgte offensichtlich der gleichen Logik – und dass er anders endete, war womöglich der Anfang vom Ende des Kalten Krieges.

Schon viel früher, nämlich am 4. Oktober 1957, hatte die Sowjetunion mit Sputnik 1 den ersten künstlichen Satelliten in die Erdumlaufbahn geschossen und damit im Westen die große Befürchtung ausgelöst, das militärisch-technische Gleichgewicht zwischen den beiden Supermächten, welches eine Voraussetzung für die Stabilität des Kalten Krieges war, könnte sich zugunsten der kommunistischen Seite verschoben haben. Dies war jedoch nur eine von zwei typischen Reaktionen. Die andere sah in dem Ereignis den Beginn der dramatischsten Grenzüberschreitung, die überhaupt vorstellbar war, das heißt den Auftakt zum Abschied des Menschen vom Planeten Erde. Hannah Arendts Vorwort zu ihrem 1958 in den USA (1960 in Deutschland) erschienenen, wohl bedeutendsten philosophischen Buch *The Human Condition* (*Vita activa oder Vom tätigen Leben*) ist geprägt von ihrer starken Ablehnung jener triumphierenden Vorfreude auf eine »historische« Zukunft, von der wir wissen, dass sie nie eintrat:

»Die Menschen, die Welt, die Erde und das All – davon ist in diesem Buch ausdrücklich nicht die Rede. Auch nicht davon, wie die von Menschen errichtete Welt von der Erde weg in den Himmel sich streckt, von dem Himmel weg in das Weltall greift, in die Nachbarschaft von Sonne, Mond und Sternen. Wer dürfte wagen, davon schon zu reden, woran wir doch unaufhörlich denken, seitdem das erste von Menschen verfertigte Ding in das Weltall flog, um dort für eine Zeit in den gleichen, durch die Gravitation bestimmten Bahnen zu wandeln, die den Himmelskörpern seit Ewigkeit den Weg und den schwingenden Lauf vorzeichnen. [...] An Bedeutung steht das Ereignis des Jahres 1957 keinem anderen nach, auch nicht der Atomspaltung, und man hätte annehmen können, daß es trotz aller Sorge um die militärischen und politischen Begleitumstände von den Menschen mit großem Jubel begrüßt werden würde. Seltsam, der Jubel blieb aus und von Triumph war kaum etwas zu spüren, aber auch nichts von einem Gefühl des Unheimlichen, das von dem bestirnten Himmel über uns nun unsere eigenen Apparate und Geräte uns entgegenleuchten sollen. Statt dessen stellte sich als erste Reaktion ein kurioses Gefühl der Erleichterung ein, ›daß der erste Schritt getan sei, um dem Gefängnis der Erde zu entrinnen‹. Und so phantastisch uns die Vorstellung anmuten mag, daß die Menschen, der Erde müde, sich auf die Suche nach neuen Wohnplätzen im Universum begeben, so ist sie doch keineswegs die zufällige Entgleisung eines amerikanischen Journalisten, der sich etwas Sensationelles für

eine Schlagzeile ausdenken wollte; sie sagt nur, und sicher ohne es zu wissen, was vor mehr als zwanzig Jahren als Inschrift auf dem Grabstein eines großen Wissenschaftlers aus Rußland erschien: ›Nicht für immer wird die Menschheit an die Erde gefesselt bleiben.‹
Was an solchen Äußerungen frappiert, ist, daß sie keineswegs verstiegene Phantasien von heute sind, als seien die neuesten Errungenschaften der Technik einigen Leuten zu Kopf gestiegen, sondern Allerweltsvorstellungen von gestern und vorgestern.«[51]

Viele Details in diesen Sätzen führen uns zurück zu der langen Nachkriegszeit und ihrer Stimmung. Da ist beispielsweise der nicht überraschende, aber dennoch befremdliche Unterschied, den Arendt zwischen dem (ja eigentlich gar nicht existierenden) »amerikanischen Journalisten«, für den die Aussage, über die sich Arendt so ärgert, typisch gewesen wäre, und dem »großen Wissenschaftler aus Rußland« macht, dem die Stellungnahme dann tatsächlich zugeschrieben wird. Das Entscheidende ist allerdings ihre Befürchtung, der Wunsch des Menschen, die Erde zu verlassen, und der Beginn seiner Erfüllung könne Teil der »modernen Entwicklung« sein und damit Teil dessen, »was die Aufklärung für die Mündigkeitserklärung des Menschen ansah«.[52] Arendt schreibt: »[D]ie Erde und die irdische Natur scheinen zumindest insofern einzigartig im Weltall zu sein, als sie solchen Wesen, wie Menschen es sind, die Bedingungen bereitstellen, unter denen sie ohne Umstände und ohne auf von ihnen selbst ersonnene Mittel angewiesen zu sein, leben und sich bewegen und atmen können.«[53] Auch sie will somit der Dynamik der Geschichte widerstehen. Sie kann letztlich nicht wollen, dass der Start des Sputnik zu einem Ereignis wird, das, wie sie schreibt, »keinem anderen nachsteht« – denn das würde bedeuten, dass eine Grenze überschritten und die Erde in die Vergangenheit der Menschheit verwandelt würde.

Heute wissen wir, dass die künstlichen Satelliten, Raumfähren und Mondlandungen weit weniger grenzüberschreitende Ereignisse waren, als wir uns vorgestellt hatten; es waren vielmehr Ausweitungen des menschlichen Habitats gegen eine zurückweichende Grenze. Die Technik hat die dünne Schicht des Weltraums, in die all jene ambitionierten Forschungsprogramme damals vordrangen, mittlerweile in eine äußere Dimension der Erde verwandelt. Tausende von Satelliten haben den Raum auf unserem Planeten eher beschränkt und umgrenzt, als ihn zu überwinden. Da zurückweichende Grenzen regelmäßig Bewegungen nach innen auslösen, könnte diese mobile und dennoch dicker werdende Schicht einer der Gründe dafür sein, dass wir uns heute mehr auf die Erde und deren Oberfläche konzentrieren als je zuvor – glauben wir doch (stärker denn je), dass unser kollektives und individuelles Überleben davon abhängt. Die Erde hat keinen Ausgang, aus jener Zukunft ist die Zukunft einer Vergangenheit geworden – und mit ihrem Verschwinden ist die Sorge geblieben, dass wir vielleicht zu spät begriffen haben, dass die Zeit nicht mehr für uns arbeitet, wenn wir den Planeten erhalten wollen.

4 Unwahrhaftigkeit und Befragungen

Die Verhöre im Rahmen der »Nürnberger Prozesse«, die von der amerikanischen, britischen, sowjetischen und französischen Militärverwaltung in Deutschland organisiert wurden und bei denen 22 hochrangige als »Kriegsverbrecher« eingestufte Überlebende des NS-Reichs unter Anklage standen, begannen im August 1945. Wäre es nach Winston Churchill gegangen, hätten sie freilich nie stattgefunden. Der britische Premierminister hatte nämlich schon während der letzten beiden Kriegsjahre und auch noch in den Monaten nach der bedingungslosen Kapitulation Deutschlands wiederholt vorgeschlagen, alle führenden Nazis zusammen mit den früheren Führern Italiens und Japans zu »world outlaws« zu erklären und binnen sechs Stunden zu erschießen, sobald ihre Identität von einem Offizier, der mindestens den Rang eines Generalmajors bekleiden sollte, festgestellt worden sei. Dass dann doch ein weitaus formelleres Verfahren durchgesetzt und durchgeführt wurde, ist, soweit wir wissen, im Wesentlichen dem eindeutigen Beharren der Regierung Stalin zu verdanken. Die Beweggründe der Sowjets für ihre Haltung waren allerdings weniger beeindruckend, als man vielleicht vermuten könnte. Sie beruhten nämlich darauf, dass man die politischen Wirkungen der Moskauer Schauprozesse der 1930er Jahre durchaus positiv einschätzte. Vor diesem Hintergrund und entgegen der Ansicht Churchills und der herrschenden Erwartung der Amerikaner – und, so dürfen wir hinzufügen, auch anders als bei Prozessen, die während der letzten sechs Jahrzehnte unter vergleichbaren Umständen stattgefunden haben – waren die am 30. September und 1. Oktober 1946 verkündeten Urteile des Nürnberger Prozesses gegen die Hauptkriegsverbrecher äußerst erstaunlich. Nicht alle Angeklagten wurden zum Tode verurteilt. Drei wurden freigesprochen, weil ihre Beteiligung an der Nazityrannei nur indirekt und auf die Anfangsjahre beschränkt schien. Sechs erhielten lange Haftstrafen, die sie unter Bewachung der Alliierten in Berlin-Spandau verbüßten. Zwölf der NS-Kriegsverbrecher wurden zum Tod durch Erhängen verurteilt.

Der einzige Angeklagte, dessen Haltung während der Verhöre und vor Gericht einen gewissen Respekt verdiente, war der ehemalige Reichsmarschall und Reichsluftfahrtminister Hermann Göring, der die Fragen des Anklägers in angemessener Ausführlichkeit und ohne in Dementi oder Entschuldigungen zu verfallen beantwortete – fast so, als habe er zu seiner früheren Identität als Fliegerass des Ersten Weltkriegs zurückgefunden. Es ist möglich, dass er der Selbsttäuschung unterlag, als Staatsmann einer besiegten Nation und nicht als Kriegsverbrecher behandelt zu werden. Göring wurde zum Tode verurteilt, tötete sich aber am Morgen seiner Hinrichtung selbst mit einer Zyankalikapsel, die entweder in seiner Zelle versteckt oder von einem freundlichen amerikanischen Wärter beschafft worden war. Alle anderen Angeklagten versuchten erfolglos und mit mehr oder weniger Intelligenz und Würde, ihre Vergangenheit als möglichst weit entfernt von den Entscheidungszentren des Dritten Reichs zu präsentieren. Rudolf Heß, der seit Anfang der 1920er Jahre einer der treuesten Anhänger Hitlers gewesen und 1933 zu dessen Stellvertreter ernannt worden war, der in der Folge mehr und mehr an Einfluss und Status verlor, bis er 1941 in einer Mission, deren Zweck und Umstände nie ganz geklärt werden konnten, mit einer Messerschmitt Me 110 nach Schottland flog, um Friedensverhandlungen mit der britischen Regierung aufzunehmen – dieser Rudolf Heß behauptete, er leide an einer Art von Gedächtnisschwund, welche der russische Ankläger als »hysterische Amnesie« identifizierte.

Unter den Angeklagten, die weder zum Tode verurteilt noch freigesprochen wurden, war der 55-jährige Walther Funk, der seit 1931 Mitglied der NSDAP war. Nach der Machtergreifung der Nazis im Januar 1933 wurde er Hitlers privater Pressesprecher sowie Staatssekretär im Reichspropagandaministerium, 1938 Wirtschaftsminister und anschließend Präsident der Reichsbank und Generalbevollmächtigter für die Kriegswirtschaft. Funk war es, der einen Vertrag mit Heinrich Himmler unterzeichnete, in dem genau festgelegt wurde, dass die Gelderträge aus allen den Opfern des Holocaust weggenommenen Wertgegenständen, einschließlich der Goldzähne, die aus ihren toten Körpern gezogen wurden, auf ein Konto der SS fließen sollten. In den 1920er Jahren war Funk ein einflussreicher Journalist und Wirtschaftskommentator gewesen, der den Nationalsozialisten zahlreiche Kontakte zur Industrie vermittelte und Spenden eintrieb, die sich für die Wahlkämpfe, aus denen Adolf Hitler als Kanzler des Deutschen Reichs hervorging, als entscheidend erwiesen. Seine Mitangeklagten bei den Nürnberger Prozessen verachteten Funk unverhohlen als Alkoholiker und Homosexuellen. Dieser Ruf begleitete ihn auch schon während der letzten Kriegsjahre, als seine Macht zu schwinden begann, was ihn zu einer marginalen, wenngleich noch immer sichtbaren und offiziell wichtigen Figur machte. Walther Funk war der einzige Würdenträger des Dritten Reichs, der in Nürnberg während der Befragungen buchstäblich und wiederholt zusammenbrach. Er klagte über mehrere Gebrechen, von Prostatabeschwerden bis zu Depressionen; während seiner Verhöre weinte Funk oft und war manchmal nicht mehr in der Lage zu sprechen; vor allen Dingen gab er keine der ihm zur Last gelegten Handlungen und Entscheidungen zu, obwohl ihm urkundliches Beweismaterial vorgelegt wurde, das unumstößlich war. Am Ende erhielt Walther Funk eine lebenslängliche Haftstrafe und wurde nach Berlin-Spandau gebracht, von wo er im Juli 1957 – natürlich aus gesundheitlichen Gründen – entlassen wurde.

Zwischen diesem Datum und dem Ende des Jahres wurde Walther Funk von meinem Vater operiert, einem damals 37-jährigen recht erfolgreichen Urologen, der zu den ersten Medizinern in Deutschland gehörte, die diese Facharztbezeichnung offiziell trugen. Es bestand eine Verbindung zu Friedrich Flick, der damals allgemein als »reichster Mann Deutschlands« und als Mehrheitseigner von Daimler-Benz bekannt war (mein Vater hatte genau ein Jahr zuvor seinen ersten Mercedes gekauft). Auch Flick hatte in Nürnberg vor Gericht gestanden und war wegen seiner Beteiligung am Hitlerstaat als Großunternehmer zu einer kurzen Gefängnisstrafe verurteilt worden – er gehörte aber nicht zu den 22 »Kriegsverbrechern«. Ob es Funk war, der meinen Vater Flick empfohlen hatte, oder umgekehrt, weiß ich nicht mehr. Woran ich mich allerdings erinnere, ist, dass meine Eltern sehr stolz waren, als Walther Funk nach der Operation und kurz vor Ende seines Krankenhausaufenthalts mitsamt seiner Frau und einem Gefolge von sieben Angestellten, zu denen auch der mit einer dunkelbraunen Lederjacke bekleidete Chauffeur seines schwarzen Mercedes 300 gehörte, zu einem frühen Abendessen in unsere Wohnung kamen. Ich glaube, der Gast ermunterte mich, ihn »Onkel Funk« zu nennen, was angesichts der Tatsache, wie tief beeindruckt meine Mutter und mein Vater waren, keine leichte Aufgabe war.

In der Neujahrswoche von 1957/1958 lud Funk uns zu einem Kurzurlaub in seine wunderschöne weiße Villa in San Remo mit Blick auf die Mittelmeerküste ein. Mein Vater nahm die Einladung an, und obwohl ich mir nicht vorstellen kann, dass meine Mutter irgendwelche Vorbehalte gehabt haben könnte, unternahm er die lange Zugreise in den Süden mit mir allein. Ich weiß nicht mehr, wie die weiße Villa von innen aussah, und ich habe auch kein Bild mehr von Walther Funk in der mediterranen Umgebung vor Augen, so wie von seinem früheren Besuch in unserer Wohnung. Aber ich weiß, dass wir an einem Abend eine Zirkusvorstellung besuchten, die ich »unvergleichlich sensationell« finden wollte (und schließlich auch nannte), obwohl sie in Wirklichkeit enttäuschend war, jedenfalls im Vergleich zu einigen anderen Zirkusvorstellungen, die ich zu Hause gesehen hatte (vielleicht mit Ausnahme eines Elefanten, der ein paar Sekunden lang auf vier großen Eisenkugeln balancieren konnte).

Nach einem Tagesausflug vom Schwarzwald über die deutsche Grenze in die Schweiz vier Jahre zuvor war dies erst mein zweiter Auslandsaufenthalt überhaupt – und den hatte ich Walther Funk zu verdanken, von dessen Anwesenheit in San Remo ich so wenig behalten habe. Mein Vater und ich nutzten den Italienaufenthalt auch dazu, noch eine weitere Grenze zu überschreiten, als wir in Begleitung einer jungen Frau mit Brille, die ebenfalls in der Villa wohnte, nach Grasse, in das Zentrum der französischen Parfümindustrie, fuhren (es kann sein, dass wir auch in Monaco waren, aber vielleicht verwechsle ich das auch mit einem späteren Familienurlaub). Die wenigen Fotos von jener Woche sind in unserem Familienalbum geblieben, und sie scheinen alle aus San Remo zu stammen. In jenem Jahr, dessen Beginn wir, wie gesagt, mit Walther Funk feierten, verurteilte ihn ein Berliner Gericht zu einer Geldstrafe von 10 900 DM »als Wiedergutmachung«, so der offizielle Sprachgebrauch, für den finanziellen Schaden, den er Millionen deutschen Juden als Generalbevollmächtigter für die Kriegswirtschaft zugefügt hatte. Danach, so scheint es, blieb Funk vom Staat unbehelligt. Er starb am 31. Mai 1960 an Diabetes in Düsseldorf, wohin sein Freund Friedrich Flick kurz zuvor umgezogen war.

*

Jean-Paul Sartres umfangreichstes und bedeutendstes philosophisches Buch, *Das Sein und das Nichts*, erschien im Juni 1943. Den größten Teil des Manuskripts hatte er im Jahr davor geschrieben, als infolge der ersten bedeutenden militärischen Niederlagen Deutschlands die wirtschaftliche Lage im besetzten Frankreich angespannter und die politische Überwachung repressiver zu werden begann. Französische Juden wurden jetzt systematisch in Konzentrationslager in Osteuropa deportiert, und es gibt in Sartres Buch gelegentliche – und anscheinend neutrale – Hinweise darauf, was es bedeutet, ein Jude zu sein (Sartre selbst war kein Jude). Genau in dieser Situation wurde ihm merkwürdigerweise bewusst, wie bedeutsam der Einfluss der Philosophie Martin Heideggers auf sein eigenes Werk war, denn Heidegger habe ihm, wie er schrieb, die Wichtigkeit von Authentizität deutlich gemacht, das heißt die Notwendigkeit, sich seine persönliche Unabhängigkeit zu bewahren, um sich gegen politische Restriktionen behaupten und wehren zu können.

Heidegger hingegen, der schließlich, besonders in seinem »Brief über den ›Humanismus‹« von 1947, auf *Das Sein und das Nichts* reagierte, sah keine Konvergenz zwischen seiner und Sartres Position. Denn wenn in den Nachkriegsjahren eine Implikation seines früheren Werks zunehmend zentral und sogar programmatisch wurde, dann die Gewissheit, dass sich sein Denken im Gegensatz zur hegelianischen oder phänomenologischen Tradition nicht aus einem und um einen Begriff des »Bewusstseins« entwickeln würde. Bei Sartres Denken war dies dagegen eindeutig der Fall – obwohl er paradoxerweise geglaubt haben mag, mit seiner Konzentration auf das Bewusstsein Heidegger zu folgen. Die Art, wie Sartre das Thema entwickelt, macht es wahrscheinlich, dass er mit seinen Überlegungen, die eine starke Bekräftigung der individuellen Freiheit darstellen, auf die repressive Umgebung reagierte, in der er lebte. Was ihn am Bewusstsein am meisten faszinierte und was er für ein Potenzial der individuellen Freiheit hielt, war die Fähigkeit, die Entwürfe des Bewusstseins anderer zu negieren: »Es konstituiert sich selbst in der Tiefe seines Wesens als Nichtung einer Möglichkeit, die eine andere menschliche Realität als *ihre* Möglichkeit entwirft.«[1] Dies war sicherlich die erste Bedeutung, die Sartre seiner Definition von »Bewusstsein« geben wollte: »Das Bewußtsein ist ein Seiendes, für das es in seinem Sein Bewußtsein des Nichts seines Seins gibt.«[2] Während jedoch die erste Interpretation des Satzes unterstreicht, dass das individuelle Bewusstsein in der Lage ist, die Entwürfe des Bewusstseins anderer zu negieren (weil es sich bewusst ist, dass Bewusstsein im Allgemeinen negiert werden kann), so kann diese Bewegung, wie Sartres Formulierung deutlich anzeigt, auch eine selbstreflexive Wendung nehmen. Das erste Beispiel einer solchen selbstreflexiven Verneinung, das Sartre erwähnt, ist die Ironie: »In der Ironie vernichtet der Mensch das, was er setzt, in ein und demselben Akte; er veranlaßt zu glauben, damit man ihm nicht glaubt.«[3] Von der Ironie geht er über zu einer anderen Art der selbstreflexiven Verneinung im Bewusstsein, die er »Unwahrhaftigkeit« (»mauvaise foi«) nennt: »Es empfiehlt sich, eine bestimmte Einstellung auszuwählen und zu prüfen, die für die menschliche Realität wesentlich und gleichzeitig so beschaffen ist, daß das Bewußtsein seine Verneinung, anstatt sie nach außen zu richten, gegen sich selbst kehrt. Es schien uns, als müsse die Unwahrhaftigkeit diese Einstellung sein.«[4] Anders als die Ironie, deren Selbstreflexivität eine Wirkung erzeugt, die auf andere gerichtet ist, geht es bei der Selbstreflexivität der Unwahrhaftigkeit allein um die Wirkung, die sie auf sich selbst hat.

Mit der »Unwahrhaftigkeit« erreichte Sartre eine existenzielle Dimension, von der viele Intellektuelle – und in vielerlei praktischer Hinsicht nicht nur diese – in den Nachkriegsjahren besessen waren, als das Buch nach den ersten vereinzelten Reaktionen im Anschluss an seine Veröffentlichung 1943 eine breite Wirkung zu entfalten begann. Diese historisch spezifische Obsession muss der Grund dafür gewesen sein, dass das der »Unwahrhaftigkeit« gewidmete zweite Kapitel der berühmteste Teil von *Das Sein und das Nichts* wurde. Aber was genau ist eigentlich Unwahrhaftigkeit? Es ist etwas anderes als eine Lüge, bei der das Subjekt glaubt, im Besitz einer Wahrheit zu sein, die es vor anderen verbergen will. In der Unwahrhaftigkeit ist es dagegen so, »daß ich [...] mir selbst die Wahrheit verschweige. Hier besteht die Dualität von Täuscher und Getäuschtem nicht. Die Unwahrhaftigkeit beinhaltet im Gegenteil wesenhaft die Einheit *eines* Bewußtseins.«[5] Wenn sich beispielsweise Hermann Göring wie ein Staatsmann einer besiegten Nation verhält und so vor sich selbst die Wahrheit verbirgt, dass sein offizieller Status der eines Kriegsverbrechers ist, dann handelt er unwahrhaftig. Vielleicht war es ja sogar jenen Kriegsverbrechern, die alle möglichen Arten von Gedächtnisschwund für sich reklamierten, gelungen, sich selbst davon zu überzeugen, dass sie sich an nichts mehr erinnern konnten. Es gab von außen keine Möglichkeit, dies zu erkennen – und vielleicht nicht einmal von innen.

Die Faszinationskraft von Sartres Argument liegt jedoch vor allem in einer Konsequenz aus der Beschreibung der Unwahrhaftigkeit, in der er zu zeigen versucht, dass diese eine allgemeine Bedingung ist. Sartre gelangt zu dieser Konsequenz über die Frage, was wohl das Gegenteil der Unwahrhaftigkeit wäre. »Freimütigkeit« ist die Antwort, das heißt der Zustand, in dem ein Mensch ist, was er ist:

»Wenn der Freimut (oder die Echtheit) ein allgemeingültiger Wert ist, dann versteht es sich von selbst, daß seine Maxime ›man muß sein, was man ist‹ nicht ausschließlich als regulatives Prinzip für die Urteile und Begriffe dient, durch die ich ausdrücke, was ich bin. Der Freimut stellt nicht einfach ein Ideal für das Erkennen auf, sondern ein *Seinsideal*; er bietet uns eine absolute Übereinstimmung des Seins mit sich selbst als den Seinsprototyp an. In diesem Sinne müssen wir *uns zu dem machen*, was wir sind. Aber was *sind wir denn*, wenn wir die ständige Verpflichtung haben, uns zu dem zu machen, was wir sind, und wenn wir sind in der Seinsweise des dasjenige Sein-Sollens, was wir sind?«[6]

Mit anderen Worten: Wenn der Freimut – also zu sein, was man ist – auch auf den ersten Blick das Gegenteil der Unwahrhaftigkeit und unsere einzige Möglichkeit, ihr zu entfliehen, zu sein scheint, so wird die Struktur des Bewusstseins – das heißt die unvermeidliche verneinende Wirkung seiner Selbstreflexivität – die scheinbare Stabilität des Freimuts in die ständige Verpflichtung verwandeln, uns zu dem zu machen, was wir sind. Die Duplizität dieser Situation lässt in der Tat keine Stabilität zu. Wir müssen uns ständig überzeugen, dass wir sind, was wir zu sein glauben, während das Bewusstsein aufgrund seiner negierenden Funktion uns nie gestattet, von unserer Selbstüberzeugung vollkommen überzeugt zu sein. Wir selbst zu sein, uns selbst zu formen und uns davon zu überzeugen, was wir sein wollen, geht daher mit der ständigen Notwendigkeit einher, all das vor uns selbst zu verbergen, was nicht dem entspricht, was wir zu sein glauben.

Ich selbst zu sein, wie Sartre am Beispiel der Rolle eines Kaffeehauskellners weiter ausführt, gleicht der Unwahrhaftigkeit stets in dem wesentlichen Punkt, dass ich (potenziell) etwas vor mir selbst verbergen muss. Mit sich selbst in vollständiger und stabiler Übereinstimmung zu sein, ist unmöglich, vollkommene Freimütigkeit ist unmöglich, ideale Echtheit ist unmöglich. Je mehr wir uns um Kongruenz, Freimut und Echtheit bemühen, desto mehr sind wir gezwungen, uns als Objekte unserer eigenen Beobachtung und Selbstformung zu sehen, und diese Selbstbeobachtung treibt »einen tiefgehenden Zerfall inmitten des Seins«[7] an – was bedeutet, dass auch der Zerfall ein allgemeines Schicksal ist. Er wird nie verschwinden, wir können bestenfalls versuchen, seine Wirkung auf uns abzumildern. Je weniger wir versuchen, uns vollkommene Echtheit aufzuerlegen, desto größer ist unsere Chance, so hoffen wir, den Zerfall unter Kontrolle zu halten.

Das eindrucksvollste Beispiel, mit dem Sartre im zweiten Kapitel von *Das Sein und das Nichts* sein Argument über die Unwahrhaftigkeit illustriert, ist, neben dem bereits erwähnten Kellner sowie flirtenden Frauen, der Homosexuelle (für den er häufig das Wort »Päderast« verwendet, wie es Mitte des 20. Jahrhunderts in Frankreich gebräuchlich war):

»Ein Homosexueller hat häufig das unerträgliche Gefühl der Schuldhaftigkeit, und sein ganzes Dasein wird durch sein Verhältnis zu diesem Gefühl bestimmt. Man stützt darauf gern die Vermutung, daß er unwahrhaftig ist. Wirklich kommt es oft vor, daß ein solcher Mensch, auch wenn er seine homosexuelle Neigung zugibt, auch wenn er jedes einzelne Vergehen eingesteht, es ganz energisch ablehnt, sich als ›*einen Päderasten*‹ zu betrachten. Sein Fall liegt immer ›besonders‹, einzigartig; er hat nur durch Zufall, aus Pech damit zu tun; es sind Irrtümer der Vergangenheit, die sich durch eine bestimmte Auffassung des Schönen, der die Frauen nicht Genüge leisten, erklären; man muß darin eher die Auswirkungen eines unruhigen Suchens sehen als die Bekundungen eines tief eingewurzelten Triebes usw. usw.«[8]

Neben gewissen Details seiner Beschreibung »des Homosexuellen«, die für uns heute unerträglich geworden sind (z. B. die Bezeichnung seiner sexuellen Handlungen als »Irrtümer« oder die Annahme, er müsse sich »schuldig« fühlen), erzeugte Sartres Wahl der Homosexualität als Paradigma der Unwahrhaftigkeit einen performativen Widerspruch und eine starke existenzielle Spannung. Denn was das zweite Kapitel von *Das Sein und das Nichts* für den zeitgenössischen Leser so spannend machte, war ja Sartres Versuch zu zeigen, dass die Unwahrhaftigkeit ein unausweichliches und daher allgemeines Merkmal des menschlichen Daseins war. Veranschaulicht wurde die Unwahrhaftigkeit dann aber im Wesentlichen am Beispiel einer stark marginalisierten sozialen Rolle. Man kann sich unschwer vorstellen, woher diese Spannung zwischen der Unwahrhaftigkeit als allgemeingültiger Bedingung und einem Beispiel vom Rand der Gesellschaft gekommen sein könnte. Wenn Sartre bei seinem Versuch, die Unwahrhaftigkeit als unausweichliches Merkmal des menschlichen Daseins zu beschreiben, unnachgiebig war, so sollten wir seinen Hang, dies am Beispiel einer gesellschaftlichen Randgruppe zu illustrieren, als Ausdruck seines Wunsches verstehen, vor der Unwahrhaftigkeit und ihren Zerfallswirkungen bewahrt zu werden (zu dieser Lesart gehört auch die unangenehme Annahme, dass etwas Marginales eine größere Chance hat zu verschwinden). Darüber hinaus gibt es in Sartres Buch keinerlei ausdrückliche Hinweise darauf, wie man die Unwahrhaftigkeit überwinden oder zumindest den Schaden verringern kann, den sie der individuellen Psyche durch ihre Zerfallswirkung zufügen kann. In der Kultur der Mitte des 20. Jahrhunderts gab es eine Obsession mit Verhörverfahren und -institutionen, die möglicherweise in der Sehnsucht nach Transparenz und Selbstdurchsichtigkeit mitschwang. Sie nahm ein derartiges Ausmaß an, dass das selbstreflexive Individuum schon die Möglichkeit verloren zu haben schien, zu einer solchen Transparenz zu gelangen.

*

Der 5. Januar 1948 war der Tag, an dem *Sexual Behavior in the Human Male* (*Das sexuelle Verhalten des Mannes*, dt. 1955) erschien, eine 804 Seiten starke Dokumentation und Abhandlung, die auf über 12 000 Interviews basierte, welche Alfred Charles Kinsey, Professor für Zoologie an der Indiana University, gemeinsam mit seinen Forschungskollegen Wardell B. Pomeroy und Clyde E. Martin und unterstützt von einem Team junger Fachleute durchgeführt hatte. In den folgenden zwei Monaten wurden 200 000 Exemplare des als *Kinsey-Report* bekannt gewordenen Buchs verkauft, das fünf Jahre später um eine gleichartige Dokumentation der weiblichen Sexualität ergänzt wurde und, getragen von endlosen Auseinandersetzungen auf verschiedenen Ebenen (zwischen Forschungsmethodik und öffentlicher Moral), längst zu einer der intellektuellen Legenden des 20. Jahrhunderts geworden ist. Wer versucht, den

Kinsey-Report in der spezifischen Umwelt zu verorten, aus der er hervorging, mag überrascht sein, dass diese unübertroffen detaillierten Beschreibungen sexueller Praktiken in der traditionell puritanischen amerikanischen Gesellschaft entstehen konnten und ein solch breites Interesse fanden. Ein genauerer, biografisch informierter Blick offenbart allerdings, dass im Kinsey-Report eine besondere historische Konfiguration aus Interessen und Leidenschaften ihren Niederschlag fand, eine Konfiguration, die womöglich unter den amerikanischen Umständen eine einzigartige Dichte erreichte.

Zum Zeitpunkt der Veröffentlichung war Alfred Kinsey 53 Jahre alt. Er stammte aus der Familie eines College-Lehrers aus New Jersey und wuchs unter dem doppelten Druck finanzieller Eingeschränktheit und ethischer Strenge auf, die seine Eltern, orthodoxe Anhänger der methodistischen Kirche, verordneten. Diese Erziehung mag für die merkwürdige Doppelschichtigkeit in Kinseys Leben verantwortlich gewesen sein. Auf der einen Seite scheint er die in seiner Familie herrschende moralistische Strenge in naturwissenschaftlichen Ehrgeiz verwandelt zu haben: Kinsey wurde ein berühmter Entomologe, der sich auf die Methodik und Praxis empirischer Messverfahren spezialisierte. Auf der anderen Seite – und dies mag aus psychologischer Sicht eine Reaktion auf seine Erziehung gewesen sein – setzte sich Kinsey überschwänglich für die sexuelle Freiheit des Einzelnen ein und stellte Forderungen auf, die seiner Forschung an Ernsthaftigkeit in nichts nachstanden. Die vermittelnde Instanz zwischen diesen beiden Sphären seines Lebens war seine quasi-existenzialistische Interpretation der darwinistischen Evolutionsprinzipien. Der Glaube an jene »Naturgesetze« ließ es für Kinsey zwingend erscheinen, dass der Mensch bei seiner sexuellen Praxis das Maximum seiner physischen Möglichkeiten nutzte: »Die Biologie war bei der Formulierung sexueller Sitten und Verhaltensweisen nicht zu unterschätzen.«[9] Von Beginn der 1930er Jahre an bot Kinsey an seiner Universität ehrenamtlich Beratungsgespräche über alle möglichen sexuellen Fragen und Probleme an. Es schien daher nur natürlich, dass er gebeten wurde, ab 1938 freiwillige »Eheberatungskurse« abzuhalten, in denen die Teilnehmer auf das Liebesleben vorbereitet werden sollten. Von diesen Kursen, die damals ein revolutionäres Wagnis darstellten, war es dann nur ein kleiner Schritt bis zu Kinseys Projekt, empirische Forschungsstrategien zu verwenden, um den Erfahrungen aus den Kursen sowie seiner fortgesetzten Lehrtätigkeit eine breitere Basis zu geben. Zehn Jahre später schrieb er in der Einführung zu seinem Report:

> »Die vorliegende Untersuchung stellt [...] einen Versuch dar, objektiv festgelegtes Tatsachenmaterial über die Sexualität zu sammeln, wobei eine soziale oder moralische Auswertung der Tatsachen strikt vermieden wird. Jeder, der diesen Bericht liest, wird entsprechend seiner Auffassung von moralischen Werten und gesellschaftlicher Bedeutung selbst Auswertungen vornehmen wollen – aber das ist nicht die Angelegenheit wissenschaftlicher Methodik, und gerade Wissenschaftler haben wenig Talent für solche Bewertungen.«[10]

Schon bald wurde seinem Forschungsprojekt üppige finanzielle Unterstützung zuteil, und so war es Kinsey möglich, einen Fragebogen zu entwerfen und kontinuierlich zu verbessern, der am Ende »521 Einzelpunkte« auflistete, von denen in einem normalen Interview allerdings nur »etwa 300« tatsächlich erfasst wurden, »da jeder Proband nur über die Dinge befragt wird, in denen er entsprechende Erfahrung gehabt hat«.[11] Neben den Interviews begann Kinsey, Sitzungen bei sich zu Hause zu organisieren, in denen hetero- und homosexuelle Praktiken angewandt wurden, um sie wissenschaftlich zu beobachten. Wenn er nicht aktiv daran teilnahm, verfolgte Kinsey diese Szenen mit derselben Aufmerksamkeit, die er als Entomologe an den Tag gelegt hatte:

»Er hatte praktisch das ganze Geschehen im Griff, sein Kopf war nur wenige Zentimeter von den Genitalien des Paares entfernt, nah genug, um dessen Körper riechen und deren Säfte glucksen hören zu können. Inmitten des Ächzens und Stöhnens war unaufhörlich Kinseys Schwatzen zu hören, der auf diverse Zeichen der sexuellen Erregung hinwies, während das Paar die verschiedenen Stadien des Geschlechtsverkehrs durchlief. Kein Beobachter hatte einen schärferen Blick für Details. Kinseys Aufmerksamkeit entging nichts – nicht die feine Klangveränderung der Haut, die mit der Schwellung der Brust während der sexuellen Erregung einherging, nicht das unwillkürliche Muskelzucken im Anus beim Orgasmus – Kinsey sah alles.«[12]

Kinseys Beteiligung an seinem Experiment beschränkte sich aber keineswegs auf die wissenschaftliche Beobachtung. Getreu seiner eigenen utopischen Forderung nach uneingeschränkter individueller Freiheit im Sexualverhalten war er auch aktiver Teilnehmer und versuchte, seine persönlichen Neigungen so weit wie möglich auszuleben. Vor allem mit seinem Mitherausgeber Wardell B. Pomeroy ging Kinsey kompliziert anmutenden sadomasochistischen Praktiken nach, bei denen er die »untergeordnete« Rolle bevorzugte. Außerdem hatte er seinen Körper über Jahre für eine sehr spezielle Masturbationstechnik vorbereitet. Ein »Mr. Y«, der um 1950 an Kinseys erotisch-wissenschaftlichen Versuchen teilnahm, sah, wie dieser »eine Zahnbürste mit den Borsten voran« in seinen Penis einführte. »Um den Zugang zu erleichtern, hatte er irgendwie die Harnröhre weit aufgetrennt.«[13]

Trotz solch überraschender Vorstöße in noch nicht (oder kaum) erschlossene Gebiete der sexuellen Freiheit, trotz des eindrucksvollen Fragebogens, der »Kinseys ganzer Stolz«[14] war und für den er einen praktischen Abkürzungscode erfunden hatte, trotz der beispiellosen Zahl an geführten Interviews, und trotz handfester Ergebnisse, die unsere Sicht der Sexualität für immer verändern sollten – zu nennen ist vor allem die siebenstufige Skala von »ausschließlich heterosexuell« (0) bis »ausschließlich homosexuell« (7), welche die binäre Unterscheidung zwischen »homosexuell« und »heterosexuell« unterminierte und weitgehend ersetzte: Es blieb ein Problem, das dem Forschungsteam zunehmend Sorge bereitete. Es war das Problem der Ehrlichkeit beziehungsweise Unehrlichkeit der Befragten bei ihren Aussagen. Zwar wurde das Problem im 20-seitigen Einführungskapitel des Reports angesprochen, es blieb jedoch ungelöst. Denn selbst in den Fällen, in denen man vollständig auf die Ehrlichkeit eines Probanden vertrauen konnte, blieben doch Zweifel, ob er sich an die Einzelheiten seiner sexuellen Erfahrung korrekt erinnerte. In der Folge, so scheint es, veränderte sich das methodische Selbstverständnis des Forschungsteams von einem streng empirischen zu einem eher hermeneutischen Stil. Wie so viele mit Texten aus der Vergangenheit befasste Geisteswissenschaftler vor ihm betont Kinsey den Wahrheitswert, der Momenten unmittelbarer selbstreflexiver Gewissheit innewohne:

»Sie könnten ebenso gut einen Pferdehändler fragen, woher er weiß, wann er ein Geschäft abschließen muss! Der erfahrene Interviewer weiß, wann er mit dem Befragten eine Ebene hergestellt hat, auf der er zu einem ehrlichen Bericht gelangen kann, ebenso wie der Befragte weiß, wann er dem Interviewer einen solch ehrlichen Bericht liefern kann. Diese scheinbar nicht greifbaren Indikatoren erkennen zu lernen, ist der wichtigste Punkt zur Kontrolle der Richtigkeit eines Interviews.«[15]

Trotz dieses hermeneutischen Optimismus sollte das Problem nicht verschwinden, und heute wissen wir nur zu gut – hauptsächlich daher, dass es die empirischen Sozialwissenschaften während des letzten halben Jahrhunderts ständig verfolgt und geplagt hat –, dass es nie verschwinden wird. Darauf weisen die letzten Sätze des Kapitels über »Befragung« bereits hin, in denen es heißt, dass die letztliche Validitätsprüfung nur durch die selbstreflexive Betrachtung des jeweiligen Forschers vorgenommen werden könne: »Ob diese unsere Techniken ebenso erfolgreich wären, wenn andere Menschen sie zum Studium anderer Probleme anwenden würden, ist eine Frage, die jeder Forscher im Zusammenhang mit seinem eigenen Spezialproblem empirisch beantworten muß.«[16]

*

Diese »eigenen Spezialprobleme«, die es für den Forscher stets zu bedenken gilt, betreffen sowohl den Interviewer als auch den Interviewten, und sie sind identisch (oder haben zumindest Ähnlichkeit) mit den von Jean-Paul Sartre fünf Jahre zuvor herausgearbeiteten und beschriebenen Konsequenzen der Unwahrhaftigkeit als universeller und unausweichlicher Bedingung. Natürlich stellen die methodischen Aussagen des Kinsey-Reports keine direkte Bezugnahme oder Reaktion auf das zweite Kapitel von Sartres *Das Sein und das Nichts* dar, und doch bilden die potenzielle Komplementarität und tatsächliche Spannung zwischen dem gewachsenen Verständnis für die Unwahrhaftigkeit als Teil der Conditio humana und empirischen Befragungsverfahren auf einer allgemeineren Ebene ein zentrales Merkmal des psychischen und intellektuellen Klimas des ersten Nachkriegsjahrzehnts. Das Verhältnis zwischen diesen beiden Dimensionen, das in den Problemen spürbar wurde, auf die das Kinsey-Team stieß, hat die Struktur eines Circulus vitiosus. Praktische und grundsätzliche Zweifel an der Transparenz in Bezug auf sich und andere bereiten den Weg für die Befragung als empirische Forschungsmethode, doch die tatsächlich durchgeführten Befragungen werden die anfänglichen Erkenntnisse über die Unwahrhaftigkeit als absolute Grenze der Selbsttransparenz am Ende immer bestätigen und verstärken, und diese Bestätigung macht dann wieder neue empirische Forschungsverfahren notwendig – und so weiter. Die amerikanische Kultur mit ihrem religiös motivierten Beharren auf Ehrlichkeit und ihrem praktischen Vertrauen in empirisch gewonnenes Wissen machte diesen Teufelskreis besonders deutlich sichtbar – und man kann darüber spekulieren, ob die aktuelle Faszination, die viele empirisch gesinnte Sozialwissenschaftler und analytische Philosophen an amerikanischen Universitäten für die Selbsttäuschung hegen, nur die jüngste Version einer Konfiguration ist, die schon mindestens ein halbes Jahrhundert alt ist.

Das Problem des Teufelskreises aus Unwahrhaftigkeit und Befragungstechniken addierte sich aber nicht nur in Amerika zu den Schwierigkeiten einer Gegenwart hinzu, die den Glauben an die Möglichkeit der Überschreitung von Grenzen verloren hatte, jenseits derer man zu höheren Erkenntnissen kommen oder die Vergangenheit hinter sich lassen könnte. Grenzüberschreitungen waren grundsätzlich nicht möglich – was die Welt und die existenziellen Möglichkeiten, die sie bot, sehr begrenzte; innere Gewissheit ließ sich nicht erlangen – was das Leben fluide und konturlos erscheinen ließ. Nur zwei Wochen vor Erscheinen des Kinsey-Reports behauptet Carl Schmitt in einer kurzen Notiz, die Cartesische Fokussierung auf das Bewusstsein als historische Schwelle in der abendländischen Philosophie bilde den genealogischen Ursprung eines gegenwärtigen »Schauder erregenden Selbstbetruges«:

»Wenn alle anderen Betrüger erkannt sind, und der Mensch sich in seiner Einsamkeit auf sich selbst angewiesen und an sich selbst verwiesen sieht, dann beginnt das Stadium des schlimmsten Betruges, des Selbstbetruges. Dort befindet sich gegenwärtig die von Descartes eröffnete Epoche. Es war ein spiritus malignus, dessen abgründigen Betrug Descartes für möglich hielt; vor dieser Möglichkeit hat ihm geschaudert; vor ihr fand er Rettung in seinem cogito, bei sich selbst. Gut. Heute schaudert uns vor diesem unseren Selbst.«[17]

Im folgenden Abschnitt verknüpft Schmitt diesen Schauder des Selbst mit der Erkenntnis, dass die Atmosphäre um ihn herum voller unsichtbarer Radiowellen ist:

»Ich gewinne meinen Raum. Ist das nicht auch geprahlt? Fremde Tonwellen durchsausen ungehört, aber doch wirklich meinen Raum. Daß ich sie nicht höre, macht meine Raum-Lage nicht besser. Es ist, als würden unsichtbare Kugeln um mich herumgeschossen, die mich nicht treffen. Kann ich hier sagen: Was ich nicht weiß, macht mich nicht heiß? Ich weiß es ja, leider.«[18]

Es ist die Umwandlung und Übertragung eines klassischen Problems der abendländischen Philosophie in existenzielle Schreckenszustände, die Schmitt beeindruckt – und die uns heute immer noch beeindrucken kann.

*

Während sich jedoch einerseits der Selbstbetrug immer dann in existenzielle Schreckenszustände verwandelt, wenn keine äußere Position einnehmbar ist, von der aus die »Wahrheit« erkannt und Selbsttransparenz erlangt werden kann (oder, genauer gesagt: wenn keine Position erreichbar ist, die diesen Eindruck zulässt), wird er andererseits zu einer Stimmung und einem Motiv des unbeschwerten Humors, sobald er in Kontexten erscheint, die solche Möglichkeiten der Wahrheit und Selbsttransparenz zu bieten scheinen. Genau dies bildet unübersehbar den Rahmen für die Geschichten von *Don Camillo und Peppone*, den katholischen Priester und den kommunistischen Bürgermeister eines norditalienischen Dorfes namens Ponteratto, die der Journalist Giovannino Guareschi 1946 mit großem Erfolg zu veröffentlichen begann. Don Camillo, der Priester, muss viele seiner persönlichen Wünsche und Pläne hinter der Fassade seiner spirituellen Rolle verbergen: den Drang, in zahlreichen Auseinandersetzungen mit dem Bürgermeister und dessen Anhängern von seiner beachtlichen physischen Kraft Gebrauch zu machen; den Wunsch, selbst die dominante politische Rolle im Dorf einzunehmen und zu spielen; und vielleicht sogar seine Sympathie für den Bürgermeister, dessen Freund er manchmal gerne wäre, obwohl Peppone als bekennender Atheist logischerweise sein Widersacher oder zumindest jemand sein muss, den Don Camillo »zurück« zum christlichen Glauben führen sollte. So gut er kann versucht Don Camillo sich einzureden, dass all seine persönlichen Pläne und Wünsche nichts als Pflichten und sogar Tugenden sind, die er als vorbildlicher Priester verkörpern muss. Sein Problem (und aus katholischer eher denn aus literarischer Sicht: seine Erlösung) ist eine Holzskulptur des gekreuzigten Christus in der Dorfkirche – die ihn beobachtet und mit freundlicher Stimme und göttlicher Allwissenheit zu ihm spricht. So hilft es Don Camillo auch nichts, dass er »ein Tuch über das Haupt des gekreuzigten Christus vom Hauptaltar wirft«,[19] als er während der Sonntagspredigt seine Gefühle nicht zurückhalten kann und sich in aggressivem Ton und mit donnernder Stimme über die jüngsten Spannungen in der Gemeinde auslässt. Er weiß, dass Jesus in einem ihrer nächsten Gespräche auf solche Momente zurückkommen und Don Camillo nicht gestatten wird, sich einzureden, dass es als Priester notwendig sei, einen solchen Ton anzuschlagen.

Peppone befindet sich häufig in ähnlichen Situationen der Unwahrhaftigkeit, auch wenn Guareschi (der selbst Monarchist war) für ihn keinen transzendenten Beobachter (einen anderen Jesus) erdacht hat. So will etwa Peponne, vor allem aber dessen Frau, den kleinen Sohn taufen lassen, und natürlich sollen die anderen Mitglieder der kommunistischen Partei im Dorf davon nichts mitbekommen. Zum Glück für Don Camillo ist einer der vielen Vornamen, die Peppone für seinen Kleinen vorschlägt, »Lenin« – und dies gibt dem Priester die Möglichkeit, dem Nachkommen seines Rivalen das Sakrament zu verweigern. Im Gespräch mit Jesus verteidigt er seine Reaktion als theologische und seelsorgerische Pflicht:

»›Jesus‹, antwortete Don Camillo, ›du musst doch einsehen, dass die Taufe kein Scherz ist. Die Taufe ist etwas Heiliges. Die Taufe …‹ ›Don Camillo‹, unterbrach ihn Christus. ›Willst du mir erklären, was die Taufe ist? Mir, der sie erfunden hat? Ich sage dir, dass du heute einen schlimmen Übergriff begangen hast, denn gesetzt den Fall, das Kind stirbt in diesem Moment, dann bist du schuld, wenn es keinen freien Zutritt zum Paradies hat.‹ ›Jesus, sei nicht so dramatisch!‹, gab Don Camillo zurück. ›Warum sollte es denn sterben? Es sieht doch aus wie das blühende Leben!‹ ›Das will nichts heißen‹, ermahnte ihn Christus. ›Es kann ihm ein Dachziegel auf den Kopf fallen, er kann einen Schlaganfall erleiden. Du musst ihn taufen.‹«[20]

Natürlich wird Peppones Sohn schließlich doch getauft, und als Kompromiss schlägt Don Camillo den Eltern vor, dem Kind nicht nur den Namen Lenins, sondern auch seinen eigenen zu geben: »›Nennen wir ihn doch Libero, Camillo, Lenin‹, sagte er. ›Ja, auch Lenin; denn neben einem Camillo können Typen wie er keinen großen Schaden anrichten.‹«[21] Jesus gesteht seinem Diener solche kleinen Freuden zu, und sie verleihen Gottes gekreuzigtem Sohn eine überzeugende Präsenz in Guareschis humorvollem Text. Dank solcher Zugeständnisse und Kompromisse, die aus einer wahrhaft transzendentalen Perspektive gewährt werden, bleibt die Welt von Ponteratto eine stabile Welt: Der Priester darf seine spirituelle Macht nicht für die Rache am Bürgermeister einsetzen, und umgekehrt wird durch die Kindstaufe nicht das öffentliche Bild des Bürgermeisters als Atheist zerstört. Diese Stabilität der kleinen Welt ist freilich genau die Bedingung, unter der Don Camillos Momente der Unwahrhaftigkeit lustig wirken können. Und sie bleiben immer Momente des Übergangs, weil seine Gespräche mit Christus es ihm unmöglich machen, je wirklich zu glauben, was er nur glauben will.

Die Erzählung weist einige strukturelle Ähnlichkeiten mit der amerikanischen Familienserie *Father Knows Best* auf, die 1949 als Radioserie begann und ab 1954 zu einem jener regelmäßigen TV-Programme wurde, die mit dafür sorgten, dass sich das Fernsehen ab den 1950er Jahren als zentrales Medium der westlichen Gesellschaften etablieren konnte. Alle Episoden der Serie handeln von einer fünfköpfigen Familie aus der Mittelschicht (eher der oberen als der unteren, denn der Vater, »der es am besten weiß«, ist leitender Angestellter einer Versicherung), die in einer typischen amerikanischen Stadt namens Springfield leben. Vater Jim ist mit der gutaussehenden Hausfrau Margaret verheiratet, einer Stimme der Vernunft; ihre älteste Tochter Betty ist im späten Teenageralter, es folgen der drei Jahre jüngere Bruder Bud und die kleine Kathy, die noch zur Grundschule geht. Da der Vater schnell mit ehrgeizigen Zukunftsplänen für seine Kinder bei der Hand ist, beginnen viele (wenn nicht die meisten) Episoden damit, dass er von der Arbeit nach Hause kommt und mal wieder »ein paar glänzende Ideen« für den Werdegang von Betty, Bud und gelegentlich sogar Kathy mitgebracht hat. Eine davon ist, dass Bud, sein einziger Sohn, Geschäftsmann werden soll wie sein Vater, weil dieser gerne glauben möchte, dass der Junge sein Verkaufstalent geerbt hat. So muss Bud notgedrungen in der Nachbarschaft Plastik-Saucieren verkaufen. Erwartungsgemäß hat der Junge, der recht schüchtern ist, keinerlei Erfolg – und um den Vater zu überzeugen, dass er tatsächlich etwas Geld mit dem Verkauf der Soßenschüsseln verdient hat, nimmt er heimlich einen Job als Tellerwäscher in einem nahe gelegenen Restaurant an. Das ist der typische Moment für den Auftritt von Betty, der Hausfrau und Mutter – sie ist eigentlich diejenige, die immer weiß, was das Beste ist (der Titel der Serie ist leicht ironisch in dem Sinne, dass Betty sich darüber im Klaren ist, wie gut es der Familie tut, wenn sie ihren Mann in dem Glauben lässt, dass er es »am besten weiß«). Sie gibt ihrem Mann unmissverständlich und in einem Ton, der dem des Christus in *Don Camillo und Peppone* ähnelt, zu verstehen, dass ein Teller waschender Sohn unter dem Niveau der Familie sei, so dass der Vater beschließt, seinem Sohn ein paar Minuten beim Spülen zu helfen und ihn dann in einem anderen Restaurant in der Nähe zum Essen einlädt. Es ist wie immer: Nichts hat sich geändert, »Vater« kann weiter glauben, dass er es am besten weiß, und seine vorübergehende Wunschvorstellung von einem Sohn, der ist wie er, wird zu einer heiteren Erinnerung – sowohl für die Fernsehfamilie als auch für die Zuschauer. Zu verdanken ist dies freilich allein der ureigenen Weisheit der Mutter.

Auch Marilyn Monroes populärste Filme beginnen oft mit Maskierungs- oder Verkleidungsszenen, die kurz zu Momenten der Verstellung und der Unwahrhaftigkeit ausarten, um dann in Situationen der Stabilität zu enden. Keiner dieser Filme war erfolgreicher und entsprach diesem Muster vollkommener als *Some Like It Hot* (*Manche mögen's heiß*) aus dem Jahr 1959 – auf ähnliche Weise funktionierten aber auch *How to Marry a Millionaire* (*Wie angelt man sich einen Millionär?*) von 1953 und *The Seven Year Itch* (*Das verflixte 7. Jahr*) von 1955. *Manche mögen's heiß* spielt in der Zeit der Prohibition und hat einen wahrhaft programmatischen Anfang. Eine Kneipe, in der illegal Alkohol ausgeschenkt wird, erhält eine neue Ladung Schnapsflaschen, die in einem Sarg und in einem Fahrzeug, das als Leichenwagen getarnt ist, geliefert wird. Ausnahmsweise gelingt es der Polizei, die Sache zum Platzen zu bringen, und so müssen sich bald alle Musiker der Kneipe, darunter auch der Saxofonist Joe und der Bassist Jerry, einen neuen Job suchen. Die beiden verkleiden sich als Frauen, nennen sich Josephine und Daphne und schließen sich auf einer Zugfahrt nach Miami einer Damenkapelle an, die dort in einem Luxushotel auftreten soll. Schon diese Zugfahrt bietet viele Gelegenheiten für lustige Szenen voller Zweideutigkeiten, die sich hauptsächlich um die schöne Ukulele-Spielerin Sugar Kane Kowalczyk (gespielt von Marilyn Monroe) drehen, in die sich sowohl Jerry (Daphne) als auch Joe (Josephine) auf der Stelle verlieben. In Miami angekommen, erregt Daphne (Jerry) dann allerdings die Aufmerksamkeit des alten Millionärs Osgood Fielding III, während Josephine (Joe) sich als Erbe der Ölfirma Shell ausgibt, um das Interesse von Sugar Kane zu wecken. Als Mann, der sich als Frau ausgibt, wird Joe nun also wieder ein Mann, allerdings unter anderem Namen.

Noch interessanter ist freilich Daphnes (Jerrys) Fall. Einen kurzen Augenblick lang, genauer gesagt: nachdem sie (er) von Osgood Fielding ein Diamantarmband als Verlobungsgeschenk bekommen hat, versucht sie (er) sich selbst davon zu überzeugen, dass sie (er) eigentlich auch weiterhin eine Frau »sein« und Fielding heiraten könnte. Sein guter Freund Joe macht ihm natürlich klar, dass er »in Wirklichkeit« nur ein Mann sein kann (Joe übernimmt hier die Rolle der »transzendentalen Autorität«), und so geht die Unwahrhaftigkeit nicht weit genug, um die stabilen Rollen der sozialen Identität ernsthaft durcheinander- und in Gefahr zu bringen. Eine Ausnahme bildet vielleicht die letzte Szene des Films. Auf Osgood Fieldings Yacht gesteht Joe Sugar Kane, dass er gar kein Ölmillionär, sondern nur ein Musiker ist – und diese liebt ihn dafür natürlich nur umso mehr. Das ist Happy End Nummer eins. Happy End Nummer zwei behält dagegen einen Hauch von Zweideutigkeit. Daphne (Jerry) sagt Osgood Fielding, dass sie keine Kinder bekommen kann, und als ihm das nichts auszumachen scheint, legt sie nach, dass sie ihn nicht einmal heiraten könne; Fielding zeigt sich weiter unbeeindruckt, und als Daphne (Jerry) endlich ausruft: »Ich bin ein Mann!«, erwidert er ungerührt: »Niemand ist vollkommen«, was der Zuschauer als Gender-Ambiguität deuten kann (ist Osgood Fielding III möglicherweise bisexuell?).

Ungeachtet solcher außergewöhnlicher Momente, wie sie das Ende von *Manche mögen's heiß* zu bieten hat, tritt die Unwahrhaftigkeit in den erfolgreichen Filmen und Fernsehserien der 1950er Jahre hauptsächlich in Erscheinung, um feste Grenzen und Identitäten zu bekräftigen. Befragungen waren hier nicht nötig. Es war eine Welt der Milchbars und Petticoats, der lachenden Highschool-Schüler und der leicht exzentrischen College-Studenten, der glücklichen Familien mit drei Kindern und der freudigen Gottesdienste am Sonntagmorgen, eine Welt, in der Männer aussehen wollten wie ehemalige Sportler und Frauen ihre wahrhaft erhebenden Büstenhalter benutzten, um zu zeigen, dass sie nur Frauen sein konnten. Auch wenn diese Welt in den Hollywood-Studios ihren Anfang genommen haben mag, so bleibt doch festzuhalten, dass die breiter werdende Mittelschicht in den meisten anderen westlichen Gesellschaften nur darauf wartete, sie sich zu eigen zu machen und zu kopieren, wobei sie ihre jeweils eigenen nationalen Vorlieben und Variationen hinzufügte. Vor allem redete diese Welt sich gerne ein, dass Unwahrhaftigkeit in ihr keine Chance habe. Sie war somit unwahrhaftig bezüglich der eigenen Unwahrhaftigkeit. Damit dieser Zustand aufrechterhalten werden konnte, musste diese Welt jedoch auch ständig die Möglichkeit der Unwahrhaftigkeit beschwören – um sie dann ausdrücklich zurückzuweisen und so dafür zu sorgen, dass sie weiterhin ihrer Funktion gerecht werden konnte, eine andere Wirklichkeit und deren potenziell andere Stimmung zu überdecken. So war es für meine Eltern wichtig, dass sie glauben konnten, Helgard, das harmlos wirkende Kindermädchen, das sich so rührend um mich kümmerte, »verkehre in Existenzialistenkellern«, denn das half ihnen, sich klarzumachen und zu bestätigen, was sie nicht sein wollten und was es nach Möglichkeit in ihrer Welt überhaupt nicht geben sollte. Der Krieg schien schon weit weg, doch seine latente Präsenz war unaufhörlich spürbar.

*

Jean-Paul Sartre dagegen, und das ist keine Überraschung, schaffte es nie, den Krieg hinter sich zu lassen (und wollte es wahrscheinlich auch gar nicht) – obwohl er sich nach der Befreiung Frankreichs und der deutschen Niederlage vielleicht intensiver als jeder andere Intellektuelle seiner Zeit systematisch mit einer Reihe von Kriegs- und Vorkriegsphänomenen auseinandergesetzt hatte. Sein bekanntester Aufsatz aus dieser Zeit gibt Antwort auf die Frage »Was ist ein Kollaborateur?« – die einem starken Bedürfnis in der französischen Gesellschaft entsprang, zwischen »echten Kollaborateuren« und jenen anderen Millionen von Franzosen zu unterscheiden, die während der Besetzung ihres Landes weder gegen die Deutschen protestiert noch sie aktiv unterstützt hatten (wenn eine solche Unterscheidung überhaupt möglich war). Der Konvergenzpunkt von Sartres Antworten auf diese Frage weist erwartungsgemäß in Richtung der Unwahrhaftigkeit. Der Kollaborateur ist für Sartre jemand, der ein unwahrhaftiges Verhältnis zu sich selbst hat. Ebenso wichtig ist ihm jedoch, dass diese Antwort in Ermangelung einer Beobachterposition, die absolute, transzendentale Autorität beanspruchen kann, unsicher und fluide wird, da sie sich auf verschiedenen Ebenen äußert. Zusammenfassend beschreibt er seine vielfältigen Einsichten über das Wesen des Kollaborateurs wie folgt:

> »Realismus, Ablehnung des Allgemeinen und des Gesetzes, Anarchie und Traum von einem eisernen Zwang, Apologie von Gewalt und List, Femininität, Menschenhaß: alles Merkmale, die sich durch die Desintegration erklären. Der Kollaborateur ist, ob er nun Gelegenheit hat, als solcher aufzutreten oder nicht, ein Feind, den die demokratischen Gesellschaften ständig in ihrem Schoße tragen.«[22]

Anders als im zweiten Kapitel von *Das Sein und das Nichts* wird die Desintegration hier als Grund, nicht als Folge der Unwahrhaftigkeit angesehen. Abgesehen von einigen sehr allgemeinen Charakterisierungen, die auf jedes negative Rollenbild angewandt werden könnten (»Apologie von Gewalt und List«, »Menschenhaß«), ist es zunächst einmal interessant, dass Sartre dem Kollaborateur eine »Ablehnung des Allgemeinen« zuschreibt; der Kollaborateur ist demnach nicht bereit, ethische Regeln zu akzeptieren, die über seine individuelle Situation hinausgehen. Mit »Realismus« und dem »Traum von einem eisernen Zwang« verweist Sartre auf die wohl häufigsten Ausreden für die Unterstützung der Deutschen während der Besatzung Frankreichs: »Wenn die Kollaborateure aus dem deutschen Sieg auf die Notwendigkeit geschlossen haben, sich der Autorität des Reichs zu unterwerfen, dann deshalb, weil bei ihnen eine tiefe ursprüngliche Entscheidung vorlag, die den Grund ihrer Persönlichkeit ausmachte: die Entscheidung, sich der vollendeten Tatsache zu fügen, ganz gleich, welcher.«[23] Indem er sich der »Tatsache« der Niederlage beugte, indem er den Geschehnissen der Vergangenheit den Status des Unabänderlichen verlieh, baute sich im Bewusstsein des Kollaborateurs ein Schirm auf, hinter dem er seine moralische Verpflichtung zum Widerstand verbergen konnte. Der interessanteste Aspekt dieser komplexen Beschreibung – und zwar deswegen, weil er unserer heutigen Mentalität wohl am fernsten steht – ist für mich allerdings Sartres Rückkehr zur Assoziation der Unwahrhaftigkeit mit dem, was für ihn Gender-Ambiguität bedeutete. Das Schlüsselwort in der oben zitierten Zusammenfassung lautet »Femininität« – nur eine Seite zuvor wird er allerdings weitaus deutlicher:

»Soweit man sich den Geisteszustand der Kollaboration vorstellen kann, erahnt man darin so etwas wie ein Klima von Femininität. Der Kollaborateur spricht im Namen der Kraft, aber er ist nicht die Kraft: er ist die List, die Verschlagenheit, die sich auf die Kraft stützt, er ist sogar der Zauber und die Verführung, da er den Anspruch erhebt, mit dem Reiz zu spielen, den ihm zufolge die französische Kultur auf die Deutschen ausübt. Wie mir scheint, liegt da eine seltsame Mischung aus Masochismus und Homosexualität vor. Übrigens haben die Pariser homosexuellen Kreise zahlreichen und glänzenden Nachwuchs geliefert.«[24]

Nicht nur im Werk von Sartre, sondern sogar in einem Hollywood-Film konnte, wie wir gesehen haben, das Tabu, das sonst jede noch so kleine Abweichung von der Heterosexualität ausklammerte, verschwinden, wenn die aus einer alltäglichen Perspektive betrachtete Unwahrhaftigkeit zum Thema wurde. Doch nur in Sartres Texten verdichtet sich diese Konfiguration wohl bis zur Obsession. Es kann daher kein Zufall sein, dass Inés, die lesbische Frau in *Geschlossene Gesellschaft*, mit untypischer Stärke konnotiert wird und so (ganz im Sinne von Sartres existenzialistischer Freiheitsphilosophie) Garcins Projektion des eigenen Heldenmuts negieren kann:

»GARCIN: Von einem solchen Heldentum habe ich nicht geträumt. Ich habe es gewählt: Man ist, was man will.
INÉS: Beweis es. Beweis, daß es kein Traum war. Nur Taten entscheiden über das, was man gewollt hat.
GARCIN: Ich bin zu früh gestorben. Man hat mir nicht die Zeit gelassen, meine Taten auszuführen.
INÉS: Man stirbt immer zu früh – oder zu spät. Und nun liegt das Leben da, abgeschlossen; der Strich ist gezogen, fehlt nur noch die Summe. Du bist nichts andres als dein Leben.
GARCIN: Schlange! Du hast für alles eine Antwort.
INÉS: Komm! Komm! Verlier nicht den Mut. Es sollte dir leichtfallen, mich zu überzeugen. Such nach Argumenten, streng dich an! *Garcin zuckt die Achseln.* Na? Na? Ich hatte dir gesagt, daß du verletzbar bist. Oh! Wie du jetzt büßen wirst. Du bist ein Feigling, Garcin, ein Feigling, weil ich es so will. Ich will es so, hörst du, ich will es!«[25]

Wo der Unterschied zwischen Illusion und Realität zu einer Frage und einer Folge schierer psychischer Stärke geworden ist, da muss sich auch das Verhältnis von Traum und Wirklichkeit im Zustand der Durchlässigkeit befinden. Im Mai 1948 druckt die deutsche Monatsschrift *Die Wandlung* ein Gedicht von Stefan Andres mit dem Titel »Manchmal im Traum«, das in den letzten Monaten des Krieges entstand und in dem (für die damalige Zeit sehr realistisch, wie ich glaube) sich sämtliche einst fest etablierten Bilder von Deutschland und seinen Städten als bloßer Traum erweisen – wohingegen die Realität als verlassen und trostlos wahrgenommen wird:

> »Im Dom – mein Gott! – in mancher deutschen Stadt
> Mein Herz im Traum dich heiß beschworen hat.
> Sibyllen blicken streng auf mich herab –
> ›Ihr habt die Schuld!‹ rufts aus der Kaiser Grab
> Das Grauen kriecht heran; mit Krebses Zangen
> Hält mich der Traum – gern wacht' ich auf! – gefangen:
> Doch weiß ich, kaum erwacht, ist nichts mehr da,
> Was, Deutschland, ich von dir im Traume sah.«

Man möchte sich gerne einreden, die Trostlosigkeit der Realität möge der Traum sein, aus dem man erwacht – und genau mit diesem Wunsch endet das Gedicht: »Und möcht erwachen von der Wirklichkeit, / Deutschland, zu dir, wie dich mein Traum gefreit.«[26] In der inneren Vielschichtigkeit des Bewusstseins, wie sie durch die Unwahrhaftigkeit und das Denken darüber zu Tage tritt, gibt es keine letzte Wahrheit und keine endgültige Erlösung von den Schrecken und Albträumen. Der von James Dean gespielte Protagonist des Films *Jenseits von Eden* redet sich seit langem ein, von den beiden Söhnen seiner Mutter, die aus ihrem Leben verschwunden ist, der »böse Bruder« zu sein. Der Vater will sich nach einem Leben voller Spannungen und beiderseitigem Misstrauen auf dem Sterbebett endlich mit dem Sohn versöhnen und die Wahrheit über die dunkle

Familienvergangenheit ans Licht bringen. Doch was bedeutet der Segen eines Vaters, der sein ganzes Leben lang ein engstirniger orthodoxer Religionsanhänger war?

*

Gefühle verändern sich innerhalb der Bewusstseinssphäre ständig, und da keine Grenzen überschritten werden können, ist nichts, keine Angelegenheit und kein Problem je auf Dauer erledigt. Die Nachkriegsromane spielen ziemlich obsessiv die praktische Frage jener Jahre durch, nämlich ob Befragungen dieser ebenso blockierten wie fluiden Welt zu mehr Klarheit verhelfen könnten. Einmal entdeckt, scheint das Motiv der Spannung zwischen instabilen Formen der Selbstwahrnehmung und verschiedenen Arten der Befragung beinahe allgegenwärtig zu sein. Wir sahen schon, wie der Protagonist und Ich-Erzähler von *Der unsichtbare Mann* ständig dazu gezwungen ist, Fragen im Kontext hierarchischer oder institutionell starrer Umgebungen zu beantworten. Alles beginnt bei einer Festveranstaltung für Weiße, bei der er zunächst in einen Boxkampf mit einem anderen schwarzen Jungen verwickelt wird, der ihm eine schwere Niederlage beibringt, und dann seine Schulabschlussrede vom Vortag noch einmal halten soll, deren gut gemeinte und bescheidene Hinweise auf die Rassenpolitik Belustigung und lautes Gelächter im Publikum auslösen:

»Wenn ich ein drei- oder mehrsilbiges Wort sagte, schrie mir eine Gruppe aus Stimmen zu, es zu wiederholen. Ich benutzte den Ausdruck ›soziale Verantwortung‹, und sie schrien:
›Was hast du gesagt, Junge?‹
›Soziale Verantwortung‹, sagte ich.
›Was?‹
›Soziale ...‹

›Lauter!‹
›... Verantwortung.‹
›Lauter!‹
›Verant...‹
›Noch mal!‹
›...wortung.‹
Der Raum füllte sich mit dem Aufruhr von Gelächter, bis ich, vielleicht durch das Blutschlucken abgelenkt, einen Fehler machte und einen Ausdruck hinausschrie, den ich manchmal in Leitartikeln gelesen und in Privatkreisen debattiert gehört hatte.
›Soziale ...‹
›Was?‹ schrien sie.
›... Gleichheit ...‹
Das Gelächter hing rauchgleich in der plötzlichen Stille. Verwirrt öffnete ich die Augen. Worte des Mißfallens füllten den Raum. Der Festordner kam auf mich zu.«[27]

Was auf einer ganz oberflächlichen Ebene wie eine Abfolge von Fragen und Antworten aussehen mag, ist ein sadistisches Spiel rassistischer Weißer, das für den afroamerikanischen Teenager mit einem äußerst hohen Risiko verbunden ist und an dessen Ende er als ultimative Demütigung »donnernde[n] Applaus«[28] sowie ein »Stipendium für das staatliche Neger-College«[29] erhält. Die nächste Befragung nimmt der Leiter ebendieses Colleges vor, und sie dreht sich um die angeblichen Fehler, die der Protagonist begangen haben soll, als er dem (weißen) Hauptgeldgeber die Schule zeigte. Sämtliche Fragen beinhalten bereits die vorgefertigten Antworten und zielen darauf, den Jungen zu verletzten: »›Sie haben also Mr. Norton nicht nur in die Quarters, sondern auch zu diesem Sündenpfuhl, dem gräßlichen Golden Day gefahren.‹ Das war eine Feststellung, keine Frage. Ich erwiderte nichts, und er sah mich immer noch mit demselben milden Blick an.«[30] Später in New York geht das Frage-

und Antwortspiel weiter. Dieses Mal finden die Verhöre hauptsächlich in kleinen afroamerikanischen Gemeinschaften statt und wirken ebenso endlos wie sinnlos. Irgendwann ist es groteskerweise ein betrunkener Weißer, der in freundlicher und herablassender Manier die kulturelle Identität des Protagonisten in Frage stellt:

»›Wie wär's mit einem Spiritual, Bruder? Oder einem alten Negerarbeitslied? [...].‹ ›Der Bruder *singt nicht*‹, rief Bruder Jack mit böser Stimme. ›Unsinn, *alle* Farbigen singen.‹ ›Ein empörendes Beispiel unbewußten, rassischen Chauvinismus'!‹ sagte Jack.«[31]

Natürlich verleiht keines dieser Gespräche und Verhöre dem Protagonisten tiefere Einsichten oder größere Gewissheit darüber, wer er ist. Je deutlicher bestimmte institutionelle Situationen von ihm fordern, eine stabile afroamerikanische Identität zur Schau zu stellen, desto weniger weiß er Antworten auf die Frage, wer er sein könnte. Es bleibt »seinem Bewusstsein verborgen«, ja: »Ich stellte fest, daß die meisten Zuhörer downtown immer irgend etwas Unsagbares von mir erwarteten, wenn ich erschien. Das fühlte ich ganz deutlich, wenn ich vor ihnen stand, und das hatte mit dem, was ich sagte, nichts zu tun. [...] Etwas schien sich zu ereignen, das meinem Bewußtsein verborgen blieb. Ich führte eine Pantomime auf, die beredter war als meine ausdrucksreichsten Worte.«[32]

Pedro, der junge Arzt in *Schweigen über Madrid*, muss sich langen, förmlichen und beharrlichen Polizeiverhören über die versuchte Abtreibung mit tödlichem Ausgang, bei der er zugegen war, unterziehen. Bei der Schilderung der ersten Vernehmung wird nicht etwa der genaue Wortwechsel wiedergegeben, vielmehr liefert der Autor lediglich Anspielungen darauf, was ein Polizeiermittler und ein Beschuldigter in solchen Situationen typischerweise sagen würden, und geht davon aus, dass der Leser mit diesem Ritual vertraut ist:

»›Demnach haben Sie …‹ (verfängliche und erstaunliche Vermutung).
›Nein. Ich habe nicht …‹ (empörter und überraschter Widerspruch).
›Aber Sie werden mich doch nicht glauben machen wollen, daß …‹ (unwahrscheinliche und geradezu absurde Hypothese).
›Nein, aber ich …‹ (fassungslose Eingeständnis).
›Sie wissen ganz genau …‹ (logisch, logisch, logisch).
›Ich habe nicht …‹ (einfache Verneinung, allem Anschein nach ungenügend).«[33]

Es geschieht nichts Überraschendes. Weitere 40 Seiten später ist Pedro verstummt und bereit, ein Papier zu unterzeichnen, das seine Schuld bestätigt. Es wäre allerdings nicht zulänglich zu sagen, dass er schließlich müde und erschöpft aufgibt. Es ist vielmehr so, dass Pedro unter dem anhaltenden Druck der polizeilichen Fragen selbst zu der Überzeugung gelangt, dass die Verantwortung für den Tod des schwangeren Mädchens tatsächlich bei ihm liegt: »In der Tat hatten sich die Dinge so zugetragen. Es hatte überhaupt keinen Zweck, noch einmal nein, nein zu schreien, wie ein Kind, das seine Strafe zurückweist. Die Menschen müssen den Folgen ihrer Taten ins Auge sehen. Die Strafe ist der vollkommenste Trost für die Schuld, ihr einzig mögliches Heilmittel und ihr Korollarium.«[34] Die zu erwartende Reaktion des Lesers wäre an dieser Stelle die Einsicht, dass hier ausnahmsweise einmal eine Befragung die Unwahrhaftigkeit, das heißt einen erfolgreichen, gegen die Wahrheit gerichteten Akt der Selbstüberredung hervorgebracht hat. Dann aber taucht völlig überraschend die Mutter des toten Mädchens bei der Polizei auf – und wird zur perfekten Entlastungszeugin für Pedro. Sie wiederholt nur einige wenige Worte: »Er war es nicht« – doch weil sie so einfältig ist, dass niemand ihr zutraut, etwas anderes als die reine Wahrheit zu sagen, reichen diese Worte aus, um Pedro aus der Haft zu entlassen. Für den Polizeibeamten, der ihm verkündet, dass er nach Hause gehen kann, ist Pedro ein typischer Fall. Nur gebildete Angeklagte gäben dem Druck des Verhörs so leicht nach: »Ihr Gebildeten seid immer die Ungeschicktesten. Ich kann mir nicht erklären, warum ausgerechnet ihr, das heißt Menschen, die Kultur und Bildung besitzen, diejenigen sein müßt, die sich am ehesten reinlegen lassen. Ein gewöhnlicher Taschendieb, ein armer Kerl, ein Dummkopf, das kleinste Würstchen weiß sich besser zur Wehr zu setzen als ihr. Wenn diese Frau nicht gewesen wäre, hätte das ganz übel für Sie ausgehen können, glauben Sie mir.«[35] Aber ist das, ist Pedros Unschuld wirklich die ultimative Wahrheit? Wer den Plot von Martín-Santos' Roman studiert und sich somit in einem gewissen Maß mit Pedro identifiziert, wird dieses Ergebnis sicherlich vorziehen. Der Text liefert letztlich keine endgültige Antwort auf die medizinische Frage, inwieweit Pedros Eingreifen mit zum Tod des Mädchens beigetragen hat. Es gibt lediglich ein Kraftfeld, das sich aus drei unterschiedlichen Dynamiken speist: dem institutionellen Druck des Verhörs, dem individuellen Drang der Mutter des Opfers, der Polizei ihre eigene Wahrheit zu erzählen, sowie Pedros wechselnden Bewusstseinszuständen.

Anders liegt der Fall bei der fortgesetzten informellen Befragung, die William Faulkners *Requiem für eine Nonne* dominiert. Gavin Stevens, der Strafverteidiger des afroamerikanischen Kindermädchens Nancy, ist sich vollkommen darüber im Klaren, dass diese juristisch – und auch was die reine Faktenlage angeht – für den Mord an Temple und Gowan Stevens' kleiner Tochter verantwortlich ist. Allerdings hatte sie bei dem

Mord damit gerechnet – und diese Rechnung ging tatsächlich auf –, dass es Temple durch den Tod des Kindes unmöglich sein würde, mit ihrem Unterwelt-Liebhaber Alabama Red zu fliehen, was die gesamte Familie und damit auch Temples anderes Kind zugrunde gerichtet hätte. Indem sie das Kind tötete, hat Nancy also versucht, die Familie des Kindes zu retten. Es besteht kein Zweifel, dass Temple in stärkerem Maße als Nancy moralisch verantwortlich ist – die Offenbarung der Wahrheit hätte allerdings keine ernsthaften rechtlichen Konsequenzen. Dies ist eine mögliche Erkenntnis, die Faulkners Text offeriert. Nachdem nun Gavin Stevens Temple das Geständnis abgerungen hat, dass sie bezüglich ihrer eignen Rolle in dem Fall gelogen hat, nachdem er also ihre Unwahrhaftigkeit durchbrochen hat, suchen die beiden noch in derselben Nacht den Gouverneur des Staates Mississippi auf, um ein Gnadengesuch für Nancy einzureichen. In dem langen Gespräch der drei wird deutlich, dass der Gouverneur kein Interesse an der – aus seiner Sicht irgendwie dysfunktionalen – Wahrheit hat. Nicht nur gibt es für Nancy keine Begnadigung, der Gouverneur hört nicht einmal genau genug zu, um Temple geben zu können, wonach sie sucht:

»Wir sind nicht mitten in der Nacht zu Ihnen gekommen, um Nancy Mannigoes Leben zu retten. Nancy Mannigoe hat mit dieser Sache überhaupt nichts zu tun, denn Nancy Mannigoes Anwalt hat mir – noch ehe wir aus Jefferson wegfuhren – gesagt, Sie würden Nancy Mannigoe nicht retten. Wir sind hierhergekommen und haben Sie zwei Uhr nachts geweckt, einzig um Temple Drake eine Gelegenheit zum Leiden zu geben – Sie wissen schon, was ich meine: einfach eine Quälerei um der Quälerei willen.«[36]

Der Gouverneur des Staates Mississippi verlässt still und leise sein Büro, er verschwindet buchstäblich, und Temples Geständnis ist fortan nichts als eine weitere Unterhaltung mit Gavin Stevens. Das ist die zweite Erkenntnis, die der Roman bietet: Der Staat, das heißt die politische Institution verkörpert durch den Gouverneur, hat nicht nur keine rechtliche Handhabe, um auf die moralische Wahrheit zu reagieren, er hat überhaupt kein Interesse an der Wahrheit. Die »Gelegenheit zum Leiden«, die sie sich wünscht, wird Temple nicht gegeben. Ihre Lüge und ihre Unwahrhaftigkeit sind durchbrochen, doch es gibt in ihrer Welt keine Resonanz auf diese Veränderung.

Sehen wir uns aus diesem Blickwinkel schließlich noch Guimarães Rosas Roman *Grande Sertão* an. Hier ist die ganze Erzählung als Geständnis angelegt, das der Ich-Erzähler Riobaldo gegenüber einem gebildeten Zuhörer ablegt, weil er sich erhofft, aus dessen Reaktionen Klarheit über die eine Frage zu gewinnen, die ihn an seinem Lebensabend plagt, die Frage nämlich, ob er sich auf einen Pakt mit dem Teufel eingelassen und diesem seine Seele verschrieben hat. Am Ende wird Riobaldo zu dem Schluss kommen, dass es keinen Teufel, ja nicht einmal eine Inkarnation des Bösen gibt, die sich dem Menschen von außen nähern kann. Der Teufel muss eine Versuchung sein, sich für das Böse zu entscheiden, das schon im menschlichen Bewusstsein liegt. Auf dem Weg zu dieser selbstreflexiven Einsicht erzählt Riobaldo allerdings von vielen Befragungen, denen er ausgesetzt war; bei diesen geht es nicht um Wahrheitssuche, es handelt sich vielmehr durchweg um brutale Kämpfe um die psychische Macht:

»Der Zufall wollte es, daß mir gegenüber ein Kerl namens Jazevedão Platz nahm, ein Polizeikommissar, der vom wilden Norden zurückkam. Er hatte einen Capanga bei sich, einen Geheimen, ich kannte beide, der eine war so übel wie der andere. [...] Und ich sage Ihnen: nie in meinem Leben habe ich eine brutalere, niederträchtigere Fresse gesehen. Er war untersetzt, vierschrötig, in den Schweinsaugen ein roher Glanz, ein Kinn aus Granit, buschige Augenbrauen. Er zuckte nicht mit der Wimper, grüßte nicht [...]. Einer vom Schlage Jazevedãos – mußte so einer sein, war so einer nötig? Und ob! Ein verrottetes Fell fordert einen spitzen Stachel. So kommt es, daß hinterher jeder Jazevedão – und das geht nur ihn an – in diesem Leben oder im nächsten, wenn er getan hat, was er zu tun hatte, in seine Bußzeit hineinstolpert, um abzuzahlen, was er schuldet.«[37]

Es gibt auch Raum für scheinbar altbekannte Geschichten über Zweideutigkeiten im katholischen Beichtsakrament, wenn die Witwe Maria Mutema den Beichtstuhl nur zu dem Zweck aufsucht, dem Pater Ponte nah zu sein; dieser ist ein konventionell sündiger Pfarrer und ansonsten »ein gutmütiger Diener des Herrn, mittleren Alters, gut gepolstert, gelassen im Gebaren und von allen geschätzt«.[38] Später, nachdem Pater Ponte gestorben ist, lässt Maria sich von zwei ausländischen Missionaren die Beichte abnehmen, »bärenstark, mit apfelblanken Backen, die schwangen kraftvolle Predigten mit kraftvoller Stimme und kraftvollem Glauben«.[39] Die beiden ringen ihr schließlich das Geständnis ab, dass sie Pater Ponte in ihren Beichten erzählt hat, sie habe ihren Mann getötet, weil sie den Priester wahnsinnig liebe, aber »alles war Lüge, sie begehrte ihn gar nicht und machte sich auch nichts aus ihm. Nun aber, als sie den Priester von gerechtem Zorn entflammt sah, kam sie plötzlich auf den Geschmack an ihrem Treiben, hündisch genoß sie seinen Unmut.«[40] Diese strukturell recht komplizierte Beichte sowie die unübersehbare »reuige Demut« Maria Mutemas bringt nun einige ihrer Mitmenschen zu der Überzeugung, sie »werde womöglich noch den Stand der Heiligkeit erreichen«.[41] Maria Mutemas Geschichte wird somit zu einer anderen, weniger provokativen und heuchlerischeren Version einer Befragung als Machtkampf.

Außerdem gibt es, bei allem Interesse des Erzählers an Selbsttransparenz und Wahrheit, keinen einfachen Weg, keine »Methode« oder dergleichen, um diese zu erreichen: »Man tappt immer im Dunkeln, nur im allerletzten Moment gehen die Lichter im Saal an. Ich will damit sagen: das Wirkliche geschieht nicht im Aufbruch, nicht in der Ankunft; es begegnet uns mitten auf der Reise.«[42] Die Wahrheit lässt sich nicht erreichen oder erobern, sie wird sich zeigen, sich entbergen. Genau dies wird in Riobaldos faszinierender Liebesgeschichte mit Diadorim, einem jungen Mann, offenbar. Dem Älteren wird nach und nach klar, dass er ihn »mit einer Liebe liebte, welche die Freundschaft schlecht tarnt«.[43] Er »liebte ihn über alles [...], mein Herz lag ihm zu Füßen, er sollte beliebig darauf herumtrampeln«.[44] Gegen Ende des Buches – wie auch seines Geständnisses – beschreibt Riobaldo, wie er sich in der Situation eines bevorstehenden Kampfes plötzlich »frei« fühlt und »der Begierde meines Körpers nach Diadorim freien Lauf«[45] lässt. Dieser weist Riobaldos Annäherungsversuch ab und kommt in der Schlacht ums Leben. Der Leichnam wird von einer Frau gewaschen, die »Bahianer Gebete« spricht, und dabei entdeckt der Erzähler, dass »Diadorims Leichnam [...] der Leib einer Frau, eines schönen jungen Mädchens [war]«.[46] Riobaldos »Lebenswille war erschöpft«, und er gedenkt seines Geliebten sowohl als Mann (»dann und wann ließ mir meine Sehnsucht nach ihm keine Ruhe«) als auch als Frau (»sie selber hatte mir ihre Liebe und sich selbst verweigert«).[47] Die verschiedenen Schichten der Wahrheit dieser Liebe offenbaren sich geradezu gegen den Willen des Liebenden. Auch hier gibt es wieder Motive der homosexuellen Liebe und der Geschlechterinstabilität, und auch hier haben sie mit dem Versuch, etwas vor sich selbst zu verbergen, und damit mit der Struktur der Unwahrhaftigkeit zu tun. Nur die selbstreflexive Bewegung ist hier komplizierter als in den anderen bislang betrachteten Fällen: In dem Moment, in dem Riobaldo zulässt, dass ihm sein homosexuelles Begehren selbst gegenwärtig wird, verwandelt es sich »objektiv« in heterosexuelles Begehren. Kein Verhör, keine Institution, kein Druck hätte je so weit kommen können. Die Wahrheit, das Reale, das Sein soll sich den Figuren in Guimarães Rosas Roman am Ende entbergen.

*

Noch während sich die Befragungen als einzige empirische Hoffnung, die Unwahrhaftigkeit zu durchbrechen und zu unerschütterlichen Wahrheiten durchzudringen, dem Gipfelpunkt ihrer historischen Flugbahn näherten, gab es bereits Anzeichen für ihre Entwertung. In einer Notiz in seinem *Glossarium* vom 22. Juli 1948, sieben Monate nach Erscheinen des ersten Kinsey-Reports, verurteilt Carl Schmitt Befragungen als ein Machtinstrument, das typischerweise von selbst ernannten Eliten benutzt werde: »Elite sind diejenigen, die von anderen die Ausfüllung von Fragebögen verlangen können.«[48] Am anderen Ende des politischen Spektrums jedoch, in der Welt der sozialistischen und kommunistischen Linken, hat die Hoffnung auf subjekt- oder gemeinschaftsbasierte Formen der Wahrheitsfindung überlebt und alle Paradigmen, die auf eine Selbstentbergung der Wahrheit (oder des Seins) setzen, marginalisiert. Noch 1970 veröffentlicht Hans Magnus Enzensberger unter dem Titel *Das Verhör von Habana* eine literarische Wiederbelebung – und Verherrlichung – der Schauprozesse, die nach der gescheiterten Invasion in der Schweinebucht mit Exilkubanern im Zeugenstand in Kuba stattfanden. Verließ sich Enzensberger bezüglich des Wahrheitsanspruchs seiner Dokumentation auf das, was er die implizite Fairness jeder Befragungsprozedur nannte, so machte er keinen Hehl daraus, dass es sowohl in der politischen Realität als auch in seinem Stück eine Machthierarchie war, die diese Prozedur in Gang gesetzt hatte: »Die herrschende Klasse kann nur als geschlagene Konterrevolution vollends zum Sprechen gebracht werden.«[49]

In Juri Trifonows Roman *Studenten* ist die Zugehörigkeit zur Roten Armee eine Garantie dafür, fremde Länder wahrheitsgetreu erleben zu können:

> »Am Rande des Kontinents [...] vollendete die Sowjetarmee ihren großen Siegesmarsch. [...] Er hatte im Kriege viel gelernt, was einem Menschen nicht nur in Kriegszeiten, sondern überhaupt im Leben nützlich ist. Er hatte im Krieg sein Volk gesehen, dessen Wesen und Streben erkannt und gefühlt, daß es sein eigenes Wesen und sein eigenes Streben war. Er hatte auch das Ausland kennengelernt, nicht wie er es aus Büchern oder von hübschen Briefmarken und Ansichtskarten kannte, sondern ein anderes, lebendiges Ausland. Er hatte es mit seinen Händen gefühlt, hatte die Luft dort geatmet. Und oft war es eine stickige, dumpfe Luft, an die seine Lungen nicht gewöhnt waren.«[50]

Verfolgte Hollywood die Methode, den Eindruck von Stabilität und Transparenz in einer Welt der fluiden Wahrnehmungen durch gleichzeitiges Heraufbeschwören und Leugnen von Unwahrhaftigkeit zu erzeugen, so beruhten die sozialistischen und kommunistischen Versuche, dieselbe Wirkung zu erzielen, auf einer moralischen wie epistemologischen Anspruchshaltung, die von seichten Diskursen und abgedroschenen Prozeduren nur schwach überdeckt wurde. Ein gutes Gewissen als moralische Belohnung entband jeden, der sich den Ideologien der Linken verschrieb, von allen selbstreflexiven Mühen und Qualen.

Wo dagegen Wahrheitsansprüche unter ehrlicheren und häufig drängenderen Umständen geltend gemacht oder aufrechterhalten werden mussten, erwiesen sie sich als prekärer und fragiler. Am 26. August 1945, 20 Tage nach der Detonation der Atombombe, entwirft Dr. Michihiko Hachiya, der Leiter des Hiroshima Communications Hospital, unter der Überschrift »Bemerkungen über Strahlenerkrankung« einen Aushang, um Panik und Besorgnis in der Bevölkerung zu zerstreuen. Die Wortwahl ist im Hinblick auf jedwede empirischen Wahrheitsansprüche von extremer Vorsicht und Zurückhaltung geprägt: »Zwischen der Schwere der Brandwunden und einer Abnahme der weißen Blutkörperchen scheint kein Zusammenhang zu bestehen. [...] Haarausfall ist nicht unbedingt ein schlechtes Vorzeichen für den Gesundheitszustand. [...] Nach Berichten der Sachverständigen von der Universität in Tokio scheinen jetzt keinerlei Ausstrahlungen von Uran mehr zu erfolgen.«[51] Sechs oder sieben Jahre später verfasste der Romanist Erich Auerbach, der einen Lehrstuhl in Yale innehatte, nachdem er als deutscher Jude vom NS-Regime ausgebürgert worden war und mehr als ein Jahrzehnt in Istanbul gelehrt hatte, einen Essay über die »Philologie der Weltliteratur« für die Festschrift eines geschätzten deutschen Kollegen. Während der Wahrheitsanspruch des Hiroshima-Tagebucheintrags vom August 1945 aufgrund der frappierenden Neuartigkeit der damit verbundenen Phänomene prekär gewesen war, beschrieb Auerbach seine Beobachtungen hinsichtlich der Wahrheit der historischen Erfahrung mit einem ähnlichen Gefühl der Zerbrechlichkeit, weil er glaubte, am Ende der einzigen Epoche der westlichen Kulturgeschichte zu stehen, in der man zu Recht hoffen durfte, Wahrheit aus der Geschichte erlangen zu können:

»Die hier vertretene Vorstellung von Weltliteratur als mannigfaltigem Hintergrund eines gemeinsamen Geschicks hofft nicht mehr etwas bewirken zu können, was doch geschieht, aber anders geschieht, als man es hoffte; sie nimmt die sich vollziehende Standardisierung der Erdkultur als unentrinnbar. Den im Endstadium einer fruchtbaren Mannigfaltigkeit begriffenen Völkern will sie das Bewußtsein ihres schicksalvollen Zusammenwachsens präzisieren und erhalten, so daß es ihnen zum mythischen Besitz wird: um auf diese Art den Reichtum und die Tiefe der Geistesbewegungen während der letzten Jahrtausende in ihnen nicht verkümmern zu lassen.«[52]

Wer dieser sowohl empirischen als auch philosophischen Unsicherheit der Wahrheit und der Transparenz nicht mit Leugnen und Unwahrhaftigkeit begegnete, dem war durchaus bewusst, dass es ein hohes existenzielles Risiko bedeutete, Entscheidungen zu treffen und Positionen zu beziehen. Der zwölfjährige Edmund in Rossellinis *Deutschland im Jahre Null*, der seinen todkranken Vater vergiftet, ist überzeugt, die richtige Entscheidung getroffen zu haben – und fällt damit den pseudo-nietzscheanischen Diskursen zum Opfer, die im Nachkriegsdeutschland nach wie vor kursieren. Es ist ein Lehrer, von dem er zum ersten Mal Worte und Ideen wie die vom »Überleben des Stärkeren« hört und in dessen Umgebung er gleichzeitig zum Objekt homoerotischer Begierden und Annäherungsversuche wird. Die Rolle des Homosexuellen bündelte geradezu sinnbildhaft verschiedene halbbewusste Ängste und Befürchtungen, dass eventuell etwas Schlimmes passierte, sollten Unwahrhaftigkeit und Anspruch einmal nicht ausreichen, um die dunkle Seite des Daseins vollständig im Dunkeln zu halten.

Ich erinnere mich, dass mein Vater während der ersten zwei Jahre meiner Grundschulzeit mehrfach wegen einer Krankheit stationär behandelt werden musste, die seine Ärzte (und Kollegen) nie genau identifizieren konnten – obwohl sie sie mit mehreren Operationen in den Griff zu bekommen versuchten, die wir als sehr einschneidend und schwerwiegend erlebten (und die auch tatsächlich beachtliche Narben auf dem Körper meines Vaters hinterließen). Während des Frühlings verbrachte ich regelmäßig einige Nachmittage mit ihm auf der Terrasse des Krankenhauses, wobei ich mich oft mit anderen Patienten unterhielt, während mein Vater eindöste (oder wenigstens so tat). Einer jener anderen Patienten war wohl besonders freundlich zu mir; er hatte ein rundes Gesicht und war vollkommen kahl. Außerdem war er der einzige Patient, mit dem mein Vater nicht redete – obwohl mir nie eine besondere Spannung auffiel. Irgendwann muss dann aber wohl der Kahlköpfige mit dem runden Gesicht seinen Arm um meine kleine Schulter gelegt haben – und in dem Moment sprang mein Vater, der für gewöhnlich stets seine körperliche Schwäche hervorhob, auf und schrie: »Nehmen Sie ihre dreckigen Hände von meinem Jungen, sofort!« Ich weiß noch genau, wie furchtbar peinlich es mir war, als mich plötzlich alle anstarrten – und wie furchtbar stolz ich auf meinen kranken Vater war, der mir in jener Sekunde wie ein Löwe vorkam. Es war natürlich klar, dass ich nie wieder mit diesem freundlichen Mann mit der Glatze reden würde. Jahre später wagte ich es, meine Mutter zu fragen, ob sie wüsste, was damals eigentlich los gewesen war, und sie antwortete ausnahmsweise mit einer für sie ungewöhnlichen Präzision (offenbar hatte sie mit meinem Vater über den Vorfall gesprochen): »Dieser Mann«, sagte sie zu mir, »war vor vielen Jahren ein Geliebter deiner Großmutter, als sie schon Witwe war, und hat damals versucht, deinen Vater zu missbrauchen.« Wie bei so vielen Geschichten, die von meinem Vater kamen, werde ich nie erfahren, ob das, was meine Mutter mir erzählte, irgendetwas mit der Wahrheit zu tun hatte. Sie schien auf jeden Fall davon überzeugt zu sein; auf den wenigen Fotos, die mein Vater aus seinen jungen Jahren besaß, machte er immerhin den Eindruck eines sehr gutaussehenden Jugendlichen – was seiner Geschichte natürlich eine gewisse Glaubwürdigkeit verlieh. Doch das Einzige, was ich heute mit Sicherheit sagen kann, ist, dass es in den Tagen meiner Kindheit allgemein akzeptiert und schlicht normal war, jemanden zu beleidigen, indem man ihm implizit homoerotische Neigungen unterstellte. Es wäre jedem Anwesenden vollkommen unmöglich gewesen, den Mann zu verteidigen, der möglicherweise den Arm um meine Schulter gelegt hatte.

*

Ihre nachhaltigste und zunächst unzweideutige Wirkung entfaltete die Befragung nicht in Rechtssystemen oder im Kontext moralischer Prüfungen, sondern in einer im wahrsten Sinne »spielerischen« Funktion als Interaktions- und Diskursform. Ab den 1950er Jahren trugen Spielshows zusammen mit Familienserien wie *Father Knows Best* entscheidend dazu bei, dass sich das Fernsehen in der zweiten Hälfte des 20. Jahrhunderts als zentrales Kommunikationsmedium etablieren konnte, und den Kern dieser Spielshows (oder auch Quizshows) bildeten Befragungsrituale – mit dem entscheidenden Unterschied gegenüber polizeilichen Befragungen, dass hier nur das Wissen von »Kandidaten« auf dem Spiel stand und nicht irgendeine »ultimative, unbekannte Wahrheit«. Eine der populärsten amerikanischen Quizshows jener Zeit war die Sendung *Twenty One* mit ihrem berühmten Kandidaten Herb Stempel, einem 29-jährigen Studenten. Bis zum Ende des Jahres 1956 hatte Stempel, der weder besonders charismatisch noch gutaussehend, sondern einfach nur äußerst kenntnisreich war, insgesamt 69500 Dollar gewonnen, die er gegen einen ausgesprochen eleganten (und schon bald weitaus beliebteren) Kandidaten namens

Charles Van Doren, der an der New Yorker Columbia University unterrichtete, verteidigen sollte. Die Entscheidungsshow war für den 5. Dezember 1956 angesetzt. Wie um den Anspruch auf reine Objektivität und Wahrheit zu unterstreichen, standen die beiden Männer in einer Plexiglaskabine, die sie vom Studiopublikum abschirmte. Dann gab Stempel die falsche Antwort auf eine eigentlich nicht allzu schwere Film-Frage, was sein Ausscheiden aus der Show und einen nicht unerheblichen finanziellen Verlust zur Folge hatte.

Schon damals leuchtete vielen Zuschauern nicht ein, warum Stempel eine so einfache Frage nicht beantworten konnte. Der Verdacht erhärtete sich, als der mittlerweile mittellose Stempel ein paar Monate später an die Öffentlichkeit ging und zugab, dass die Sendung manipuliert gewesen sei und man ihm eine üppige finanzielle Entschädigung versprochen habe, wenn er die falsche Antwort gäbe – dahinter steckte natürlich das Ziel des Senders, höhere Einschaltquoten zu erreichen, indem man Stempel durch einen attraktiveren Kandidaten ersetzen konnte. Als ein Vorfall aus der Medienwelt überrascht uns der »Quizshow-Skandal« heute nicht mehr sonderlich, damals jedoch löste er landesweit starke Reaktionen aus – und seine historische Bedeutung liegt natürlich genau in diesem Unterschied. Erstaunlich ist aus heutiger Sicht, dass es mehrere Debatten im amerikanischen Kongress zu den Quizshow-Skandalen gab und dass der Kongress-Sonderausschuss für legislative Aufsicht öffentliche Anhörungen durchführte, ja sogar eine neue Gesetzgebung vorschlug. Wir können nur den Schluss ziehen, dass der Verlust des Vertrauens in Spielshows als Befragungsritualen in der amerikanischen Gesellschaft der 1950er Jahre offenbar als bedrohliches und unheimliches Ereignis wahrgenommen wurde. Dieses Vertrauen kehrte nie zurück. Man könnte so weit gehen zu sagen, dass alle undurchsichtig wirkenden politischen, juristischen oder kriminellen Fälle seitdem durch die anschließenden polizeilichen Untersuchungen nur noch widersprüchlicher, komplexer und rätselhafter wurden.

Marilyn Monroe starb in der Nacht vom 4. auf den 5. August 1962, und über das Ende ihres Lebens steht nur eines unumstritten fest: Die unmittelbare physische Todesursache war die Menge und die mögliche Wechselwirkung zweier Medikamente, die in ihrer Leiche gefunden wurden. Bis heute ist dagegen trotz unzähliger Untersuchungen und Neubetrachtungen unklar geblieben, ob sie diese Medikamente freiwillig nahm oder dazu gezwungen wurde, ob ihr Tod ein Unfall, die Folge eines ärztlichen Behandlungsfehlers, Selbstmord oder Mord war und ob ihre Lebenssituation sich vor jenem August 1962 dramatisch verschlechtert hatte oder auf dem Weg der Besserung war. Des Weiteren besteht eine gewisse Wahrscheinlichkeit (aber keine Gewissheit), dass sie in ihrem letzten Lebensjahr eine Affäre (oder zumindest eine erotische Begegnung) mit dem amerikanischen Präsidenten John F. Kennedy hatte. Andere Quellen deuten dagegen eher darauf hin, dass dessen Bruder Robert F. Kennedy ihr Liebhaber war – oder sogar beide ein Verhältnis mit ihr hatten. Infolgedessen kam der Verdacht auf – der nie ganz ausgeräumt werden konnte –, die Kennedy-Brüder könnten aufgrund der großen öffentlichen Präsenz Marilyn Monroes ein Interesse an ihrer Beseitigung gehabt haben. Auch 50 Jahre später ist diese Debatte immer noch lebendig, und man kann sich kaum vorstellen, dass sie durch irgendwelche neuen Dokumente oder Entdeckungen noch zu einem Abschluss kommen wird.

Fünfzehneinhalb Monate nach Marilyn Monroes Tod, am 22. November 1963, fiel bekanntlich John F. Kennedy in Dallas einem Attentat zum Opfer. Wie so viele Frauen und Männer meiner Generation kann ich mich noch genau an die Umstände erinnern, unter denen ich von seinem Tod erfuhr. Ich war 15 Jahre alt und war an jenem Abend mit ein paar Schulfreunden in einer Kneipe meiner Heimatstadt, um ein Bier zu trinken. Für uns war dies in erster Linie ein gewagtes Unterfangen, denn man durfte erst ab 16 Jahren in der Öffentlichkeit Bier trinken. Als wir aus der Kneipe kamen, die nicht weit von dem Gebäude der Lokalzeitung entfernt lag, sahen wir, wie dort eine Extraausgabe verteilt wurde. Darin wurde die Ermordung John F. Kennedys vermeldet. Dieser Mann hatte so viele Hoffnungen geweckt, in Deutschland vielleicht noch mehr als in jedem anderen Land, so viele Hoffnungen auf einen Start in eine neue, offenere Zukunft, dass es zunächst schwer zu begreifen war, was sich eigentlich ereignet hatte. Ich erinnere mich aber auch noch, dass wir unweigerlich unseren eigenen »Gesetzesverstoß« mit dem Schmerz über die Ermordung des charismatischen Präsidenten verknüpften. Es fühlte sich wie eine Strafe an. Nur zwei Tage später wurde Lee Harvey Oswald, der sofort als Kennedys Attentäter identifiziert worden war, von Jack Ruby erschossen, einem Mann aus dem kriminellen Milieu von Dallas. Keine der zahllosen offiziellen und privaten Untersuchungen hat uns seither einem Verständnis dessen näher gebracht, warum Kennedy ermordet wurde. Im Gegenteil, alle diese Untersuchungen und Befragungen haben eine ebenso endlose Reihe von Verdächtigen, Hypothesen und Verschwörungstheorien hervorgebracht und ständig verlängert: Fidel Castros Regierung in Kuba könnte hinter dem Attentat auf Kennedy gesteckt haben, es könnten aber ebenso gut auch die castrofeindlichen Exilkubaner in den USA, die Sowjetunion, das FBI oder die CIA, die Mafia oder irgendeine andere Gruppierung der organisierten Kriminalität oder sogar Kennedys Vizepräsident und Amtsnachfolger Lyndon B. Johnson gewesen sein. Nicht einmal die Möglichkeit, dass es sich bei dem Mord um eine isolierte Einzeltat Lee Harvey Oswalds handelte, kann vollkommen ausgeschlossen werden. Diese Unfähigkeit – oder war es eine Unmöglichkeit? –, überzeugende Antworten auf eine so drängende Frage zu finden, diese nicht enden wollende Frustration hat, gepaart mit der Erfahrung, dass jeder neue Klärungsversuch die Lage nur noch schlimmer machte, nicht nur das politische System der USA schwer getroffen. Der Fall hat unser Verhältnis zu dem, was wir in Ermangelung einer besseren Bezeichnung immer noch »Realität« oder »Wahrheit« nennen, ein für allemal verändert.

*

In vielfältigen Erfahrungsweisen offenbarte sich die Welt in den Nachkriegsjahren nicht nur als ein Raum, der weder eine Position von außen, noch tiefe und verbindliche Einsichten über ihre Realität zuließ. Endlose Bemühungen um Transparenz der menschlichen Identität und in der menschlichen Interaktion führten innerhalb dieser Welt sowohl aus individueller wie auch aus kollektiver Sicht nur zur Auflösung. Forschungs- und Befragungsprozeduren, die anfangs noch Hoffnungen geweckt hatten, befanden sich ab Mitte der 50er Jahre buchstäblich in einem fortschreitenden Verfallsprozess. Ich kann jedoch innerhalb der Gegenwart jener Jahre keine Position ausmachen, die sich der ganzen Komplexität der vielen sich überschneidenden Dynamiken und Entwicklungen zu stellen und sie zusammenzubringen versucht hätte. Was wir dagegen finden, sind vereinzelte Bemerkungen und Eindrücke hinsichtlich der Wirkungen eines nicht fassbaren Wandels, aufgrund dessen bestimmte Arten des Fühlens, Handelns und Reagierens nicht mehr möglich scheinen. Typischerweise werden solche Bemerkungen wie »nebenbei« gemacht, als ob den Gefühlen der Ohnmacht, die sie offenbaren, eine gewisse Peinlichkeit anhaftet. Am 28. Februar 1951 notiert Carl Schmitt in seinem *Glossarium*: »Oft befällt mich eine Lähmung, die mich am Schreiben hindert.«[53] Drei Jahre zuvor hatte er bereits seinen Eindruck einer »Abdeckerei und Applanierung« der Welt beschrieben, den Eindruck einer Seichtheit des Lebens, für die er den Existenzialismus verantwortlich macht: »Das ist das Zeitalter des Existentialismus. Der Geist findet Vollstrecker und Durchführer, die selber geistlos das Geschäft der Abdeckerei und Applanierung besorgen, als Beschleuniger wider Willen aber ganz andere Dinge beschleunigen, als sie beschleunigen möchten.«[54]

Bertolt Brecht, der nach dem Ende des Krieges die Rückkehr der Geschichte auf den Weg des marxistischen Fortschritts erkennen wollte, fand doch nur Symptome der Abgestumpftheit und der Lähmung, selbst in seinem Grußwort an den Wiener »Völkerkongress für den Frieden« von 1952: »Diese Abgestumpftheit ist es, die wir zu bekämpfen haben, ihr äußerster Grad ist der Tod. Allzu viele kommen uns schon heute vor wie Tote, wie Leute, die schon hinter sich haben, was sie vor sich haben, so wenig tun sie dagegen. Und doch wird nichts mich davon überzeugen, daß es aussichtslos ist, der Vernunft gegen ihre Feinde beizustehen.«[55] Mit einer Mischung aus Frustration und bitterer Ironie stellt Wolfgang Borcherts Protagonist Beckmann fest, dass es in dieser Welt nur noch »Tatsachen« gibt – während die Wahrheit nicht mehr zugänglich ist:

»Ja, ja. Ich verstehe. Danke auch. Langsam verstehe ich schon. Das sind die Tatsachen, die man nie vergessen darf, [...] die man nie vergessen darf: mit der Wahrheit kommt man nicht weit. Mit der Wahrheit macht man sich nur unbeliebt. Wer will denn heute etwas von der Wahrheit wissen? [...] – Ja, langsam verstehe ich schon, das sind so die Tatsachen – – –.«[56]

Carl Schmitt spürte seit langem, dass die Ironie für ihn eine große Versuchung darstellte, die mit dem Handeln und der Wahrheit nicht zu vereinbaren war. Insofern ist er »[t]ief erschrocken vor der wirklichen Ironie, die darin liegt, daß ein dickes Buch über den Begriff der Ironie in meinem Zimmer liegt. Die Ironie ist etwas so zerstörend Effektives, daß ihre bloße Nennung die Atmosphäre bestimmt.«[57] »Präsenz«, so glaubt Schmitt, was immer er mit diesem Begriff gemeint haben mag (vielleicht so etwas wie »Substanz«?), »Präsenz« sei das einzig naheliegende Gegenmittel, das er sich gegen Ironie, Zerstörung und Richtungslosigkeit vorstellen könne: »Von der Präsenz zur Präsentation, von da zur Repräsentation. Warum gibt es keine Re-Präsenz? Sondern nur Repräsentation? Dafür aber haben wir Re-Education.«[58] Es ist sozusagen doppelt ironisch, wenn man sieht, wie Schmitt bei seinem Versuch, die Substanz der Welt gegen die Haltung der Ironie zu verteidigen, seine eigene Ironie nicht zurückhalten kann, sobald er von »Re-Education« spricht, also einer letztlich intellektuellen Position, die von den Westalliierten repräsentiert und den Deutschen auferlegt wurde.

*

Wie war es möglich, in einer Welt zu leben, in der Identität und Handeln so instabil geworden waren und in der Form und Substanz oft unerreichbar schienen? Bei der Lektüre von Boris Pasternaks *Doktor Shiwago* gewann ich den Eindruck, dass immer dann, wenn der Erzähler auf Ideen der marxistischen Geschichtsphilosophie abzuheben oder anzuspielen scheint, etwas Individuelles und Existenzialistisches seltsam präsent ist und dass es sich dabei um die Bereitschaft handelt, den individuellen Willen aufzugeben:

»[S]ie alle waren auf kleinem Raum beisammen gewesen und hatten sich nicht erkannt, die anderen hatten sie nie gekannt; das eine blieb für immer ungewiß, das andere wartete bis zur nächsten Gelegenheit, bis zur neuen Begegnung auf die Enthüllung.«[59]

»[N]ichts ist mehr heilig«[60] in dieser Welt, es gibt kein Vertrauen in die Zukunft mehr, kein Vertrauen in die Gesetze der Geschichte. Was es aber gibt, ist eine Bereitschaft, Dinge geschehen zu lassen, und dieses Geschehenlassen könnte zu einem guten Ende führen. Manchmal haben Pasternaks Protagonisten das Gefühl, von einer Kraft getragen zu werden, die sie nicht identifizieren können und die sie an den Zustand »der allgemeinen Begeisterung«[61] in den Anfangstagen der Revolution denken lässt. Es herrscht das Empfinden, »vor dem Riesenkoloß der Zukunft ein Zwerg«[62] zu sein, es gibt keine Garantien, keine Einsichten, sondern nur noch eine vage Hoffnung.

Alles, woran man sich festhalten kann, sind minimale Forderungen und Möglichkeiten. Bertolt Brecht und Carl Schmitt, die an viel weiter reichende, stark ideologisch geprägte Forderungen aus den entgegengesetzten Lagern des politischen Spektrums gewöhnt sind, attackieren gleichermaßen Gottfried Benn, der in seinen Nachkriegsgedichten kurze Augenblicke des Kontakts mit der materiellen Welt heraufbeschwört und in den Mittelpunkt stellt, die augenblicklich Erfüllung bringen, weil sie der allgemeinen Leere und Richtungslosigkeit entgehen. Benn scheint es sowohl aus kommunistischer wie aus faschistischer Sicht an Bedeutung und Tiefe zu mangeln. Schmitt schreibt über ihn: »Er tätowiert nihilistische Schauerlichkeiten auf seine brave, pietistische Haut. So macht er sich unkenntlich. Das gibt dann die Wirkung verbunden mit der Methode chaotischer Aufzählung hochmoderner, historischer, medizinischer, naturwissenschaftlicher und hochmondäner Wortkleckse.«[63] Nach Brechts Ansicht ist Gottfried Benn »todessüchtig«, und in einem Gedicht malt er sich die ironische Reaktion der Proletarier auf Benns Verse aus, auf deren Gesichtern er »einen Ausdruck gesehen« haben will, der »kostbarer war / Als das Lächeln der Mona Lisa«.[64] In einem Punkt trifft Schmitts (seltsam zwiespältige) Charakterisierung von Benns Lyrik genau ins Schwarze. Denn was diese heraufbeschwört, sind tatsächlich nur »Kleckse«, deren Wert einzig darin besteht, sinnliche Berührungen der materiellen und physischen Welt zu sein:

»Nur noch flüchtig alles
Neuralgien morgens,
Halluzinationen abends
angelehnt an Trunk und Zigaretten

abgeschlossene Gene,
erstarrte Chromosomen,
noch etwas schwitzende Hüfte
bei Boogie-Woogie,
nach Heimkehr dann die Hose in den Bügel.«[65]

So schreibt Benn 1955 im Alter von 69 Jahren und nur wenige Monate vor seinem Tod. Das Beste, was wir vom Leben erwarten können, ist immer nur flüchtig, vergänglich, oberflächlich – aber weil es oberflächlich ist, trifft es wenigstens unseren Körper und erregt unsere Aufmerksamkeit. Diese ephemere Qualität bleibt keinesfalls auf solche für einen alten Mann leicht exotische Situationen wie das Boogie-Woogie-Tanzen beschränkt. Im Gegenteil, Benn beschwört auch die Qualität und das Versprechen traditioneller Lebensformen der unteren Mittelschicht herauf, deren klaustrophobische Beengtheit bei ihm eine Konnotation von Wärme erhält:

»Hör zu, so wird der letzte Abend sein,
wo du noch ausgehn kannst: du rauchst die ›Juno‹,
›Würzburger Hofbräu‹ drei, und liest die Uno,
wie sie der ›Spiegel‹ sieht, du sitzt allein

an kleinem Tisch, an abgeschlossenem Rund
dicht an der Heizung, denn du liebst das Warme.
Um dich das Menschentum und sein Gebarme,
das Ehepaar und der verhasste Hund.

mehr bist du nicht, kein Haus, kein Hügel dein,
zu träumen in ein sonniges Gelände,
dich schlossen immer ziemlich enge Wände
von der Geburt bis diesen Abend ein.«[66]

Das Dasein besteht aus flüchtigen Klecksen, die aus der physischen Welt in die räumliche Beengtheit dringen (ganz wie, so möchte ich ergänzen, der gute Schmerz des ersten Zugs an einer Zigarette am Morgen). Jede Hoffnung auf tiefere, gesichertere wissenschaftliche Erkenntnisse ist in den Texten des Dichters und praktizierenden Dermatologen Gottfried Benn vollkommen ausgeschlossen:

»›– die Wissenschaft als solche‹ –
wenn ich Derartiges am Radio höre,
bin ich immer ganz erschlagen.
Gibt es auch eine Wissenschaft nicht als solche? [...]

immer nur diese pädagogischen Sentenzen,
eigentlich ist alles im männlichen Sitzen produziert,
was das Abendland sein Höheres nennt –
ich aber bin, wie gesagt, für Seitensprünge!«[67]

Benns Ton – und in seinen späten Gedichten beeindruckt mich der Ton vielleicht mehr als jede explizite Reflexion – ist der Ton distanzierter Gelassenheit und großer Gefasstheit, der Ton einer Leidenschaft, die stets da ist und doch fern bleibt, und dazu ist alles durchdrungen von einer nie unfreundlichen, aber immer ungeduldigen Ironie.

Die entfernte Leidenschaft, die in diesen Gedichten anklingt, die flüchtigen Augenblicke, die Kleckse der Welt – all dies bekam in der Stimme von Édith Piaf eine Unmittelbarkeit oder vielleicht sogar eine leidenschaftliche Dringlichkeit. Ihre Kindheit und Jugend verliefen wie eine vorweggenommene Allegorie der Unsicherheit des Daseins in der Nachkriegszeit. Sie wurde 1915 als Édith Giovanna Gassion geboren (ihr Künstlername »Piaf« war ein umgangssprachlicher Ausdruck für »Spatz«). Die Mutter stammte aus Italien und arbeitete als Kaffeehaus-Sängerin, die Großmutter väterlicherseits, bei der sie während des Krieges eine Zeitlang wohnte, betrieb ein Bordell in der Normandie. Im Alter von sechs Jahren zog sie zu ihrem Vater, der als Straßenakrobat arbeitete. Wie es heißt, war Édith Piaf von ihrem dritten bis sechsten Lebensjahr blind. Mit 17 bekam sie ihr einziges Kind, ein Mädchen, das mit nicht einmal zwei Jahren an Meningitis starb. Sie überstand private wie historische Widrigkeiten, kollaborierte während der Besatzung möglicherweise sogar gelegentlich mit den Deutschen. Die Liebe ihres Lebens war, glaubt man ihrer biografischen Legende, der verheiratete Boxer Marcel Cerdan; der Weltmeister im Mittelgewicht starb 1949 bei einem Flugzeugabsturz auf dem Weg von Paris nach New York, wo er mit Édith verabredet war.

Die Texte und das musikalische Pathos ihrer besten Lieder feiern die Intensität flüchtiger Augenblicke der Erfüllung, und der Wert dieser Augenblicke entspricht immer dem eines gesamten Lebens. Ihr erster Welterfolg *La vie en rose* wurde 1945 komponiert. Der eine intensive Blick, die eine Umarmung, das eine Pochen ihres Herzens werden endlos, weil all diese Dinge »etwas« sind, an dem man sich festhalten kann – sie sind endlos, und dennoch sind sie nichts Dauerhaftes:

»Augen, die mich dazu bringen, die meinen zu senken
ein Lächeln, das seinen Mund umspielt
das ist das ungeschminkte Abbild
des Mannes, dem ich gehöre
wenn er mich in seine Arme nimmt
er ganz leise zu mir spricht
sehe ich die Welt in Rosa
er sagt mir Liebesworte
alltägliche Worte
und das bewirkt etwas in mir
er ist in mein Herz hinein gekommen
ein Stück des Glücks
dessen Grund ich kenne
es ist er für mich, ich für ihn
im Leben
er hat es mir gesagt, hat es geschworen, für immer
und sobald ich ihn erblicke
dann fühle ich in mir
mein Herz, das pocht.«[68]

Die Welt »in Rosa« zu sehen, sich an Versprechen »für immer« zu halten, bedeutet hier keine Illusion; existenziell sind solche Augenblicke der Gewissheit natürlich immer Illusionen, aber solange sie andauern, sind sie real. Und eine willentlich akzeptierte Illusion kann sich nie in eine Selbsttäuschung verwandeln. Die Gründe für das Glück, die sie »kennt«, sind einfach die Klarheit und Wirklichkeit der »alltäglichen Worte« ihres Geliebten, seine leise Stimme und ihr eigener Herzschlag.

Milord, ein anderes berühmtes Chanson von Édith Piaf, wurde zur Hyperbel der unsicheren Realität der Illusion, denn es pries die Momente der Wärme und der Liebe zwischen einer Prostituierten (»nur ein Hafenmädchen / Ein Schatten der Straße«) und einem feinen Herrn, dessen »Seidenschal« seine »Schultern umflattert'«, als wäre er »der König selbst«. »Die Liebe ist oft Grund für Tränen / Wie das Leben an sich / Es gibt Ihnen alle Möglichkeiten.«[69] Als der feine Herr sie anblickt, hat er Tränen in den Augen, also versucht sie ihn zu trösten und ihn zum Lachen und zum Singen zu bringen: »Ach, das wird schon, Milord! Zeigen Sie mir ein Lächeln, Milord! / Viel besser so. Mit ein wenig mehr Mühe ... / Ja, so ist's gut! / Auf, lachen Sie, Milord! / Los, singen Sie, Milord!« In einem solchen Leben gibt es nichts, das man bedauern müsste, wie Édith Piaf im letzten ihrer wirklich großen Chansons singt: *Non, je ne regrette rien*. Denn keiner dieser intensiven Augenblicke ist je eine Investition in die Zukunft. Es zählt nur die jeweilige Gegenwart. Wenn es nur wenige Momente gibt, die überhaupt eine Chance bieten, das Leben festzuhalten, dann muss man sie bedingungslos ergreifen.

*

Die Grundvoraussetzung, die Prämisse für Édith Piafs Existenzialismus, ist, etwas geschehen zu lassen, was es auch sei, und das Geschehende dann anzunehmen – sobald es geschieht. Das kommt einem gewissen Verständnis dessen sehr nahe, was es bedeuten könnte zu denken, einem Verständnis, das Martin Heidegger nie mit größerer Besessenheit verfolgte als in den Jahren nach dem Krieg. In einem Text von 1955 beklagt er, der Mensch sei »*auf der Flucht vor dem Denken*«,[70] und was seine Zeitgenossen seiner Meinung nach dabei zu vermeiden versuchten, sei das Denken als Prozess, als Bewegung. Wie aber könnte das Denken anfangen, wie kommt es auf den Weg? In erster Linie, so glaubt Heidegger, nicht dadurch, dass wir es wollen. Denken entsteht nicht durch unser Bemühen, nicht dadurch, dass wir uns die Rolle des Handelnden zuschreiben. Wir müssen uns auf das Denken einlassen, und damit rückt der Begriff in unmittelbare Nähe zu dem der »Gelassenheit«: Heidegger versteht das »Wesen der Wahrheit als Seinlassen des Seienden, wie es ist«.[71] In einem Text von 1945 bringt er »Gelassenheit« und »Denken« gezielt zusammen: »Die Gelassenheit zur Gegnet ahnen wir als das gesuchte Wesen des Denkens. [...] Wenn wir uns auf die Gelassenheit zur Gegnet einlassen, wollen wir das Nicht-Wollen.«[72]

Sich auf das Denken einzulassen, scheint eine plausible Reaktion auf eine Welt zu sein, in der niemand Grenzen überschreiten kann und in der Bewusstsein, Subjektivität und Handeln zu abgedroschenen Behauptungen geworden sind. Andererseits – sagt das »Sich-Einlassen auf das Denken« irgendetwas über die Qualität, die Relevanz oder die mögliche Wirkung dessen, was daraus hervorgehen wird? Ich kann mir vorstellen, dass Heidegger auf diese Frage mit einem klaren »Nein« geantwortet hätte in dem Sinne, dass es keine Garantie für die philosophische Qualität des Denkens gibt, wenn wir uns, wie wir es sollten, darauf einlassen. Wir müssen uns auf das Denken einlassen, so scheint Heidegger nahezulegen, weil es keine Alternative dazu gibt (wahres Denken geht nie von der Initiative des Menschen aus) – es wäre allerdings falsch zu glauben, dass dieses Sich-Einlassen auf das Denken zwangsläufig zu besseren Ergebnissen führt. Es besteht eine verblüffende Konvergenz zwischen der Beharrlichkeit, mit der Heidegger nach dem Krieg dieses Sich-Einlassen auf das Denken einfordert, und der berühmten

Szene aus Becketts *Godot*, die ich bereits im ersten Kapitel erwähnt habe und in der Pozzo Lucky zum Denken bringt.[73]

Pozzo möchte, dass Lucky Estragon und Wladimir unterhalten soll, und so führt Lucky einen Tanz auf. Estragon und Wladimir sind nicht beeindruckt: »ESTRAGON: Nun ja, mein Guter! *Er imitiert die Bewegungen Luckys.* Das kann ich auch. *Er verliert das Gleichgewicht und fällt beinahe hin.* Mit etwas Übung.«[74] Danach denken sie sich Namen für Luckys Tanz aus: »ESTRAGON: Den Tod des armen Schluckers. WLADIMIR: Das Krebsgeschwür der Greise. POZZO: Den Netztanz. Er bildet sich ein, sich in einem Netz verfangen zu haben.«[75] Bei dieser Bemerkung fallen mir all die Räume ohne Aus- und Eingang ein. Dann sagt Wladimir zu Pozzo: »Lassen Sie ihn denken.«[76] Pozzo weiß, dass Lucky nur mit einem Hut auf dem Kopf denken kann. Sie setzen ihm einen Hut auf, Pozzo schreit: »Denke, Schwein!«,[77] und nach einigem Zögern, währenddessen Wladimir, Estragon und Pozzo unter starken Stimmungsschwankungen zwischen angespannter Aufmerksamkeit und lautstarkem Protest zuhören, beginnt Lucky mit seiner Denktirade, die sich ohne Punkt und Komma über drei Seiten erstreckt. Bloße Wörter, ohne zusammenhängende Bedeutung und auch ohne inneren Stoppmechanismus:

»Auf Grund der sich aus den letzten öffentlichen Arbeiten von Poinçon und Wattmann ergebenden Existenz eines persönlichen Gottes kwakwakwakwa mit weißem Bart kwakwa außerhalb von Zeit und Raum der aus der Höhe seiner göttlichen Apathie göttlichen Athambie göttlichen Aphasie uns lieb hat bis auf einige Ausnahmen man weiß nicht warum aber das kommt noch und so wie die göttliche Miranda leidet mit denen die man weiß nicht warum aber man hat ja Zeit in der Folterkammer sind in dem Feuer dessen Feuer dessen Flammen wenn es auch noch ein wenig dauert und wer kann daran zweifeln endlich alles in die Luft sprengen nämlich die Hölle an den Himmel drängen der so blau manchmal noch heute und ruhig so ruhig von einer Ruhe die wenn auch sporadisch nichtsdestoweniger willkommen ist aber greifen wir nicht vor und andererseits in Anbetracht daß im Anschluß an die unvollendeten Forschungen aber greifen wir nicht vor die unvollendeten Forschungen nichtsdestoweniger prämiiert von der Akakakakademie der Anthropopopometrie in Burg am Berg von Tetsu und Conard festgestellt wurde«.[78]

So geht es noch zwei Seiten lang weiter, bis »*Wladimir [...] den Hut Luckys [ergreift]; Lucky schweigt und fällt hin. Große Stille.*«[79]

Der französische Rundfunk setzte 1947 einen ähnlichen Denkprozess frei, als er ein Stück bei Antonin Artaud in Auftrag gab, der kurz zuvor noch Insasse in diversen psychiatrischen Anstalten gewesen war. Was Artaud ablieferte, sollte Anfang Februar 1948 unter dem Titel *Pour en finir avec le jugement de dieu* (*Schluss mit dem Gottesgericht*) gesendet werden – doch die Sendung wurde im letzten Moment abgesetzt und zu Artauds großer Enttäuschung und gegen seinen Protest in den wenigen Wochen, die er noch zu leben hatte, nicht ausgestrahlt. Zensiert wurde der Text aufgrund seiner Obszönität und seines zügellosen Antiamerikanismus – was sicherlich eine nachvollziehbare Entscheidung war. Und dennoch ist die Kennzeichnung als »antiamerikanisch« eine inhaltliche Zuschreibung, die Artauds Stück wahrscheinlich nicht gerecht wird. Wie bei Luckys Tirade handelt es sich um Wörter-als-Denken, um freigesetztes und als Tanz aufgeführtes Denken nach der Choreografie einer alten mexikanischen Religion, um nie endende Worte und Gedanken, die um eine Vorstellung von »Sperma« kreisen:

»ich habe gestern
von einer der sensationellsten offiziellen Praktiken

der amerikanischen Schulen gehört,
die ohne Zweifel dazu beitragen, daß sich dieses Land an der Spitze des Fortschritts glaubt.
Es scheint so, als fände unter den Examen oder Prüfungen, denen man ein Kind unterzieht, das zum ersten Mal in eine Schule kommt, die Prüfung der sogenannten Samenflüssigkeit oder des Spermas statt,
die darin besteht, das neu ankommende Kind um etwas von seinem Sperma zu bitten, um es einzuwecken und so für sämtliche Versuche der künstlichen Befruchtung bereitzuhalten, die danach stattfinden könnten.
Denn die Amerikaner sind immer mehr der Ansicht, daß ihnen Hände und Kinder fehlen [...].
[Man] braucht [...] Soldaten, Armeen, Flugzeuge, Panzerkreuzer, daher dieses Sperma,
woran zu denken die Regierungen Amerikas scheinbar die Frechheit gehabt hätten.
Denn wir haben mehr als einen Feind
und der uns auflauert, mein Sohn,
uns, den geborenen Kapitalisten,
und unter diesen Feinden
das Rußland Stalins,
dem es auch nicht an bewaffneten Armen gebricht.
All das ist sehr gut,
aber ich kannte die Amerikaner nicht als ein so kriegerisches Volk.«[80]

Heidegger, der für das Denken als ein Sich-Einlassen eintritt, wie auch Lucky und Artaud, die Denken als ein Loslassen von Worten praktizieren, leben in Situationen der Beengtheit. Es dauerte einige Zeit, bis Heidegger nach 1945 wieder an der Freiburger Universität lehren durfte; Lucky steht unter dem Kommando seines sadistischen und abhängigen Herren Pozzo; und Artaud lebte hinter den verschlossenen Türen mehrerer staatlicher Anstalten. Es scheint, als sei die Einschränkung eine notwendige Voraussetzung, um das Denken von der Kontrolle des Bewusstseins zu befreien, als ob es dem Denken aus solchen Situationen der Beengtheit heraus gelungen wäre, aus jenem typischen Versinken ins Schweigen, wie es Walther Funk bei den Nürnberger Prozessen verkörpert hatte, zurückzuschnellen.

Das augenscheinliche Problem des freigesetzten Denkens ist, dass der Fluss der Gedanken und Wörter ohne eine handelnde Instanz möglicherweise keine Form findet. Genau dies ist, glaube ich, die latente Sorge, der Hannah Arendt mit der Idee der »Vita activa« begegnet:

»Das Denken schließlich (das wir außer Betracht gelassen haben, weil die gesamte Überlieferung, inclusive der Neuzeit, es niemals als eine Tätigkeit der Vita activa verstanden hat) hat, so möchte man hoffen, von der neuzeitlichen Entwicklung noch am wenigsten Schaden genommen. Es ist möglich und sicher auch wirklich, wo immer Menschen unter den Bedingungen politischer Freiheit leben. [...] Denn hätten wir die verschiedenen Tätigkeiten der Vita activa lediglich von der Frage her betrachtet, welche von ihnen die ›tätigste‹ ist und in welcher sich die Erfahrung des Tätigseins am reinsten ausspricht, dann hätte sich vermutlich ergeben, daß das reine Denken alle Tätigkeiten an schierem Tätigsein übertrifft. Diejenigen, die sich in der Erfahrung des Denkens auskennen, werden schwerlich umhinkönnen, dem Ausspruch Catos zuzustimmen – numquam se plus agere quam nihil cum ageret, numquam minus solum esse quam cum solus esset, was übersetzt etwa heißt: ›Niemals ist man tätiger, als wenn man dem äußeren Anschein nach nichts tut, niemals ist man weniger allein, als wenn man in der Einsamkeit mit sich allein ist.‹«[81]

Dies sind die letzten Sätze in Arendts 1957 veröffentlichtem Buch. Das Denken, über das sie schreibt, ist – wieder – ein Denken, das einem selbsttransparenten Subjekt zugehört und von diesem geformt wird. Es ist auch eher ein Ideal, an dem Arendt festhält – und keine empirische Wirklichkeit ihrer Zeit.

5
Entgleisungen und Behälter

Aus heutiger Sicht scheint Josef Stalins Entscheidung vom 24. Juni 1948, als Vergeltungsmaßnahme für die Einführung einer neuen Währung in den drei Westzonen am 20. Juni den Verkehr und die Versorgung auf Straßen und Schienen durch die sowjetisch besetzte Zone nach Berlin vollständig zu blockieren, den Beginn der deutschen Teilung zu markieren, die bis 1989 Bestand hatte. So drastisch, wie sie ausfiel, war die Maßnahme allerdings gar nicht gedacht gewesen. Im Gegenteil, angesichts dessen, was sie wahrscheinlich bezwecken sollte, stellte ihre Wirkung eine Entgleisung von der kommunistischen Strategie der Frühphase des Kalten Krieges dar.

Denn während in den Monaten zuvor die drei Westalliierten sowie einige andere Länder Mittel- und Westeuropas schon begonnen hatten, über die Möglichkeit eines eigenen westdeutschen Staates nachzudenken, schien die Sowjetunion an der ideologischen Prämisse einer andauernden proletarischen Revolution festzuhalten, nach der die Umwandlung ganz Deutschlands zu einer sozialistischen Nation seit den Zeiten Lenins als beschlossene Sache galt. Erst am 15. August 1948 stellte Stalins Regierung eine Aufhebung der Berlin-Blockade in Aussicht; der Preis dafür sollte die Einführung einer gemeinsamen Währung und vor allem die Aufgabe aller Pläne zur Gründung eines westdeutschen Staates sein. Zu Verhandlungen über eine gemeinsame wirtschaftliche Basis wären die Vereinigten Staaten, Großbritannien und Frankreich noch durchaus bereit gewesen, dagegen war die Idee einer separaten politischen Struktur schon zu einem Projekt geworden, zu dem es keine Alternative mehr gab. Nach anfänglichem Zögern seitens der US-Regierung erwiesen sich die drei von der amerikanischen und britischen Luftwaffe unter Leitung von General Lucius D. Clay errichteten Luftbrücken zwischen Westdeutschland und Berlin bald als so effizient, dass die Bedrohung einer Annektierung der Westsektoren Berlins durch die Sowjetunion ihren Wert als politische Trumpfkarte verlor. Statt die Möglichkeit eines vereinten sozialistischen deutschen Staates offenzuhalten, sorgte das Gefühl der Stärke, das die Westalliierten während der Berlin-Blockade erfahren hatten, dafür, dass sie diese Möglichkeit ein für allemal zunichtemachten. Genau das hatte Stalin zu vermeiden versucht.

In den ehemaligen britischen Kolonien Palästina, Pakistan und Indien widerfuhr der gegenteiligen politischen Strategie ein ähnliches Schicksal der Entgleisung. Hier war es die Intention der sich zurückziehenden Kolonialmacht, jeglichen religiös motivierten politischen Spannungen und möglichen Bürgerkriegsszenarien dadurch entgegenzuwirken, dass der nationalen Unabhängigkeit eine Aufteilung in einen indischen und einen pakistanischen beziehungsweise einen jüdisch-israelischen und einen muslimisch-palästinensischen Staat vorausgehen sollte. Gerade unter dieser Bedingung der präventiven Teilung nahm jedoch die Intoleranz gegenüber verbleibenden Minderheitengruppen in den vier neuen politischen Systemen aggressivere Züge an als je zuvor. Auf der anderen Seite reagierten die muslimischen Minderheiten in Indien und Israel offenbar sensibler auf den neuen Mehrheitsdruck, als sie es unter weniger diasporischen Bedingungen getan hatten. In beiden Fällen wurde aus der anfänglichen friedensorientierten Strategie der Ursprung möglicher Kriegsszenarien, die bis heute neuralgische Punkte der Weltpolitik geblieben sind.

Die besonders auf Seiten der Linken gemachte Erfahrung, dass ein allzu starres Festhalten an bestimmten politischen Zielen und Plänen leicht zu solchen Situationen der Entgleisung führen kann, lieferte ein Leitmotiv für Giovannino Guareschis Geschichten über die Streitereien (und die heimliche Freundschaft) von *Don Camillo und Peppone*, den katholischen Priester und den kommunistischen Bürgermeister eines norditalienischen Dorfes in der Nachkriegszeit. In einer dieser Geschichten gibt Peppone seinen Parteigenossen und -anhängern die Anweisung, nicht an der jährlichen Prozession teilzunehmen, bei der der Priester das schwere Kruzifix vom Hochaltar der Kirche zum Fluss trägt und die Gläubigen Gott darum bitten, ihre Häuser und Felder vor möglichen Überflutungen zu beschützen – der Grund für Peppones Widerstand ist, dass Don Camillo nicht zulassen will, dass die Kommunisten bei der Prozession ihre rote Fahne tragen. Der Bürgermeister hat außerdem dem religiösen Teil der Bevölkerung sehr deutlich zu verstehen gegeben, dass jeder, der es wagt, sich Don Camillo anzuschließen, mit schlimmen Konsequenzen rechnen muss. Dazu versperren die Kommunisten dem Priester auf seinem einsamen Gang zum Fluss noch den Weg. Don Camillo, der in dieser Situation »gern ein Panzerwagen gewesen« wäre, weigert sich, seinen Marsch zum Fluss zu unterbrechen, und bedroht seine Widersacher mit dem Kruzifix, das er »wie eine Keule« über dem Kopf schwingt. Peppone deutet auf den Gekreuzigten und sagt: »Nicht Ihretwegen, Seinetwegen rühre ich mich von diesem Fleck«,[1] und so folgen der Bürgermeister und der gesamte kommunistische Widerstand des Dorfes dem Priester mit dem Kruzifix zum Fluss, wo sie auch brav »Amen« sagen und das

Kreuzzeichen machen, nachdem Don Camillo sein erwartungsgemäß zweideutiges Gebet gesprochen hat:

»Jesu [...], wenn in diesem Drecknest die Häuser der wenigen anständigen Leute schwimmen könnten wie die Arche Noahs, würde ich zu Dir beten, ein solches Hochwasser kommen zu lassen, daß es den Damm zerstört und den ganzen Ort überschwemmt. Da aber die wenigen anständigen Leute in genau solchen Häusern leben wie alle diese Schädlinge, und weil es nicht gerecht wäre, daß die Guten wegen der Sünden der Bösen von der Art des Bürgermeisters Peppone und seiner ganzen Horde von gottlosen Räubern leiden, bete ich zu Dir, daß Du den Ort vor den Gewässern retten und ihm Glück und Segen erteilen mögest.«[2]

Einige Episoden später besucht der greise Bischof von Don Camillos Diözese das Dorf, um das »Erholungsheim des Volkes« einzuweihen, das der Priester in Konkurrenz zu Peppones »Haus des Volkes« erbaut hat – und natürlich sind beide am gleichen Tag fertig geworden. Wieder einmal hat der Bürgermeister seine Getreuen aufgerufen, die Landstraße zu blockieren, um den katholischen Vormarsch zu stoppen. Dieses Mal spazieren die Genossen in kleinen Gruppen auf der Straße hin und her und tun so, als würden sie sich angeregt unterhalten. Sie haben den Auftrag, »würdevolle Gleichgültigkeit« an den Tag zu legen, wenn der Bischof erscheint, den Peppone bereits von einem Gespräch kennt, in dem er ihn zu überreden versucht hatte, Don Camillos politischen Eifer zu beschwichtigen. Als der offene Wagen des Bischofs die Stadtgrenze erreicht, muss er tatsächlich anhalten, und da der Bischof zu schwach ist, um die Tür zu öffnen, eilt ihm einer von Peppones Leuten, seiner nur oberflächlich unterdrückten katholischen zweiten Natur folgend, zu Hilfe. Dies ist der Anfang einer weiteren Entgleisung, welche in diesem Fall komplexe Folgen hat.

Denn der Bischof kehrt nicht etwa zu seinem Wagen zurück, sondern entscheidet sich plötzlich, den Rest der Strecke zum Dorf zu Fuß zurückzulegen – umringt vom Bürgermeister und seinen Freunden, die sich vergeblich bemühen, ihre »würdevolle Gleichgültigkeit« zu bewahren. Auf ihrem Weg begegnen sie natürlich unweigerlich Don Camillo und dem Empfangskomitee der Gemeinde, welche die Kommunisten mit ihrer Strategie ursprünglich isolieren wollten. Der Priester entschuldigt sich überschwänglich beim Bischof, dessen ganz und gar naive und ebenso ehrliche Erwiderung nur dafür sorgt, dass der Marsch fortgesetzt wird: »›Mache dir nichts daraus‹, antwortete lächelnd der Bischof. ›Nur ich bin schuld, weil ich aussteigen und einen kleinen Spaziergang machen wollte. Wenn die Bischöfe alt werden, werden sie alle ein wenig verrückt.‹«[3] Peppone nutzt natürlich diesen winzigen strategischen Vorteil, der ihm paradoxerweise zuteilwird, und führt den Bischof schnurstracks zum »Haus des Volkes«, das, wie könnte es anders sein, die Bewunderung des senilen Prälaten findet. Auch der Priester ist infolge dieses Wirrwarrs gezwungen, Peppones neues Gemeindehaus zu besichtigen, und »[i]n dieser ganzen Angelegenheit war Don Camillos psychologische Lage sehr sonderbar«.[4] Später kommt der Bischof natürlich doch noch an dessen »Erholungsheim des Volkes« an und weiht es mit den entsprechenden Gebeten. Er erreicht also am Ende das Ziel, das für ihn bestimmt war, aber nur auf Kosten komplexer Verwicklungen. Denn die Entgleisung bekräftigt nicht nur die merkwürdige Sympathie, die Peppone und der Bischof seit ihrer ersten Begegnung füreinander empfinden, sie gibt Don Camillo und später auch Peppone darüber hinaus reichlich Gelegenheit, dem Bischof gegenüber die »Waffenlager« zu erwähnen, die beide für den Fall eines eventuellen Bürgerkriegs in ihren jeweiligen Gebäuden angelegt haben:

»›Schade, Monsignore‹, sagte [Don Camillo] laut, so daß es Peppone gut hören mußte, ›schade, daß Sie Herr Peppone nicht auch sein Waffenlager besichtigen ließ. Es scheint das bestausgestattete in der ganzen Provinz zu sein.‹
Peppone wollte antworten, der Bischof ließ ihn aber nicht.
›Es wird nicht besser ausgestattet sein als deines‹, antwortete lachend der Bischof.«[5]

Der sich nach 1945 langsam zunehmend abzeichnende Kalte Krieg führte nie zu jener lang erwarteten ersten Explosion, die wie ein Funke einen neuen Weltkrieg ausgelöst hätte, der dann endgültig über den Sieg des Kommunismus oder des Kapitalismus entschieden hätte. Vielmehr entwickelte sich der Kalte Krieg zu einem Labyrinth, dessen verschlungene Wege an Punkten endeten, die niemand vorhergesehen hatte, und dessen friedliches Erscheinungsbild sein explosives Potenzial manchmal, wenn auch nur spärlich, überdeckte.

*

Ich kann mich nicht an ein einziges Weihnachten in meiner Kindheit erinnern, das ich nicht mit meinen Eltern im Haus meiner Großeltern verbracht hätte, einer einsam gelegenen, behaglichen ehemaligen Jagdhütte etwas mehr als 300 Kilometer nordwestlich meiner Heimatstadt. Das Haus war umgeben von hohen Bäumen, die während des Winters und besonders zur Weihnachtszeit oft für eine postkartenartig perfekte Umgebung sorgten. Meinem Großvater war es erstaunlicherweise gelungen, meinen Eltern ein Auto zu kaufen, einen nagelneuen beigefarbenen Opel Olympia, der aus irgendwelchen komplizierten verwaltungstechnischen Gründen, die ich natürlich nicht verstand, das Nummernschild der »britisch besetzten Zone« trug, wo die Großeltern wohnten. Wir lebten in der amerikanisch besetzten Zone. Das Nummernschild verlieh dem Auto eine fast schon exotische Aura von Fremdheit. Die Fahrt zur Hütte führte uns durch die Hügel des Spessart, die das US-Militär damals fast ununterbrochen für Manöver nutzte, wie sie in dem Elvis-Presley-Film *G. I. Blues* aus den frühen 1960er Jahren gezeigt werden. Vor allem für diesen Teil der Reise, der durch Schnee und Eis oft gefährlich war, hatten meine Eltern eine Autoheizung angeschafft, und ich war stolz auf meine Aufgabe, die Heckscheibe zumindest teilweise warm und damit durchsichtig für den Fahrer zu halten.

Einmal fuhren wir auf unserer Weihnachtsreise hinter einem VW Käfer her, vor dem ein US-amerikanischer Panzer rollte, als dieser plötzlich nach links abdrehte und dann anfing, sich wie in einem wilden, unwiderstehlichen und immer schneller werdenden Tanz im Kreis zu drehen. Mein Vater erklärte später, dass wahrscheinlich eine der Ketten des Panzers gerissen sein musste. Ich sah, wie der hohe Bug des Panzers den Volkswagen augenblicklich unterhalb der langen Kanone erfasste, seinen vorderen Teil, in dem Fahrer und Beifahrer saßen, zerquetschte, den Wagen mit sich zog und seine Karosserie nach und nach in ein rundes Wrack verwandelte, das nicht mehr wie ein Auto aussah. Wir hatten angehalten und warteten, dass der Tanz des Panzers aufhören würde. Einen Augenblick lang diskutierten meine Eltern, ob sie als Ärzte verpflichtet seien, den Insassen des Volkswagens medizinische Hilfe zu leisten. Doch als der Panzer endlich zum Stillstand gekommen war, stellten sie fest, dass jede Hilfe zu spät käme, und fuhren langsam vorbei, um ihre Reise zum Haus der Großeltern fortzusetzen. Mehrere Tage lang wurde ich von der Vorstellung verfolgt, wie zwei menschliche Leichname mit dieser Fahrzeugmetallkugel verschmolzen waren. Aber wir wollten meinen Großvater nicht warten lassen, der immer peinlich genau den Zeitrahmen unseres frühest- beziehungsweise spätestmöglichen Eintreffens an der Hütte kalkulierte und nur dann zufrieden war, wenn er den Eindruck hatte, dass mein Vater weder zu schnell gefahren noch durch irgendwelche Umstände aufgehalten worden war, die außerhalb seiner Kontrolle lagen. Mein Großvater (und Taufpate) war in dem kleinen Dorf geboren worden, das eine halbe Stunde vom Jagdhaus entfernt lag, und hatte es in der NS-Zeit mit einer Reihe von Lokalen im Rotlichtviertel von Dortmund sowie einer kleinen Fabrik für hochprozentige Spirituosen zu einem ansehnlichen Vermögen gebracht. Was ich sicher weiß, ist, dass er in den letzten Wochen des Krieges zurück aufs Land gezogen war, wohl eher, um dem bevorstehenden »Entnazifizierungsprozess« zu entgehen, als zum Schutz vor den amerikanischen Soldaten, von denen er mit großer Herablassung sprach, weil sie sich nicht wie echte Kriegshelden verhalten, sondern darauf bestanden hätten, sämtliche Zimmer der Hütte zu durchsuchen, »als ob ihnen dort irgendeine Gefahr gedroht hätte«. Bis zu seinem Tod im Jahr 1958 sollten mein Großvater und seine Frau nicht mehr wieder nach Dortmund ziehen. Es gelang ihnen jedoch, mit wöchentlichen Besuchen in der Stadt und dank der Unterstützung eines diabolisch aussehenden Sekretärs namens Molgedey »die Geschäfte« erfolgreich am Laufen zu halten. Der Sekretär redete viel über Materie und davon, dass ein Leben nach dem Tod eine Illusion sei, als ob er seinen Selbstmord ankündigen wollte, der sich lange vor dem Tod meines Großvaters ereignete.

Die Geschäfte gingen sogar so gut, dass mein Großvater sich einen schwarzen Opel Kapitän mit Weißwandreifen und Fahrer leisten konnte, der einen polnischen Namen und eine polizeiähnliche Mütze trug, was wohl seiner Vorstellung von einer korrekten Dienstkleidung entsprach. Jedes Jahr feierten wir Weihnachten in der warmen, behaglichen Hütte, umgeben von der schneebedeckten, romantischen Landschaft, sangen die klassischen Weihnachtslieder und – das mochte ich am liebsten – lauschten Erinnerungen aus der Vergangenheit, die sich für mich entweder entfernt und glorreich oder unmittelbarer und real anfühlten und in denen die US-amerikanischen und britischen Obrigkeiten stets die Rolle natürlicher Antagonisten spielten, an die man durch zahlreiche pragmatische Arrangements gebunden war. In einer besonders faszinierenden Geschichte, die ich nie ganz verstanden habe, ging es um große Glasbehälter mit Alkohol, die irgendwo im Wald versteckt waren. Kurz nach Kriegsende hatte sich mein Großvater sehr zu seinem Bedauern der Notwendigkeit gebeugt und beschlossen, sie zu zerstören, auch wenn er befürchtete, dadurch einen Waldbrand auszulösen.

Diese möglicherweise gefährlichen Glasbehälter kamen mir nach Jahrzehnten zum ersten Mal wieder in den Sinn, als ich Rainer Werner Fassbinders Film *Die Ehe der Maria Braun* sah. Die Titelheldin erwartet wie so viele deutsche Ehefrauen die Rückkehr ihres Mannes Hermann aus dem Krieg, als die Nachricht von seinem (vermeintlichen, wie sich später herausstellen wird) Tod eintrifft. Sie beginnt eine Affäre mit einem schwarzen amerikanischen Soldaten, doch eines Tages kommt der tot geglaubte Ehemann aus der Kriegsgefangenschaft nach Haus. Da er Maria und ihren Liebhaber in flagranti erwischt, kommt es zu einer Prügelei, bei der Maria den amerikanischen Soldaten mit einer Flasche erschlägt. Hermann nimmt die Schuld auf sich und muss ins Gefängnis. Im Zuge des Wiedererstarkens der deutschen Wirtschaft arbeitet Maria einige Jahre hart und erfolgreich, beginnt eine Affäre mit ihrem Chef und erbt nach dessen Tod schließlich seine Luxusvilla. Einen Tag später, am 4. Juli 1954, am Tag des Endspiels der Fußballweltmeisterschaft zwischen Deutschland und Ungarn, steht plötzlich Hermann vor der Tür und besteht darauf, die Rundfunkübertragung der Partie zu verfolgen. In den entscheidenden Minuten vor Spielende will sich Maria am Gasofen in der Küche eine Zigarette anzünden – und verursacht eine Explosion, bei der sie und ihr Mann umkommen.

*

Die Wärme und Geborgenheit eines eigenen Heims waren verständlicherweise essenzielle Bestandteile der Vorstellungswelt der Nachkriegszeit. Zumindest in Deutschland war dieser Wunsch stets mit Gefühlen der Unsicherheit, Unmöglichkeit oder Gefahr verbunden. Der Unteroffizier Beckmann in Borcherts Stück kann nur sarkastisch über den Grog, den Ofen, die Sessel und die Jalousien im Haus seines alten Obersts sprechen: »kein Blut, und wir freuen uns auf das saubere Bett, das wir ja haben, wir beide, Herr Oberst, das im Schlafzimmer schon auf uns wartet, weich, weiß und warm«.[6] Später hat er das Gefühl, dass er gerne mit seinen Eltern in einem Massengrab läge.[7] Gottfried Benn schreibt 1949 ein Gedicht über ein Haus, an das er sich aus früherer Zeit zu erinnern scheint, ein Haus, das möglicherweise nicht mehr bewohnt und von der Gegenwart durch »Schweigen« und »Nacht« getrennt ist:

»Ein breiter Graben aus Schweigen,
eine hohe Mauer aus Nacht
zieht um die Stuben, die Steigen,
wo du gewohnt, gewacht.

In Vor- und Nachgefühlen
hält noch die Strophe sich:
›Auf welchen schwarzen Stühlen
woben die Parzen dich,

aus wo gefüllten Krügen
erströmst du und verrinnst
auf den verzehrten Zügen
ein altes Traumgespinst.‹

Bis sich die Reime schliessen,
die sich der Vers erfand,
und Stein und Graben fliessen
in das weite graue Land.«[8]

Was Sicherheit und Schutz bot, liegt in der Vergangenheit (wo es in Krügen verschlossen war), ist der Alterung unterworfen und verfällt zu »verzehrten Zügen«.

Gleichzeitig kann aber auch kein Dach gebaut werden, welches die Kinder der Gegenwart und Zukunft schützen könnte. Genau dies ist die Furcht und die Klage, die sich durch ein Gedicht der Literaturwissenschaftlerin Lili Sertorius zieht, das im März 1947 in der Zeitschrift *Die Wandlung* veröffentlicht wurde:

»Aber eins will ich bauen: aus Blöcken und Resten
eine Hürde, darin die irrenden Kinder,
die noch schlafen müssen, sich ducken und bergen können,
wenn die Nacht kommt mit ihren einsamen Sternen.

[...]

Heimatlos sein ist die bittere Aussaat des neuen Weizens:
ruhig greift der Sämann das Korn und schleudert im Schwunge
auf den leeren Acker, was er gegriffen.
Heimat aber ist wie das Gras, das sich selber aussät,
immer gleich. [...]

Leer, dem reinen Abendhimmel vergleichbar,
sind die Felder geworden. Sie werden
mühelos zu ihren Zeiten
Sterne tragen, im samtenen Blau der Nächte
lächelnd und funkelnd.«[9]

Hier ist etwas unterbrochen worden, während die Heimat »wie das Gras [ist], das sich selber aussät«, und es kann so lange kein Sicherheit spendendes Dach geben, wie dieses erst noch gebaut werden muss – so wie das Getreide jedes Jahr auf dem Feld ausgesät werden muss. Je stärker das Bedürfnis nach Schutz wird, desto trostloser wird deutlich, dass es unmöglich ist, diesen herzustellen. Diese Sehnsucht kann umschlagen in die ekstatische Illusion, die Substanz der eigenen materiellen Umwelt in sich aufgenommen zu haben – und so durch eine Art Metabolismus innerhalb einer archaischen Kosmologie zu deren Teil geworden zu sein. Leben ist dann einatmen und ausatmen, sich einverleiben und dem Einverleibten eine Form geben – letztlich eine Oszillation zwischen dem, was lebt, und seiner Umgebung. Der Inhalt, das, was eine Form erfüllt, und die Form, welche den Inhalt zusammenhält und schützt, müssen eine Obsession der Nachkriegsjahre gewesen sein.

*

Die »Todesfuge« hat Paul Celan berühmt gemacht und ist bis heute sein bekanntestes Gedicht. Celan entstammte einer deutschsprachigen rumänisch-jüdischen Familie, die fast vollständig in der Vernichtungsmaschinerie NS-Deutschlands ermordet wurde. Die »Todesfuge« wurde zum ersten Mal in Celans Gedichtsammlung *Der Sand aus den Urnen* veröffentlicht, die 1948 in Wien erschien, und anschließend auch in seinen ersten in Deutschland veröffentlichten Lyrikband *Mohn und*

Gedächtnis von 1952 aufgenommen. In den ersten Zeilen geht es um das Trinken der Umwelt, die den Sprecher umgibt:

> »Schwarze Milch der Frühe wir trinken sie abends
> wir trinken sie mittags und morgens wir trinken sie nachts
> wir trinken und trinken«[10]

Es folgen ein Bild und ein Gefühl, mit dem wir mittlerweile vertraut sind, nämlich das Bild des Grabes, eines Raums, der Körper umgibt und schützt, tote Körper, und der sie in sich birgt. Hier handelt es sich jedoch um »ein Grab in den Lüften«, gleichwohl um eines, das »wir schaufeln«: »wir schaufeln ein Grab in den Lüften da liegt man nicht eng«. In dem Bild des »Grabes in den Lüften« steckt möglicherweise auch eine selbstbezügliche Anspielung auf die Metapher des »Luftmenschen«, die in der deutschen Kulturtradition für Juden und deren angeblich »unsteten« Daseinsstatus verwendet wurde.

Der Wunschtraum und das Verlangen, geschützt und doch »nicht eng« zu liegen, ist eine Reaktion auf gefährliche Bewegungen, auf die Bewegungen gefährlicher Tiere, die von einem Mann verursacht werden, »der schreibt wenn es dunkelt nach Deutschland« – Bewegungen, die unkontrollierbar werden. Diese Bewegungen erfassen auch die Juden, die folglich ihr eigenes Grab schaufeln und gleichzeitig »zum Tanz aufspielen« müssen:

> »Ein Mann wohnt im Haus der spielt mit den Schlangen der schreibt
> der schreibt wenn es dunkelt nach Deutschland dein goldenes Haar Margarete
> er schreibt es und tritt vor das Haus und es blitzen die Sterne er pfeift seine Rüden herbei
> er pfeift seine Juden hervor läßt schaufeln ein Grab in der Erde
> er befiehlt uns spielt auf nun zum Tanz«[11]

Celans Text folgt der musikalischen Fugenform, die auf Wiederholung und Variation basiert: Das »Grab in den Lüften«, in dem »man nicht eng« liegt, verbindet den Tod mit dem Wunsch nach Schutz und wird, ebenso wie die Schlangen, mit denen der Mann aus Deutschland spielt, zweimal wiederholt, die »schwarze Milch der Frühe« sogar dreimal. Am Ende kommen Hunde und Schlangen zusammen: Der Mann »hetzt seine Rüden auf uns« und »er schenkt uns ein Grab in der Luft / er spielt mit den Schlangen und träumet der Tod ist ein Meister aus Deutschland«.[12]

Der einzigartige Ernst dieses Gedichts rührt daher, dass die beiden Motive, die in den Nachkriegsjahren so oft Gefühle des Trostes hervorrufen konnten – das Motiv einer metabolischen Verbindung mit der physischen Umwelt und das eines begrenzenden Raumes, der Schutz bietet –, nun zu Motiven des Todes werden, ohne dabei ihre positive Primärbedeutung einzubüßen: Die »Milch der Frühe« ist »schwarz«, und der schützende Raum ist ein Grab, welches die Juden wie in den deutschen Konzentrationslagern selbst schaufeln müssen. Ich kenne keinen Text, in dem die Beziehung zwischen einer Bewegung, die außer Kontrolle zu geraten droht, und der Sehnsucht nach einem schützenden Behälterraum untrennbarer, aber auch zirkulärer und damit hoffnungsloser wäre. Die »Todesfuge« bietet keine Lösung, keine positive Perspektive außer dem Tod – denn, so paradox (und tautologisch) es ist, der Tod ist die einzig mögliche Erlösung und der einzig wirksame Schutz vor dem Mord. Deshalb kann Margaretes goldenes Haar nicht ohne das »aschene Haar« Sulamiths erscheinen. Ist der Tod hier ein Ausweg, der Ausgang aus einer Welt, in der man nichts zurücklassen kann – aber auch ein Ausgang, hinter dem es kein Leben gibt?

Beinahe endlose Variationen des Behälter-Motivs und der dadurch hervorgerufenen verschiedenen Gefühlsnuancen bestimmen den Kern von Paul Celans dichterischem Frühwerk als ein dichtes Netz von Assoziationen und Spannungen – wobei das zugrunde liegende Verhältnis zwischen dem Wunsch nach Behältern und Situationen der Entgleisung (oder von Bewegungen, die außer Kontrolle geraten) stets sichtbar bleibt. Gläser, Becher und Kelche, Flüssigkeitsbehälter also, aus denen man trinken kann, kommen in fast all seinen Texte der späten 1940er und frühen 1950er Jahre vor:

»Der Tisch wogt stundauf und stundab,
der Wind füllt die Becher,
das Meer wälzt die Speise heran:
das schweifende Aug, das gewitternde Ohr,
den Fisch und die Schlange –

Der Tisch wogt nachtaus und nachtein,
und über mir fluten die Fahnen der Völker,
und neben mir rudern die Menschen die Särge an Land,
und unter mir himmelts und sternts wie daheim um Johanni!«[13]

Die Gläser, Becher und Kelche versammeln oft Elemente der uns umgebenden Natur. Sie enthalten Meerwasser, Himmel und Gewitter, und fast immer beschwören sie im textuellen Raum ihrer Verse und Strophen Bilder verschiedenförmiger Behälter herauf, wie jene »Särge«, welche »die Menschen an Land rudern«. Alle diese Behälter können freilich auch zerbrechen und entweichen lassen, was sie angesammelt haben:

»Wer wie du und alle Nelken Blut als Münze braucht und
Tod als Wein,
bläst das Glas für seinen Kelch aus meinen Händen,
färbt es mit dem Wort, das ich nicht sagte, rot,
schlägts in Stücke mit dem Stein der fernen Träne.«[14]

Celans Lieblingsform ist wohl die des Tonkrugs. Im Unterschied zum Becher bewahrt der Krug seine Flüssigkeit in einem Bauch und hat einen Hals, der sie schützt, anstatt sie offen dem Himmel preiszugeben. Mit ihrer anthropomorphen Gestalt gehören die Krüge der Sphäre der Menschen und Götter an, manchmal als Gegenstände, manchmal als Gefährten:

»An den langen Tischen der Zeit
zechen die Krüge Gottes.
Sie trinken die Augen der Sehenden leer und die Augen der Blinden,
die Herzen der waltenden Schatten,
die hohle Wange des Abends.
Sie sind die gewaltigsten Zecher:
sie führen das Leere zum Mund wie das Volle
und schäumen nicht über wie du oder ich.«[15]

Krüge können Augen trinken. Es sind gleichwohl schwere Behälter, die auch zerbrechen können.[16] Krüge sammeln, schützen und bieten dem menschlichen Mund die Elemente der materiellen Welt dar, und dennoch scheinen sie selbst zum Leben zu erwachen. Sind sie lebendig, stehen sie häufig unter dem Segen von Göttern oder Menschen, und das menschliche Auge kann ihnen begegnen.[17]

Während Krüge in Celans Gedichten häufig lebendig werden, gehören Muscheln und Schalen der materiellen Welt an, der Welt der Korallen,[18] Perlen, Kieselsteine und des Mondes. Sie geben die harte Materie, die sie enthalten, niemals her. Doch selbst reich mit Flüssigkeit und Gewebe gefüllte Behälter, wie Trauben, Nüsse oder Pusteln, geben selten etwas her. Sie bleiben unerlöst. Eine Ausnahme bildet »Corona«, eines der bekannteren frühen Gedichte Celans, wo die Zeit für einen Augenblick »aus den Nüssen« geschält wird – dann aber sogleich wieder dorthin zurückkehrt:

»Aus der Hand frißt der Herbst mir sein Blatt: wir sind Freunde.
Wir schälen die Zeit aus den Nüssen und lehren sie gehn:
die Zeit kehrt zurück in die Schale.«[19]

Behälter sammeln und verdichten die natürliche Welt, doch sie machen den Menschen das Gesammelte nicht ohne weiteres zugänglich. Besonders hohle Behälter, wie die Zelte, die wir aus den Erzählungen der Thora kennen, oder auch Gräber und Särge, Festungen und Gefängnisse, bieten einerseits Schutz, verwehren aber andererseits den freien Ausgang und werden in der Verweigerung dieser Freiheit zu Zeichen für die Nähe des Todes:

»Setze den Fuß in die Mulde, spanne das Zelt:
sie, die Schwester, folgt dir dahin,
und der Tod, aus der Lidspalte tretend,
bricht zum Willkomm euch das Brot,
langt nach dem Becher wie ihr.

Und ihr würzt ihm den Wein.«[20]

In den Texten aber, in denen die Behälter nicht den Ausgang versperren oder den Zugang zu ihrem Inneren verweigern, sind sie häufig mit den Gefäßen lebender Organismen verbunden; so stehen sie vor allem in Verbindung mit Mündern, manchmal auch mit Händen, und diese Münder und Hände verwandeln sich dann in Knospen und Blumen, Schöße, Lust und Herzschlag:

»Wir tranken mit gierigen Mündern:
es schmeckte wie Galle,
doch schäumt' es wie Wein –
Ich folgte dem Strahl deiner Augen,
und die Zunge lallte uns Süße …
(So lallt sie, so lallt sie noch immer.)

Stille! Der Dorn dringt dir tiefer ins Herz:
er steht im Bund mit der Rose.«[21]

In Paul Celans Welt der Worte und Bilder ist nichts, nicht einmal die metabolische Verbindung von Welt und Leben, jemals frei von Unsicherheit, Risiko und Bedrohung. So wie ein Krug zerbrechen kann, kann ein Mund sich zu Eis und Stein verhärten.[22] In seltenen Fällen können Behälter zu Worten und Namen werden und so heraufbeschwören, wofür sie stehen.

Wie sollen wir diese poetische Welt und ihre Metaphorik nun verstehen? Aus den vielfältigen, sich oftmals überlappenden Elementen, aus denen sie besteht, lässt sich sicherlich keine zusammenhängende Doktrin oder irgendetwas, das man als »System« bezeichnen könnte, herauslesen. Man fühlt sich bei der Lektüre von Celans frühen Texten vielmehr einem Kraftfeld ausgesetzt. Die bestimmende Präsenz des Behälter-Motivs verspricht Schutz und die Fülle des materiellen Lebens, die dem menschlichen Dasein Halt geben kann, gleichzeitig drohen unkontrollierbare Kräfte und Bewegungen permanent, das Leben zum Entgleisen zu bringen. Im besten – allerdings sehr seltenen – Fall erscheinen Behälter als die nährende Seite lebensspendender Metabolismen. Andererseits können sie uns auch enttäuschen, indem sie zerbrechen oder unserem Verlangen nach Substanz Einhalt gebieten, so dass wir in Bitterkeit, Versteinerung und Tod enden. Der Tod schließlich kann sich als der einzige Ausweg erweisen, um uns von Gefahren, Schmerzen und Qualen zu erlösen. In diesem Kraftfeld ist nichts unzweideutig. Wer sein Herz aus der Brust reißt, wird leben; es gibt keine Freude, die nicht mit Schmerz oder Furcht verknüpft wäre: In diesem Kosmos des Verlangens, der Substanz und der angespannten Beziehungen zwischen den Dingen, welche die materielle Welt sammeln und enthalten, schlägt kein Herz ohne die Gefahr des Todes:

»Wer sein Herz aus der Brust reißt zur Nacht, der langt nach der Rose.
Sein ist ihr Blatt und ihr Dorn,
ihm legt sie das Licht auf den Teller,
ihm füllt sie die Gläser mit Hauch,
ihm rauschen die Schatten der Liebe.

Wer sein Herz aus der Brust reißt zur Nacht und schleudert es hoch:
der trifft nicht fehl,
der steinigt den Stein,
dem läutet das Blut aus der Uhr,
dem schlägt seine Stunde die Zeit aus der Hand:
er darf spielen mit schöneren Bällen
und reden von dir und von mir.«[23]

*

Die frühen Gedichte Paul Celans haben verblüffende Ähnlichkeit mit denen, die der damals als bedeutendster Lyriker Brasiliens geltende João Cabral de Melo Neto in der Mitte des 20. Jahrhunderts verfasste. Liest man die Texte synoptisch, bekommt man den Eindruck, als spielten João Cabral und Celan verschiedene (aber irgendwie zusammenhängende) Spiele mit den gleichen Karten. Muscheln als Behälter sind auch in João Cabrals Texten ein häufiges Bild, allerdings evozieren sie hier Leichen und vor allem Worte:

»Ich trete aus meinem Gedicht
wie jemand der sich die Hände wäscht.

Manche Muscheln, kristallisiert
von der Sonne der Aufmerksamkeit,
verwirklichten sich, manches Wort
das ich lüftete wie einen Vogel.

Vielleicht erinnert eine jener Muscheln
(oder einer der Vögel) mit ihrer Wölbung

an den Leib der erloschenen
Geste welche die Luft schon füllte.

Vielleicht wie das leere
Hemd das ich auszog.

[...]

Nicht die Form gefunden
wie eine Muschel, verloren
im schlaffen Sandboden
wie in Haaren,

nicht die Form erlangt
im heiligen oder seltenen Wurf
Schuß in die gläsernen Sternbilder
des Unsichtbaren,

sondern die Form erzielt
wie das Ende des Knäuels
den die Aufmerksamkeit
langsam entrollt,

Spinne; wie das äußerste Ende
dieses schwachen Fadens
der immer wieder reißt
vom Gewicht der riesigen Hände.«[24]

Gedichte als Behälter können explodieren, sie können den Zement sprengen und selbst den weißen Faden zerreißen, aus dem sie bestehen:

»Das Gedicht mit seinen Pferden
will deine helle Zeit
sprengen; zerreißen
ihren weißen Faden, ihren
stummen frischen Zement.«[25]

Wenn Muscheln, Leichen, Fäden und Haare die Karten in João Cabrals Gedichten sind, dann sind Kristallisation und Explosion ihre Spiele.

In einem anderen Spiel geht es um Leichen und die Frage, ob sie in ihre Gräber passen. Gespielt wird es in zwei Gedichten über Friedhöfe in der nordbrasilianischen Provinz Pernambuco, in der João Cabral geboren wurde. Wogend ist der Boden für die Gräber der Zuckerrohrplantagenarbeiter, wogend wie der Boden eines Meeresfriedhofs, und ihre Kreuze »sind weniger Kreuze als Masten / von Segelflößen in Seenot«.[26] Doch wer sein ganzes Leben lang in Hängematten geschlafen hat, wird nicht »bekleidet mit einem Sarg« beerdigt. Er ruht auf dem Boden:

> »Keiner der Toten von hier
> kommt bekleidet mit einem Sarg.
> Daher werden sie nicht begraben,
> sie werden im Boden verscharrt.
>
> Sie kommen in Hängematten der Veranden,
> ausgesetzt Regen und Sonne.
> Bringen ihre eigenen Mücken.
> Wie ein Handschuh paßt ihnen der Boden.
>
> Tot wie sie an der frischen Luft waren
> sind sie es heute in der frischen Erde
> und gehören schon so sehr zur Erde
> daß sie ihren Einbruch nicht spürt.«[27]

Vom sozialen (oder sogar »politischen«) Standpunkt aus kann man diese Zeilen als Anschuldigung oder Klage über das Schicksal lesen, das die Ärmsten zu erleiden haben. Und doch geht es in João Cabrals Gedichten eher um die existenzielle Herausforderung, einen Ort innerhalb der materiellen Welt zu finden, als um soziale Gerechtigkeit. Nicht begraben zu sein, sondern im

Boden verscharrt, der ihnen wie ein Handschuh passt, kann durchaus ein Privileg sein.

Da der Boden und die Landschaft, zu der er gehört, lebende wie tote Körper beheimaten, wird die Landschaft lebendig, sie ist ein mit Körpern gefüllter Behälter:

> »Glatt wie der Bauch
> einer trächtigen Hündin
> wächst der Fluß
> und bricht nie aus.
> Der Fluß kommt
> flüssig und wirbellos nieder
> wie eine Hündin.
>
> Nie sah ich ihn schäumen
> (wie gärender
> Brotteig schäumt).
> Schweigend
> trägt der Fluß, schwanger von schwarzer Erde,
> seine arme Fruchtbarkeit.
>
> Schweigend gibt er sich:
> in Schichten aus schwarzer Erde,
> in Stiefeln oder Handschuhen aus schwarzer Erde
> für den Fuß oder die Hand
> die eintaucht.«[28]

Entstehen Pflanzen aus ihrer metabolischen Beziehung zur Erde, so sind Worte und Texte Minerale, anorganische Formen, die aus den Strukturen geerntet werden, welche die Dinge im Raum zusammenbringen:

> »Minerale sind
> die Zeile des Horizonts,
> unsere Namen, die aus
> Wörtern geschaffenen Dinge.

Mineral endlich
ist jedes Buch:
denn Mineral ist das
geschriebene Wort, die kalte Natur

des geschriebenen Worts.«[29]

Die Trockenheit, welche in João Cabrals Spiel der Boden für Worte und Texte als Formen ist, wird zur Bedrohung für das organische Leben, wenn sie zur Trockenheit der Wüste wird. Dann wird sie zur Lebensgefahr und zu einem Äquivalent der Bedrohung durch unkontrollierbare Bewegungen in Paul Celans Welt:

»(Der Baum destilliert
die Erde, Tropfen für Tropfen.)
Die Erde fällt vollständig,
Frucht!

(Während in der Ordnung
eines anderen Obstgartens
die Aufmerksamkeit
reife Wörter destilliert.)

Die Wüste bebauen
wie die Kehrseite eines Obstgartens:

dann, destilliert
nichts mehr; verdampft;
wo ein Apfel war
bleibt nurmehr Hunger;

wo ein Wort war
(gezähmte Fohlen oder Stiere)
bleibt nurmehr die strenge
Form der Leere.«[30]

In Celans poetischem Spiel war es vor allem die Fülle der Behälter, die das Verlangen weckte. In João Cabrals Spiel ist dagegen die Leere der wichtigere Aspekt, die Leere als strenge Form ohne Worte, als Wüste, welche das Leben verdursten und verhungern lässt. Eine solche Leere ist jedoch immer eine strenge, vielleicht sogar eine produktive Form und nicht einfach nichts.

*

Ernst Robert Curtius, Deutschlands damals bedeutendster Romanist und Professor an der Universität Bonn, veröffentlichte 1948 sein monumentales Standardwerk *Europäische Literatur und lateinisches Mittelalter.* Das Buch präsentierte ein Repertoire literarischer Motive und rhetorischer Formen, die das klassische Altertum mit der europäischen Moderne verbanden, als ausgedehnte geistige Landschaft, deren substanzielle Bedeutung seit langem unterschätzt, wenn nicht gar übersehen wurde, und sollte ein Gegenmittel gegen die drohende Gefahr eines kulturellen und historischen Bruchs darstellen. Obwohl er vor diesem Werk bereits eine unverhohlenere Polemik mit dem Titel *Deutscher Geist in Gefahr* verfasst hatte, die 1932, ein Jahr vor der Machtübernahme der Nationalsozialisten erschien, und obwohl Curtius zu den wenigen Intellektuellen in Deutschland gehörte, die es schafften, zwischen 1933 und 1945 Distanz zum NS-Regime zu wahren und die Zeit größtenteils unbehelligt zu überstehen, bestand für die Leser von *Europäische Literatur und lateinisches Mittelalter* doch nie ein Zweifel daran, dass der drohende Bruch, der den Anlass des Buches bildete, vor allem eine Auswirkung der Nazizeit war. Dennoch bleibt diese Zeit selbst in Curtius' ausführlichem und hochphilosophischem Eröffnungskapitel vollkommen unerwähnt. Diskontinuität als Bezugshorizont durchdringt jeden einzelnen Satz – aber das

Wort taucht nicht auf. Der Autor diskutiert vielmehr eine Reihe größtenteils in den Jahren nach dem Ersten Weltkrieg erschienener theoretischer Arbeiten, die sich mit einem neuen Verhältnis von Vergangenheit und Gegenwart beschäftigen und deren Konvergenzpunkt in der Prämisse besteht, dass der Lauf der Geschichte zurückgesetzt werden müsse: »Der erste Weltkrieg hatte die Krisis der europäischen Kultur offenbar gemacht. Wie entstehen, wachsen, verfallen Kulturen und die sie tragenden Geschichtskörper? Nur eine exakt vorgehende, vergleichende Morphologie der Kulturen kann hoffen, diese Frage zu beantworten.«[31] Das ist die Bestimmung, die Curtius seinem Buch gab, welches wir heute als Zeugnis sowohl des intellektuellen Klimas im Deutschland der Nachkriegszeit als auch der Gelehrsamkeit anerkennen – trotz seiner kaum vorhandenen Distanz zur eigenen historischen Gegenwart. Das Buch atmet den Geist der eigenen Zeit, doch letzten Endes macht Curtius keine Aussage darüber, in welche Richtung die Zeit gehen soll.

Der junge italienische Dichter und spätere Filmregisseur Pier Paolo Pasolini dagegen war besessen davon, der politischen, gesellschaftlichen und wirtschaftlichen Realität seines Landes und sogar seines eigenen Lebens ausdrücklich, um nicht zu sagen akribisch, die oft sehr speziellen Versprechen der marxistischen Philosophie entgegenzuhalten. Um das Jahr 1950, Pasolini war Ende 20, wurde die Spannung zwischen dem, was er für ein existenzielles Versprechen hielt, und einer plötzlich aufbrandenden inneren Unruhe, die sowohl das Risiko als auch die Hoffnung auf eine existenzielle Entgleisung zu umfassen schien, zum beherrschenden Thema seiner Dichtung. Die dort vorgenommenen Beschreibungen dieser existenziellen Situation beinhalten immer auch die allegorische Konnotation des historischen Augenblicks Italiens:

»Sono felice: fanciullo premiato,
convalescente dormente tra viole,
gioco dimenticato, rischio dimenticato,
ferita che sanguina e che non duole,

amore di compagni affettuosi,
sono felice, sono un bel contadino
che muore ardente tra orti odorosi,
rosa straziata dal fresco mattino,

piuma tra le labbra di un ebbro vento,
come sono felice, in cuore sento
il pazzo volo di un'ape regina,

sono un giardino bianco di pietà …
Dio perduto nell'infelicità,
questo dolce delirio t'indovina?«[32]

Eine biografische Lesart hätte allen Grund, den Inhalt dieser Strophen mit Pasolinis bekanntermaßen unwiderstehlichem Begehren nach jungen, vorzugsweise am Rande der Gesellschaft lebenden Männern und mit einem Verbrechens- oder sogar Gewaltpotenzial in Verbindung zu bringen, mit einem Charakterzug, der selbst für einige seiner besten Freunde bis zu Pasolinis gewaltsamem Tod im November 1975 eine Provokation darstellen sollte. Für ein Verständnis der Nachkriegswelt ist es aber vielleicht noch bedeutender zu erkennen, wie jener »gesegnete Knabe« auf der einen Seite in der bukolischen Umgebung der Natur keinen Ort findet, an dem er sich wohlfühlt, während ihn auf der anderen Seite die gefährliche Bewegung der in seinem Körper befindlichen Bienenkönigin so sehr bestimmt, dass er versucht ist, in diesem »sanften Delirium« einen »Gott« zu sehen. Seine physische Präsenz ist dagegen leicht, er ist nur eine »Feder zwischen den Lippen eines trunkenen Windes«, und es gibt nichts, woran er sich in der ihn umgebenden Welt festhalten könnte.

In ganz ähnlicher Weise beschreibt Pasolini einige Jahre später in einem langen Gedicht, welches aus einer Sammlung von Texten stammt, die dem marxistischen Denker und Widerstandskämpfer Antonio Gramsci gewidmet sind, die Situation des italienischen Volkes – und »Volk« heißt bei ihm immer »Proletariat«. Die Proletarier wissen, dass die Welt jener Jahre nicht die ist, welche ihnen in den Ideen und Diskursen der »Moderne« versprochen wurde. Insofern können sie nicht getäuscht werden. Aber muss man, da man in Pasolinis autobiografischen Gedichten nichts Tröstliches finden kann, nicht auch sagen, dass die Proletarier ihren Weg, in der Geschichte zu sein und an ihr teilzuhaben, nicht gefunden haben? Pasolinis Antwort ist bemerkenswert, denn sie ist weit von jeder vorgezeichneten intellektuellen Linie entfernt:

> »Plötzlich schreitet das Jahr neunzehnhundert-
> zweiundfünfzig über Italien:
> nur das Volk fühlt es richtig, das nie
> der Zeit war enthoben, nicht geblendet wird
> von der Moderne, obgleich es doch selbst
> am modernsten bleibt, das Volk, verstreut
> in Vorstadt und Viertel, mit neuer
> nachwachsender Jugend – neu zum alten Lied –
> einfältig wiederholend, was war.«[33]

Eine Moderne, die an den Bedürfnissen des Volkes vorbeigeht und ihnen nicht dient, hat, so scheinen diese Zeilen nahezulegen, kein Recht, sich als legitime Orientierungslinie darzustellen, die in eine bessere Zukunft führt. Die entgleiste Moderne lässt das Proletariat stagnierend erscheinen, »obgleich« nur das Volk »nie der Zeit war enthoben« und »selbst am modernsten bleibt«. Keine Überlegungen oder Programme, sondern nur die Unmittelbarkeit und die Präsenz des Lebens haben das Recht, sich »Geschichte« zu nennen:

> »Ach wir, die wir in einer Generation
> jede der Generationen erleben, die hier,
> auf heute gedemütigtem Boden, gelebt hat,
> haben nicht wirkliche Kenntnis vom Volk, das nur
> vom Hörensagen teilhat an der Geschichte
> und sie magisch erlebt;
> das rein lebt, nicht über die Erinnerung
> der Generation hinaus, in der die Präsenz
> des Lebens aufgeht im eignen dringlichen Leben.«[34]

Für Pasolini kann es hier keine philosophische Lösung geben, wahres Leben heißt Leben in der Präsenz und im Präsens, und »in der Geschichte zu sein« kann nur bedeuten, aufmerksam zu sein und diesem Leben zu Diensten zu sein. Was zählt, ist allein die unausweichliche und gegenwärtige Konkretheit des Lebens. Diese Erfahrung einer brutalen Direktheit des Lebens, welches die Geschichte ist, kehrt in einem späteren autobiografischen Gedicht wieder, welches Pasolini 1960 verfasste. Auch dieser Text scheint auf sein sexuelles Begehren anzuspielen. Er fühlt sich nicht mehr durch den Schoß der Mutter oder die Blütenblätter der Rose beschützt; er ist im Freien, und diese Erfahrung ist ebenso brutal wie richtig:

> »Niente avrebbe potuto, una volta, vincermi.
> Ero chiuso nella mia vita come nel ventre
> materno, in quest' ardente
> odore di umile rosa bagnata.
> Ma lottavo per uscirne [...]
>
> La lotta è terminata
> con la vittoria. La mia esistenza privata
> non è più racchiusa tra i petali d'una rosa [...]

È pubblica. Ma anche il mondo che m'era ignoto
mi si è accostato , familiare,
si è fatto conoscere, e, a poco a poco,
mi si è imposto, necessario, brutale.«[35]

Pasolini gehört zu einer Generation herausragender – insbesondere europäischer – Intellektueller, die in den Jahren der faschistischen Unterdrückung und im Verlangen nach einem Neuanfang unmittelbar nach dem Krieg zunächst der marxistischen Philosophie und der kommunistischen Politik anhingen, danach aber in zunehmendem Maße von der Starrheit enttäuscht waren, mit der die meisten linken Parteien den »Gang der Geschichte« interpretierten und »korrigierten«, sobald er die offiziellen Vorhersagen nicht bestätigte. Doch nur wenige der Vielzahl enttäuschter linker Intellektueller der Nachkriegszeit waren, wie Pasolini, weder bereit, sich der Starrheit der Parteien zu beugen, noch endgültig mit dem Kommunismus zu brechen.

Andere verhielten sich unter dem Druck der Starrheit und in ähnlichen Situationen der Entgleisung weitaus opportunistischer – und auch flexibler. Einer der fügsameren Intellektuellen jener Zeit war Bertolt Brecht, der als Reaktion auf den Aufstand des 17. Juni 1953 zunächst noch ein sarkastisches Gedicht verfasst und darin eine offizielle Erklärung der SED zitiert hatte, in der es hieß, »daß das Volk / Das Vertrauen der Regierung verscherzt habe«[36] – worauf Brecht die ironische Frage stellte, ob es in einem solchen Fall nicht besser wäre, wenn die Regierung das Volk auflösen und ein anderes wählen würde. Ein anderer Text, der dann auch von der Regierung veröffentlicht wurde, schlug freilich einen ganz anderen Ton an:

»Ich habe am Morgen des 17. Juni, als es klar wurde, daß die Demonstrationen der Arbeiter zu kriegerischen Zwecken mißbraucht wurden, meine Verbundenheit mit der Sozialistischen Einheitspartei Deutschlands ausgedrückt. Ich hoffe jetzt, daß die Provokateure isoliert und ihre Verbindungsnetze zerstört werden, die Arbeiter aber, die in berechtigter Unzufriedenheit demonstriert haben, nicht mit den Provokateuren auf eine Stufe gestellt werden.«[37]

Noch blauäugiger war der sowjetische Schriftsteller Juri Trifonow, der in einem auf den 20. Oktober 1952 datierten Vorwort zu seinem preisgekrönten Roman *Studenten* sogar so weit ging, sich für die negativen Charaktere in seiner Erzählung zu entschuldigen. Da er offenbar nicht zu dem Eingeständnis bereit ist, dass die Geschichte auch von ihrem prognostizierten Verlauf abweichen könnte, ordnet er diese Charaktere einer Vergangenheit zu, die hinter einer neuen Gegenwart verschwinden sollte:

»Und ich stellte fest, dass ich nicht nur über [...] ›positive‹ Charaktere unserer Zeit schreiben musste, sondern über Menschen [...], deren Einstellungen ein schädlicher Überrest aus einer früheren Periode sind. Zum Glück sind solche Menschen unter unseren heutigen Studenten kaum noch anzutreffen, aber wir sind verpflichtet, auf sie hinzuweisen, um sie zurechtzuweisen und sie mitzunehmen in die strahlende Zukunft, wenn der Kommunismus erreicht sein wird.«[38]

Solche Spuren eines zwanghaft positiven Denkens, einer anderen Art von »politischer Korrektheit« avant la lettre rufen bei mir unweigerlich Erinnerungen an meine Zeit als Mitglied des Sozialistischen Deutschen Studentenbundes (SDS) Ende der 1960er Jahre hervor. Auch wir taten damals so, als könne kein Zweifel an unserer Gewissheit rütteln, welchen Weg die Geschichte letztlich einschlagen müsse und werde. Aber hat irgendjemand von uns jemals wirklich geglaubt, was wir da sagten? Nach meiner Erinnerung handelte es sich um einen perfekten (und daher recht banalen) Zustand der Unwahrhaftigkeit. Ich war mir eigentlich immer einer gewissen Skepsis bewusst, die meine Worte der Gewissheit trübte. Gleichzeitig war es aber auch eine ermutigende Erfahrung, die Gewissheiten – oder das Schweigen – der älteren Generation durch das, was wir so sicher glauben wollten, in Frage zu stellen. Vor diesem Hintergrund und aus Bewunderung für seine provokanten Überlegenheitsgesten hatten viele von uns Bertolt Brecht zu ihrem Lieblingsautor und Helden erkoren.

*

Das Leben des angehenden Arztes Pedro aus dem Roman von Luis Martín-Santos im Madrid der späten 1940er Jahre stellt sich weitaus komplizierter dar. Bei dem ersten seiner zahlreichen Spaziergänge durch die spanische Hauptstadt erscheint ihm diese im wahrsten Sinne des Wortes wie ein perfekter Behälter:

»[Sie] strahlt durch den Glanz der Sonne und den hellen Schein der Ordnung, die so anmutig und harmonisch im Gleichgewicht gehalten wird, daß die Zahl der Rechtsbrecher laut glaubwürdigster Statistiken prozentual ständig abnimmt, daß der Mensch nie verlorengeht, denn dazu ist die Stadt ja da (daß der Mensch nie verlorengeht), daß der Mensch zwar leiden oder sterben, sich jedoch in dieser Stadt nie verlieren kann, da jeder ihrer Winkel eine perfektionierte Sammelstelle für Verlorene ist und der Mensch folglich nicht verlorengehen kann, auch wenn er es möchte, weil tausend, zehntausend, hunderttausend Augenpaare ihn sichten und einordnen, ihn erkennen und umarmen, ihn identifizieren und retten, ihm ermöglichen, sich selbst zu finden, wenn er sich an seinem natürlichen Ort am verlorensten glaubte.«[39]

Und dennoch entgleist Pedros Leben, wie wir gesehen haben. Nach dem gescheiterten Abtreibungsversuch wird der junge Mediziner von der Polizei verhaftet, in eine Gefängniszelle gesteckt und unzähligen Verhören unterzogen, die ihn letztlich von der eigenen Schuld überzeugen. Seine Rettung erfolgt vor einem bemerkenswert mythologischen Hintergrund. Unmittelbar vor Pedros Festnahme wird in einer »tayloristischen« Abhandlung beschrieben, wie der Leichnam des Abtreibungsopfers Florita in einen Sarg gelegt und in einem Gemeinschaftsgrab beerdigt wird. Doch nur ein paar Tage – oder Stunden? – später, nachdem Floritas Mutter bei der Polizei ausgesagt hat, ihr Mann trage die Verantwortung für den Tod der Tochter, während Pedro unschuldig sei, wird der Sarg, »wie bei einem Film, der rückwärts läuft«,[40] wieder an die Oberfläche geholt, weil eine Autopsie vorgenommen werden soll. Und auch wenn die genaue Reihenfolge der Ereignisse und Reaktionen im Roman nicht ausführlich geschildert wird, so ist diese Exhumierung schließlich der Auslöser für Pedros Entlassung aus dem Gefängnis. Seine berufliche Karriere ist jedoch trotz dieser glücklichen Wendung des Schicksals entgleist. Sein wissenschaftlicher Mentor gibt ihm unmissverständlich zu verstehen, dass er nur noch als Arzt in der Provinz wird arbeiten können. Madrid, der perfekte Daseins-Behälter, die »perfektionierte Sammelstelle«, hat für ihn keinen Platz mehr; der innere Kreis des »mystischen Schlosses« (der Autor bezieht sich hier auf einen berühmten Text von Teresa de Avila aus dem 16. Jahrhundert) wird für immer unerreichbar bleiben. Selbst die Möglichkeit eines künftigen Lebens in der Provinz ist an eine bestimmte Bedingung geknüpft, und diese Bedingung ist die innere Leere, die er verspürt: »Und ich, ohne Anzeichen von Verzweiflung, denn ich bin wie leer, man hat mir die Eingeweide von innen gesäubert, sie mit einem

Stück Gamsleder gut abgerieben, mich dann schön eingeweicht und gewässert und mich anschließend an einem Faden in eine Art anatomisches Museum für Lebende gehängt.«[41]

In Paul Celans lyrischem Universum, wo nur die Toten erlöst werden können, indem sie sich »ein Grab in den Lüften« schaufeln, ist diese Logik der existenziellen Leere als Bedingung (wir könnten auch sagen: als Zugeständnis) dafür, dass man einen geschützten Raum in der physischen wie auch in der sozialen Realität findet, nicht vorhanden. Das Leben von Ralph Ellisons »unsichtbarem Mann« folgt dagegen einer ganz ähnlichen Logik wie das von Pedro. Zu einem frühen Zeitpunkt erhält der Protagonist »eine glänzende Aktenmappe aus Kalbsleder«,[42] die ihm als Preis für eine Rede bei einer von Weißen organisierten Festveranstaltung verliehen wird. Darin befindet sich »etwas, das wie ein amtliches Schriftstück aussah. Es war ein Stipendium für das staatliche Neger-College.«[43] Die Aktenmappe wird den Ich-Erzähler seine ganze Jugend hindurch und auch auf dem Zickzackkurs seines wechselhaften Schicksals in den schwarzen Gemeinden von New York begleiten. Als er gegen Ende des Romans zwischen die Fronten eines Bandenaufruhrs in Harlem gerät, flüchtet er sich in ein schwarzes Loch unter der Straße, welches von da an der Behälter seines Daseins sein wird. Bis zu diesem Punkt hat er seine Aktenmappe festgehalten, und die Schriftstücke darin werden nun plötzlich zu einem Objekt der Begierde für seine Verfolger:

»Jemand schrie in das Loch: ›He, Schwarzer, komm raus. Woll'n nachsehen, was du in deiner Aktenmappe hast.‹
›Komm runter und krieg mich‹, sagte ich.
›Was ist in der Aktenmappe?‹
›Du‹, antwortete ich plötzlich lachend. ›Was sagst du dazu?‹
›Ich?‹

›Ihr alle‹, sagte ich.
›Bist ja verrückt‹, sagte er.
›Und dennoch bist du in der Mappe.‹
›Was hast du gestohlen?‹
›Siehst du das nicht?‹ sagte ich. ›Steck ein Streichholz an.‹«[44]

Am nächsten Tag will sich der Protagonist nach einem langen Schlaf eine Fackel bauen, um das Kellerloch verlassen zu können, und verbrennt dabei Stück für Stück die Dokumente seines Lebens, die in der Aktenmappe waren: »Es gab nur eine Möglichkeit, mir eine Fackel zu machen. Ich mußte die Aktentasche öffnen. Sie enthielt meine Papiere.«[45] Indem er diese Papiere verbrennt, verliert er seine Identität, er wird ein wahrhaft »unsichtbarer Mann« und erfüllt wie Pedro die von der Stadt gestellte Bedingung der Leere – wie auch die, einen Schutzraum bewohnen zu können:

»Als ich unter die Erde ging, löschte ich alles aus, nur nicht den *Geist*. Und der Geist, der einen Lebensplan geformt hat, darf nie das Chaos vergessen, gegen das sich dieser Plan richtet. Das gilt für Gesellschaften wie für Individuen. Und da ich versucht habe, dem Chaos, das in dem Muster aller Gewißheiten lebt, Gestalt zu geben, muß ich wieder hervorkommen, auftauchen aus der Tiefe. [...] Und ich glaube, es ist die höchste Zeit. Auch Winterruhe kann übertrieben werden, wenn man sich das richtig überlegt. Vielleicht ist das mein größtes soziales Verbrechen. Mein Winterschlaf hat zu lange gedauert, denn es besteht die Möglichkeit, daß auch ein Unsichtbarer eine sozial verantwortliche Rolle spielen muß.
›Ach‹, höre ich sagen, ›er hat also alles nur konstruiert, um uns mit seinem Kram zu langweilen. Wir sollten seinem Geschwätz nur zuhören.‹ Aber das ist nur zum Teil wahr. Da ich unsichtbar und ohne Substanz, gleichsam eine körperlose Stimme bin, was hätte ich anderes tun können?«[46]

Damit endet der Roman; der Protagonist ist leer, nur noch ein »Geist«, ohne Substanz, geschützt, Winterschlaf haltend und geborgen in seiner Höhle.

Ein solches Gleichgewicht, bei dem der Preis für das Überleben der Verzicht auf die Substanz des eigenen Körpers ist, steht für die Romanfiguren in Guimarães Rosas *Grande Sertão* nicht in Aussicht. Ihre Welt ist durchdrungen vom Teufel, der in allen Dingen und Lebewesen »schlummert«. »Wußten Sie das? Und den Teufel – denn nur so kann man einen bösen Geist nennen –, wer heißt ihn, sich dergestalt zu tummeln und sein Unwesen zu treiben? Verflixt noch mal, der steckt seine Nase überall hinein. Was jedoch den Teufel im Menschen langsam, aber sicher zum Schweigen bringt, ist Leiden mit Vernunft.«[47] In Anbetracht der Szenen und Dramen, die der Roman entfaltet, ist der Gedanke, »den Teufel zum Schweigen zu bringen«, nichts als Wunschdenken. Die Kraft des Teufels lässt sich nicht bändigen, er wohnt den Gegenständen der materiellen wie der menschlichen Welt als Prinzip der Unruhe inne, und deshalb gibt es kein bestimmenderes Leitmotiv als das der »Welt, die auf dem Kopf steht«. Um nur ein Beispiel zu nennen: Als der alte Kämpfer und Reiter Zé Bebelo in Gefangenschaft gerät, erklärt er stolz: »›Ihr Gefangener? Ach ja, ein Gefangener [...]. Wenn ich ein Gefangener bin ... Dann ist es etwas anderes ... [...] ... Es ist, es ist die Welt, die auf dem Kopf steht ...‹«, worauf der Erzähler fortfährt: »Waren das alles Narreteien? Keineswegs. Auch mir wollte es nicht in den Kopf, daß Zé Bebelo ein Gefangener war. Er war nicht der Mann, in Gefangenschaft zu geraten, nicht ein menschliches Wesen, das sich greifen läßt. Ein Mensch, quicklebendig wie Quecksilber ...«[48] Mit einer gewissen Zwangsläufigkeit erscheint in der letzten Szene – die ebenfalls einen ausufernden Bandenkampf schildert, in dem Diadorim, der hermaphroditische Geliebte des Erzählers, stirbt – *»[d]er Teufel auf der Gasse, mitten im Wirbelwind«*.[49]

Nichts Lebendiges, nichts, das eine Substanz hat, kann in jenen Behältern, von denen die Nachkriegswelt so fasziniert ist, jemals Ruhe und Schutz finden. Tatsächlich ist dies die Regel in einer Sphäre endlosen Verlangens nach Ruhe und Schutz. Die dicht beschreibende Prosa der Kapitel, welche die handlungstragenden Dialoge in William Faulkners *Requiem für eine Nonne* umrahmen, sind von einer Manie durchdrungen, die derselben Regel gehorcht. Besonders der Eingangstext über »Das Gerichtsgebäude [Der Stadt einen Namen]«[50] ist voll mit Truhen, Schlössern und geheimnisvollen Regeln, die den Erhalt und die Ordnung rechtlicher Dokumente und Verfahren gewährleisten sollen. Und dennoch ist diese Südstaatenwelt ein Ort, an dem der Gerechtigkeit nie Genüge getan wird, an dem Dokumente verschwinden und Verfahren zur Verschleierung der wahren Täter dienen. Oder, um es allegorisch auszudrücken: Alle diese Behälter sind undicht, all die Truhen mit ihren Schlössern nützen nichts. Sie können die widerspenstige Kraft des Südstaatenlebens nicht bändigen. Und die Protagonisten haben längst ihre Schlüsse gezogen: »›Sittlichkeit? sagte Peabody. Es klang fast erschrocken. Er sagte rasch: ›Das ist allerdings übel. Wie kann man so einen Mann bestechen?‹«[51]

*

Der 1902 geborene Schriftsteller und Intellektuelle Günther Anders, der an der Universität Freiburg bei Edmund Husserl Philosophie studiert hatte und 1933 nach der Machtergreifung durch die Nationalsozialisten nach Frankreich und später in die USA emigriert war, kehrte 1950 nach Europa zurück und erlangte internationale Aufmerksamkeit, als er im Anschluss an einen Besuch in Hiroshima 1958 einen Briefwechsel mit Claude Eatherly begann, der als Luftwaffenpilot am Abwurf der ersten Atombombe am 6. August 1945 beteiligt gewesen war. Dreizehn Jahre danach befand sich Eatherly in psychiatrischer Behandlung in einem Veteranen-Krankenhaus in Texas. Anders' Hiroshima-Tagebuch wie auch seine Briefe an den Piloten werden, was in der Lebenssituation jener Zeit nur natürlich erschien, von der Angst vor einem Dritten Weltkrieg beherrscht, von dem man annehmen musste, dass es ein Atomkrieg sein würde. Wir haben diese Vorstellung längst durch einen manchmal dogmatischen Glauben an die Abschreckungswirkung von Nuklearwaffen ersetzt – auch wenn die Menschheit die objektive Gefahr, die ihrer Erfindung innewohnt, natürlich niemals wird überwinden können. Aus heutiger Sicht erscheint daher die Art, wie Anders versucht, das Ereignis von Hiroshima historisch einzuordnen, interessanter als seine eindringlichen Warnungen. So fällt zum Beispiel auf, dass der Begriff des »Zufalls« zu Beginn seines Briefwechsels mit Eatherly eine beherrschende Stellung einnimmt. Im ersten Brief vom 3. Juni 1959 erklärt Anders, er könne einerseits vollkommen verstehen, wenn der Adressat seinen Brief als Eingriff in sein Privatleben betrachte, andererseits sei aber die Faktizität von Eatherlys Schicksal unweigerlich zu einem Anliegen der gesamten Menschheit geworden und könne deshalb nicht länger im Privaten bleiben:

»Wir versichern Ihnen, daß wir Indiskretion genau so wenig lieben wie sie es tun, und wir bitten Sie um Verzeihung. Aber in diesem Falle ist [...] Indiskretion leider unvermeidlich, ja sogar geboten: Ihr Leben ist auch unser business geworden. Da der Zufall (oder wie immer wir die unbestreitbare Tatsache nennen) es gewollt hat, Sie, den Privatmann Claude Eatherly, in ein Symbol der Zukunft zu verwandeln, haben Sie kein Recht mehr darauf, sich gegen unsere Indiskretion zu verwahren. Daß gerade Sie, und nicht irgendein anderer unter den Milliarden von Zeitgenossen, zu dieser Symbolfunktion verurteilt worden sind, das ist Ihre Schuld nicht, und es ist gewiß entsetzlich. Aber es ist nun einmal so.«[52]

Bis heute wurde diese Einschätzung der Zufälligkeit nie zur Entschuldigung der Vereinigten Staaten herangezogen, doch die Frage der nationalen Verantwortung stand in den Reaktionen auf Hiroshima ebenfalls nie im Mittelpunkt. Vielmehr wurde die Erinnerung an den ersten Atombombenabwurf zu einem zentralen Symbol für das alles durchdringende Gefühl, dass die Menschheit ihr Schicksal nicht mehr (oder noch nie) unter Kontrolle hatte, sie wurde zu einem Symbol für das, was wir als »Entgleisung der Geschichte« bezeichnet haben. Insofern löste Hiroshima verschiedene Debatten von anthropologischer und kosmologischer Tragweite über den Platz des Menschen in der Evolution und die Komplexitäten des Universums aus, Debatten, die weiter andauern und zunehmend wichtiger zu werden scheinen. Erster gemeinsamer Nenner war die Aufhebung jener optimistischen Prämisse der Aufklärung, der zufolge der menschliche Geist in seiner Komplexität jederzeit in der Lage sei, die Herausforderungen, vor die er gestellt wird, zu bewältigen und dem menschlichen Handeln somit Führung zu geben. So schreibt etwa Günther Anders in dem in der *Frankfurter Allgemeinen Zeitung* vom 13. Juli 1957 veröffentlichten Text »Gebote des Atomzeitalters«, dass sich »[i]m Laufe des technischen Zeitalters [...] das klassische Verhältnis zwischen Phantasie und Tun umgekehrt« habe:

»Hatte es unseren Vorfahren als selbstverständlich gegolten, daß die Phantasie ›überschwenglich‹ sei; das heißt: das Wirkliche überschwinge und überbiete; so ist heute die Leistung unserer Phantasie (und die unseres Fühlens und Verantwortens) der unseres Tuns unterlegen; so gilt heute, daß sie unfähig ist, dem Effekt dessen, was wir produzieren, gewachsen zu bleiben. Nicht nur unsere Vernunft hat ihre (Kantischen) ›Grenzen‹, nicht nur sie ist finit, sondern auch unser Vorstellen; und erst recht unser Fühlen.«[53]

Der Begriff des »Unvorstellbaren« bekam hier eine neue Bedeutung. Er bezog sich nun nicht mehr nur auf die Fähigkeit der menschlichen Fantasie, Wirklichkeiten zu projizieren, die (noch) nicht existierten, sondern wurde ein emblematischer Ausdruck für die Unfähigkeit des Menschen, die Kontrolle über und die Verantwortung für das eigene Schicksal zu übernehmen. Im Vorwort zu ihrem Buch *Vita activa*, das ein Jahr nach Anders' Manifest erschien, spielt Hannah Arendt ein strukturell ähnliches Argument durch und macht darin eine neue Beziehung zwischen der Wissenschaft im Allgemeinen, einschließlich ihrer technischen Folgen, und den grundsätzlichen Fähigkeiten »unserer Gehirnstruktur« aus. Demnach könnte es sein, dass der Mensch nicht mehr in der Lage ist, die neuen wissenschaftlichen »Wahrheiten« zu verstehen:

»Sollte sich das bewahrheiten, so würde es heißen, daß unsere Gehirnstruktur, d.h. die physisch-materielle Bedingung menschlichen Denkens, uns hindert, die Dinge, die wir tun, gedanklich nachzuvollziehen – woraus in der Tat folgen würde, daß uns gar nichts anderes übrig bleibt, als nun auch Maschinen zu ersinnen, die uns das Denken und Sprechen abnehmen. Sollte sich herausstellen, daß Erkennen und Denken nichts mehr miteinander zu tun haben, daß wir erheblich mehr erkennen und daher auch herstellen können, als wir denkend zu verstehen vermögen, so würden wir wirklich uns selbst gleichsam in die Falle gegangen sein, bzw. die Sklaven – zwar nicht, wie man gemeinhin glaubt, unserer Maschinen, aber – unseres eigenen Erkenntnisvermögens geworden sein, von allem Geist und allen guten Geistern verlassene Kreaturen, die sich hilflos jedem Apparat ausgeliefert sehen, den sie überhaupt nur herstellen können, ganz gleich wie verrückt oder wie mörderisch er sich auswirken möge.«[54]

Ein dramatischerer Ausdruck der existenziellen Unsicherheit als bei Anders und Arendt ist nur schwer vorstellbar – und obwohl wir uns nach mehr als einem halben Jahrhundert an das Gefühl gewöhnt haben, das sie zum ersten Mal zum Ausdruck brachten, ist es wichtig, daran zu erinnern, dass es eine Zeit gab, in der die Erfahrung, die ihre Unsicherheit auslöste, nicht nur »schwer vorstellbar«, sondern »jenseits aller Vorstellung« war. Seit Hiroshima überstieg die Bedrohung, unter der die Menschheit lebte, die menschliche Vorstellungskraft jedoch in einem Maße, welches das Wort »Entgleisung« allzu optimistisch erscheinen ließ – denn es ließ immer noch die Hoffnung zu, dass sich der Gang der Geschichte wieder zurücksetzen ließe. Nun aber war die Möglichkeit der kollektiven Selbstzerstörung der Menschheit unwiderruflich zu einer Bedingung des Lebens geworden.

*

Martin Heidegger stand somit nicht allein mit seiner Überzeugung, dass das Atomzeitalter die drängendste und komplexeste existenzielle Herausforderung seiner Zeit herbeigeführt habe. Ähnlich wie Arendt und Anders sah er in der Atombombe das aufdringlichste, wenn auch nicht das einzige Kennzeichen der neuen Conditio humana.[55] Allerdings identifizierte Heidegger dezidierter als die meisten anderen Denker seiner Zeit die moderne Wissenschaft im Allgemeinen und deren hochabstrakte (mathematische) Beziehung zur Dingwelt als tieferen Grund für neue, unbequeme und stets unsichere Haltungen gegenüber der natürlichen Umwelt. Die durch den Verlust von Staatsgebieten nach dem Krieg bedingte Heimatlosigkeit vieler Deutscher innerhalb wie außerhalb des Landes ebenso wie die Entfremdung von der früheren ländlichen Heimat, welche Millionen von Menschen durchmachten, die Ende des 19. und Anfang des 20. Jahrhunderts in die »Öde der Industriebezirke« gezogen waren, erwiesen sich somit für Heidegger als Erscheinungen von besonderem emblematischen Wert.[56] Als gemeinsames Merkmal dieser Menschen machte er den Verlust der «Bodenständigkeit« aus – ein Wort, das, nebenbei bemerkt, nach 1945 unliebsame Assoziationen mit der NS-Zeit wecken musste. Diese Analyse der gegenwärtigen existenziellen Situation und die Feststellung eines Mangels an »Bodenständigkeit« als deren Hauptunzulänglichkeit mag der Grund für Heideggers nach dem Krieg aufkommende Faszination für den Begriff und das Vermögen des »Wohnens« als Voraussetzung für das Bauen und die Architektur gewesen sein. Seine Beschreibung eines Schwarzwaldhofs hat somit eine viel größere philosophische Bedeutung als nur die eines normativen Werts für die Ästhetik des Bauens. Sie soll in erster Linie eine Alternative zur Diagnose und Bedrohung der existenziellen Heimatlosigkeit darstellen:

»Denken wir für eine Weile an einen Schwarzwaldhof, den vor zwei Jahrhunderten noch bäuerliches Wohnen baute. Hier hat die Inständigkeit des Vermögens, Erde und Himmel, die Göttlichen und die Sterblichen *einfältig* in die Dinge einzulassen, das Haus gerichtet. Es hat den Hof in die windgeschützte Berglehne gegen Mittag zwischen die Matten in die Nähe der Quelle gestellt. Es hat ihm das weit ausladende Schindeldach gegeben, das in geeigneter Schräge die Schneelasten trägt und tief herabreichend die Stuben gegen die Stürme der langen Winternächte schützt. Es hat den Herrgottswinkel hinter dem gemeinsamen Tisch nicht vergessen, es hat die geheiligten Plätze für

Kindbett und Totenbaum, so heißt dort der Sarg, in die Stuben eingeräumt und so den verschiedenen Lebensaltern unter einem Dach das Gepräge ihres Ganges durch die Zeit vorgezeichnet.«[57]

Solche Beschreibungen befriedigten das intensive Bedürfnis der damaligen Zeit, sich in einem geschützten Raum geborgen zu fühlen, und zwar mit einem Pathos, das vielen von uns unerträglich und möglicherweise sogar unaufrichtig erscheinen mag. Und doch ist es entscheidend zu verstehen, dass Heideggers Philosophie letztlich über diese Sehnsucht nach Schutz und die Motive ihrer Erfüllung hinausgeht. Denn er weist der Idee des »Gevierts«, der Versammlung von Erde und Himmel, Göttlichen und Sterblichen, welche der Beschreibung des Bauernhauses die konzeptuelle Struktur lieferte, in der Folge eine komplexere Funktion zu. In diesem Sinne kann das Geviert zu einer ontologischen Betrachtungsweise beitragen; und somit kann es uns auch zu einer Neuanpassung unseres Verhältnisses zu den Dingen der materiellen Umwelt verhelfen.

Der zentrale Begriff in diesem Denkzusammenhang ist meines Erachtens der der Leere. Bezeichnenderweise führt Heidegger ihn nicht als Leere eines Schutz und Zuflucht bietenden Behälters ein, sondern stattet sie mit einer ontologischen Funktion aus, das heißt, er beschreibt sie als Leere, die Dimensionen und Dinge versammelt. Mit Blick auf diesen Aspekt findet Heidegger 1958 in einem Gespräch mit einem Zen-Buddhisten eine kompakte Formulierung für sein Interesse: »Diese Leere ist nicht das negative Nichts. Verstehen wir Leere als Raumbegriff, dann müssen wir sagen, daß die Leere dieses Raumes gerade das Einräumende ist, das, was alle Dinge versammelt.«[58] In seinem Aufsatz »Das Ding« entwickelt Heidegger diese Idee weiter, und es ist schon verblüffend, an welchem Gegenstand er verdeutlicht, was er unter einem »Ding« versteht. Nicht zum ersten Mal in der intellektuellen Atmosphäre der Nachkriegszeit begegnet uns nämlich wieder der Krug, der ja schon im Frühwerk Paul Celans eine so zentrale Rolle spielte. Heidegger stellt gleich klar, dass es das Gefäßhafte ist, was den Krug zu einem Ding macht: »Der Krug ist ein Ding als Gefäß.«[59] Das Entscheidende an der Gefäßhaftigkeit des Kruges ist dabei nicht so sehr das Material, aus dem er gemacht ist, sondern vielmehr dessen Leere: »Das Dinghafte des Gefäßes beruht keineswegs im Stoff, daraus es besteht, sondern in der Leere, die faßt.«[60] An diesem Punkt seiner Gedanken angekommen (und es ist typisch für Heidegger, dass er meist »über Intuitionen nachdenkt«, statt »Argumente« zu entwickeln), versucht er zu zeigen, dass der Krug als Gefäß die vier Dimensionen des Gevierts in sich versammeln kann: »Das Geschenk des Gusses ist Geschenk, insofern es Erde und Himmel, die Göttlichen und die Sterblichen verweilt. Doch Verweilen ist jetzt nicht mehr das bloße Beharren eines Vorhandenen. Verweilen ereignet. Es bringt die Vier in das Lichte ihres Eigenen.«[61] Entscheidend für die Dinglichkeit des Kruges ist also wiederum nicht so sehr der mögliche Hinweis auf Schutz und Zuflucht, sondern vielmehr dessen Fähigkeit, die ontologischen Eigenschaften der Gegenstände, die uns umgeben, ins Blickfeld zu bringen. Da ist zum einen die irdene Stofflichkeit des Kruges, aber auch die Beziehung des Wassers, welches er enthält, zum Himmel, zur Präsenz des menschlichen Daseins, welche er voraussetzt, und zu der andersartigen Präsenz der Göttlichen – alle diese Dimensionen kommen durch den Krug ans Licht.

Unmittelbar nach Kriegsende hatte Heidegger in seinem »Brief über den ›Humanismus‹« deutlich gemacht, dass der einzige Weg zur Überwindung der Heimatlosigkeit für ihn in der Wiederherstellung der ontologischen Dimension des Seins lag:

»Angesichts der wesenhaften Heimatlosigkeit des Menschen zeigt sich dem seinsgeschichtlichen Denken das künftige Geschick des Menschen darin, daß er in die Wahrheit des Seins findet und sich zu diesem Finden auf den Weg macht.«[62] Mit Bezug auf Friedrich Hölderlin betont er in diesem Zusammenhang auch, dass der entscheidende Aspekt für die Entbergung des Seins die Sprache sei (»Sprache als das Haus des Seins«). In einem ähnlichen Schritt, aber offenbar unabhängig von Heidegger, erklärt Carl Schmitt in einem Tagebucheintrag, der vom 24. Dezember 1947 datiert, dass die Formaspekte der Lyrik für ihn eine privilegierte Dimension seien, aus der das Numinale hervorgezaubert werden könne. Er stellt in diesem Zusammenhang die These auf, die notwendige Voraussetzung dafür, dass dies geschehen könne, sei eine Lücke, eine Leere, die als Wirkung aus der lyrischen Form hervorgehen könne:

»Das Metrum gehört zur Magie. Es muß aber zwischen dem Metrum und dem gedanklich-gegenständlichen Sinn ein gewisser Spielraum bleiben; banal gesprochen: zwischen Form und Inhalt gibt es noch einen leeren Raum. In diesem Intervall, das leer bleibt, schwingt das Numinose. [...] Das Numinose im Gedicht ist nicht der Klang, sondern schwingt im Leeren; es ist selber nicht das Leere, το κενόν, es bewegt sich im Leeren. Alles bewegt sich im Leeren; das Leere ist die Bedingung der Bewegung; aber das Numinose ist dem Leeren spezifisch zugeordnet: je leerer, um so reiner das Gefäß. Das Metrum ist das leere Gefäß nicht für den Inhalt, sondern für die magische Schwingung.«[63]

In den letzten Wochen des Jahres 1947 und den ersten des Jahres 1948 scheint Schmitt besonders von dem Verhältnis zwischen der Leere und dem Numinosen fasziniert gewesen zu sein – einem Verhältnis, welches, wie wir gesehen haben, in jener Zeit auch für Heideggers Denken zentral war. Das Numinose scheint für Schmitt ganz buchstäblich eine Dimension gewesen zu sein, durch die man an der Welt festhalten kann. Wenn das, woran man festhält, zerstört wird oder dem Niedergang anheimfällt, dann wird auch die beteiligte Person zusammen mit dem Numinosen zugrunde gehen:

»Ich bemühe mich, mit knabenhaftem Ernst, [...] um die Magie des Raumes. Ich will sie nicht fassen und noch weniger herstellen; aber ich will sie wissen und dadurch bewahren für andere; a sole retriever; antik. Ich sehe den letzten Raum, mein Grab; ich sehe es sich auflösen; meine Heimat, der Fluß, alles wird zerstört, aber ich halte daran fest. Ich gehe mit ihnen unter, und sie gehen mit mir unter.«[64]

In der französischen Literatur der Mitte des 20. Jahrhunderts ist es Francis Ponge, hinter dessen Texten ähnliche Beweggründe stehen wie bei Schmitts und Heideggers Sorge um das Numinose. Mit kurzen, akribisch beschreibenden Prosatexten versuchte er, Gegenstände der Natur und des Alltags in ihrer Dinglichkeit heraufzubeschwören. In einem dieser Texte, er stammt aus dem Jahr 1948, geht es um den Krug (»La Cruche«). Wie in Heideggers Aufsatz über »Das Ding« behandelt Ponge als zentrales Merkmal des Kruges dessen gefäßhafte Leere:

»Cruche d'abord est vide et le plus tôt possible vide encore.
Cruche vide est sonore.
Cruche d'abord est vide et s'emplit en chantant.
De si peu haut que l'eau s'y précipite, cruche d'abord est
vide et s'emplit en chantant.

Cruche d'abord est vide et le plus tôt possible vide encore.
C'est un objet médiocre, un simple intermédiaire.
Dans plusieurs verres (par exemple) [...].«[65]

Was Ponge als intermediäre Funktion des Kruges evoziert, ähnelt dem Aspekt, den Heidegger mit dem Begriff des »Gevierts«

entwickelt: Der Krug bringt verschiedene ontologische Dimensionen zusammen und miteinander in Kontakt. Ponge assoziiert den Krug auch mit Worten, was an Schmitts Betrachtungen über die Leere und die poetische Sprache denken lässt: »Car tout ce que je viens de dire de la cruche, ne pourrait-on le dire, aussi bien, des *paroles*?«[66]

Vor allem jedoch ist es, ähnlich wie bei Celan, die Fragilität des Kruges, die Ponge beeindruckt. Der Krug kann zerbrechen: »Tant va la cruche à l'eau qu'à la fin elle casse. Elle périt par usage prolongé. Non par usure: par accident. C'est-à-dire, si l'on préfère, par usure de ses chances de survie.«[67] Ponges prosaisch-poetisches Spiel entfaltet sich innerhalb desselben historischen Netzes ontologischer Interessen und Assoziationen, das wir auch in den Texten von Celan, Heidegger und Schmitt entdeckt haben. Durch sein besonderes Augenmerk auf die Zerbrechlichkeit rückt Ponges Krug jedoch auch in die Nähe der Schüsseln und Tassen, die Michihiko Hachiya am 27. August 1945 in seinem *Hiroshima-Tagebuch* betrachtet:

»Wieder allein, überlegte ich vielerlei. Über mir hatte ich die schwarz gebrannte Zimmerdecke, um mich die Wände ohne Farbe, die Fenster ohne Glas. Der *konro*, unser kleiner Holzkohlenofen zum Kochen, der unter dem Ausguß stand, trug einen verbeulten, rußgeschwärzten Teekessel, auf dem an Stelle des Deckels ein Teller lag. Reisschüsseln aus den Heeresbeständen und die feinen Tassen für feierlichen Tee waren in einem Korb rücksichtslos durcheinander gestapelt. All das gemahnte mich an den Jammer des Krieges.«[68]

*

Warten auf Godot beginnt damit, dass »Estragon [...] auf der Erde [sitzt] und versucht, seinen Schuh auszuziehen. Er braucht beide Hände dazu und stöhnt dabei. Erschöpft gibt er den Versuch auf, erholt sich schnaubend und versucht es von neuem.«[69] Estragon hat »im Graben« geschlafen, der ihm allerdings keinen Schutz bieten konnte:

»WLADIMIR *gekränkt, kühl:* Darf man fragen, wo der Herr die Nacht verbracht hat?
ESTRAGON: Im Graben.
WLADIMIR *verblüfft:* Im Graben! Wo denn?
ESTRAGON *ohne Geste:* Da hinten.
WLADIMIR: Und man hat dich nicht geschlagen?
ESTRAGON: Doch … Nicht so schlimm.
WLADIMIR: Wieder dieselben?
ESTRAGON: Dieselben? Ich weiß nicht.
Schweigen.
WLADIMIR: Wenn ich bedenke … die lange Zeit … da frag ich mich … was wohl aus dir geworden wäre … ohne mich … *Mit Nachdruck.* Du wärst jetzt nur noch ein Häufchen Knochen, das steht fest!«[70]

Wladimir und Estragon leben in einer Landschaft, in der man sich nicht verstecken kann, und obwohl sie weitgehend unter sich sind, ist keine Privatsphäre möglich. Sie sind allein und ausgesetzt – und zwar dem, was nicht passiert und nie kommen wird. Irgendwann kommt Wladimir aus lauter Langeweile die Idee, sie »könnten Pozzo und Lucky spielen«,[71] und er beginnt, wie schon so oft, zu halluzinieren, dass Godot nun »endlich« komme, und auch, dass sie »eingekesselt« seien. »Da gibt's nur noch eins, sich dünne machen!«[72] Doch selbst diese Kleinigkeit, selbst ein Verschwinden aus der halluzinierten Gegenwart anderer ist nicht möglich.

»ESTRAGON: Wohin denn?
WLADIMIR: Hintern Baum. *Estragon zögert.* Schnell! Hintern Baum. *Estragon läuft, um sich hinterm Baum zu verstecken, der ihm nur eine*

unvollkommene Deckung bietet. Rühr dich nicht! *Estragon kommt wieder aus seinem Versteck hervor.* Den Baum kann man wirklich zu nichts brauchen.«[73]

Sind der Baum zu dünn und der Graben zu flach, um Estragons Dasein Schutz zu bieten, so sind seine Stiefel zu klein. Der Boden unter ihren Füßen ist zu trocken, um barfuß zu gehen, aber die Stiefel, die sie tragen, sind eine Qual. Aus diesem Grund will Estragon sie von der ersten Szene an ausziehen. Als es ihm endlich gelingt, will er sie »stehenlassen«:

»WLADIMIR: Endlich! *Estragon steht auf und geht mit beiden Schuhen in den Händen auf Wladimir zu. Er stellt sie nahe an der Rampe hin, richtet sich auf und betrachtet den Mond.* Was machst du?
ESTRAGON: Dasselbe wie du, ich gucke in den Mond.
WLADIMIR: Ich meine, mit deinen Schuhen.
ESTRAGON: Die laß ich stehen. *Pause.* Es kommt wohl ein anderer genauso ... genauso ... wie ich, aber mit kleineren Füßen, und ist glücklich darüber.
WLADIMIR: Du kannst aber nicht barfuß laufen.
ESTRAGON: Jesus hat es getan.
WLADIMIR: Jesus! was soll denn das heißen? Du willst dich doch wohl nicht mit ihm vergleichen!
ESTRAGON: Mein ganzes Leben lang hab ich mich mit ihm verglichen.«[74]

Später zeigt Estragon seinem Gefährten sein nacktes Bein und Wladimir ruft aus: »Da ist die Wunde; auf dem besten Wege, sich zu entzünden.«[75] Dies passiert an derselben Stelle, an der Estragon zuvor seine Stiefel zurückgelassen hatte, die jetzt, wie er feststellt, durch ein anderes Paar ersetzt worden sind. Da Estragon nicht versteht, was vor sich geht, muss Wladimir es ihm erklären: Jemand, dem seine Schuhe ebenfalls zu klein waren, nahm Estragons mit, weil sie ihm wohl passten, und ließ dafür seine eigenen stehen. Weil nun aber die Füße dieser anderen Person offensichtlich kleiner sein müssen als die Estragons, werden seine Stiefel wohl noch enger sein als Estragons Stiefel und diesem daher noch schlechter passen als seine eigenen.

In einem Gedicht von 1954, zwei Jahre vor seinem Tod, erwähnt Bertolt Brecht »Bequeme Schuhe« in einer Liste mit »Vergnügungen«, welche den Alltag besser machen würden und die unter anderem auch »Das wiedergefundene alte Buch«, »Die Zeitung«, »Schnee«, den »Wechsel der Jahreszeiten«, »Schwimmen« und »Duschen« enthält.[76] Es sind allesamt bescheidene Vergnügungen, die nur eine Welt wie die von Estragon und Wladimir verwehren würde, und sie erzeugen keineswegs das Gefühl eines stabilen Zuhauses. Ihr Wert scheint vielmehr gerade darin zu liegen, dass sie auch in Situationen der Heimatlosigkeit noch erreichbar sind. Und Brecht fühlt sich heimatlos. Sich in einer neuen Stadt heimisch zu fühlen, erscheint ihm so unmöglich, wie für eine Schnecke der Umzug in ein anderes Schneckenhaus. In »Gespräche mit jungen Intellektuellen« schreibt er:

»Die Häuser haben anscheinend für mich etwas von den Schneckenhäusern. Man denkt nicht getrennt an sie, als an Unterkünfte für beliebige Schnecken. Es handelt sich mir nicht um Städte, die keine Menschen mehr beherbergen können, sondern um Menschen ohne Städte. [...] Orte von Kindheitserinnerungen, Höfe, in denen die Knaben Hütten aus Laub bauten, die Zementschrägung an einem Flußwehr, gut für Sonnenbäder.«[77]

All diese Orte sind für Brecht in der Nazizeit verschwunden, eine Heimat als stabilen, geschützten Bereich kann es somit nie mehr geben. Das ländliche Finnland des Herrn Puntila in einem der letzten Stücke Brechts erscheint wie ein Spiegelbild dieser Erfahrung. Wenn Puntila betrunken ist, wird sein Haus für seine Diener und Freunde zu einem angenehmen Heim, nüchtern wird er dagegen zu einem aggressiven kapitalistischen Monster, das ihre Arbeitskraft ausbeutet.

Der allgegenwärtige Traum vom stabilen Daseins-Behälter als Umgebung des eigenen Glücks blieb natürlich weitestgehend unerfüllt. Nur sehr wenige und stets flüchtige Augenblicke konnten in der unsicheren Nachkriegswelt Gefühle von Geborgenheit, Wärme und Zuneigung hervorrufen. Es war die Sehnsucht nach einem dieser unwahrscheinlichen und vergänglichen Momente, die Édith Piafs Chanson *Milord* zu einem Sinnbild ihrer Zeit werden ließ:

»Kommen Sie, kommen Sie Milord,
Setzen Sie sich an meinen Tisch
Draußen ist's so kalt
Und hier drinnen so angenehm
Fühlen Sie sich wie zuhause, Milord
Und entspannen Sie sich
Laden Sie Ihre Schmerzen meinem Herzen auf
Und Ihre Füße einem Stuhl
Ich kenne Sie, Milord
Mich haben Sie noch nie geseh'n,
Bin nur ein Hafenmädchen
Ein Schatten der Straße …«[78]

*

Der Zug, der Doktor Shiwagos Familie nach Osten bringt, entgleist nie, während er in die triste Landschaft des Urals weiterrollt, wo die Konturen schwächer werden und viel weniger auf dem Spiel steht als im nachrevolutionären Moskau. Wo immer es dem neuen Staat hingegen gelingt, seine Präsenz zu behaupten, scheint »das Jüngste Gericht auf Erden« zu nahen, und »da sind Wesen aus der Apokalypse mit Schwertern und geflügelte Bestien gefragt«, wie Strelnikow, der dafür verantwortlich ist, fernab vom politischen Zentrum die Parteilinie durchzusetzen, Juri Shiwago wissen lässt, »und nicht durchaus Sympathisierende und loyale Ärzte. Im übrigen habe ich Ihnen gesagt, Sie sind frei, und ich halte Wort. Aber nur diesmal. Ich habe das Gefühl, wir begegnen uns wieder, und dann gibt es ein anderes Gespräch.«[79] Mit dem Verschwinden der Macht der Partei in weiter Ferne kehrt die Gewissheit zurück, dass »[d]er Mensch [...] geboren [wird], um zu leben, nicht, um sich aufs Leben vorzubereiten. Das Leben selbst, die Erscheinung des Lebens, das Geschenk des Lebens sind so zwingend ernst!«[80] Selbst ein Anflug von Hoffnung ist möglich: »Irgendwo gibt es noch Leben. Irgendwer hat Freude. Das rechtfertigt alles.«[81] Die hier für die Jahre nach der Oktoberrevolution geltende Einschätzung bestimmt auch die Schlussszene von Pasternaks Roman, eine Szene, die in einer anderen historischen Welt spielt. Von einem Hochhaus schauen zwei von Doktor Shiwagos Nachkommen nach dem Krieg auf die Hauptstadt der Sowjetunion hinab, jenes Staates, dessen Beitrag zum Sieg über Hitler entscheidend gewesen war – und beispiellos aufgrund der Zahl der geopferten Menschenleben. Beide Protagonisten haben das Gefühl, dass die Ereignisse des vergangenen Jahrzehnts die Erwartungen ihrer marxistischen Geschichtsphilosophie nicht ganz erfüllt haben – andererseits stellen sie aber auch fest, dass sich das Schicksal der Welt und ihres Landes deutlich verbessert hat:

»Aufklärung und Befreiung, die sie nach dem Krieg so erhofft hatten, waren nach dem Sieg ausgeblieben, und doch schwebte in den Nachkriegsjahren eine Vorahnung der Freiheit in der Luft und bildete ihren einzigen historischen Gehalt. Die gealterten Freunde am

Fenster hatten den Eindruck, daß die innere Freiheit schon gekommen sei, daß sich gerade an diesem Abend die Zukunft spürbar in den Straßen drunten ausbreitete und daß sie selbst in diese Zukunft eingetreten waren und fortan in ihr sein würden. Ein glückliches, gerührtes Beruhigtsein um diese heilige Stadt und um die ganze Erde, um die noch lebenden Teilnehmer dieser Geschichte und ihre Kinder erfüllte sie und hüllte sie in die unhörbar strömende Musik des Glücks.«[82]

Für den sowjetischen Staat wich eine solche Interpretation der Geschichte und der politischen Reaktionen darauf, wie wir aus Pasternaks Biografie wissen, zu sehr von der offiziellen Parteilinie ab – was erstaunlich, ja überraschend ist, wenn man bedenkt, wie realistisch und sogar positiv diese Bewertung der Nachkriegssituation war. Der Unterschied zwischen der marxistischen Geschichtsphilosophie und Pasternaks Zeilen ist weniger inhaltlicher Art, er liegt vielmehr im Ton. Worte wie »gerührtes Beruhigtsein«, »Glück« und »heilige Stadt« anstelle von »Fortschritt« oder »Wissenschaft« dürften den zuständigen Stellen als »bourgeois« erschienen sein.

Wenn wir davon ausgehen, dass die letzten Sätze des Romans Pasternaks eigene Reaktion auf die Erfahrung des Krieges ausdrücken, dann erscheint seine Position nicht weit von der entfernt, die Albert Camus nach 1950 allmählich entwickelte. Von einer reinen Faschismus-Kritik ging Camus zu einer komplexeren Argumentation über, in der er jede Ideologie verurteilte, die abstrakt genug war, den Tod von Menschen mit idealistischen Zielen oder dem Versprechen auf die Erfüllung bestimmter Zukunftsvisionen zu rechtfertigen. So gesehen ist eine Haltung wie die von Pasternaks Protagonisten Strelnikow, der seine Gegenwart vom Standpunkt eines »endgültigen Urteilsspruchs« der Geschichte aus bewerten und sein Handeln darauf ausrichten will, ebenso inakzeptabel wie der apokalyptische Wahnsinn Hitlers, der kurz vor dem eigenen Selbstmord verkündet, das deutsche Volk verdiene das Schicksal, als Ganzes unterzugehen. In den Worten Camus': »Diese Logik [...] gipfelt [...] im kollektiven Selbstmord. Den schlagenden Beweis lieferte Hitlers Apokalypse 1945. Sich selbst zu vernichten war nichts für die Verrückten, die in Erdlöchern sich einen Tod wie eine Apotheose zurechtmachen. Die Hauptsache war, sich nicht allein zu vernichten, sondern eine ganze Welt mit sich ins Verderben zu ziehen.«[83]

Dass das 20. Jahrhundert eine Zeit der mörderischen Ideologien war, hatte für Camus seinen Grund in der Auflösung aller stabilen Werte: »Wenn man an nichts glaubt, wenn nichts einen Sinn hat und wenn wir keinen Wert bejahen können, ist alles möglich und nichts von Wichtigkeit. Ohne Für und Wider hat der Mörder weder unrecht noch recht. Man kann die Verbrennungsöfen schüren, so wie man sich der Pflege Leprakranker widmet. Bosheit und Tugend sind Zufall oder Laune.«[84] Die Entschiedenheit von Camus' Kritik ist das eine, ein anderes aber ist die Schwierigkeit, selbst Werte und eine stabile Position zu finden, von der aus man handeln kann. Die Einstellung, für die, wie er schreibt, »nichts einen Sinn hat«, entsprach schließlich exakt der Definition des »Absurden«, für die er, mit weltweiter Resonanz, im Nachkriegs-Existenzialismus einstand. Die »Revolte« gegen »Macht und Geschichte«, die er dann anregte, sollte sich auf das konzentrieren, was zum jeweiligen Zeitpunkt erreichbar war und menschlich auf dem Spiel stand. Die Geschichte kann unmöglich entgleisen, wenn sich Urteilen und Handeln von jenen großen Vergangenheits- und Zukunftshorizonten abkoppeln, die seit dem frühen 19. Jahrhundert dazu benutzt und missbraucht wurden, das Massenmorden zu legitimieren:

»Jeder sagt dem andern, er sei nicht Gott; da geht die Romantik zu Ende. In dieser Stunde, da jeder von uns seinen Bogen spannen muß, um seine Probe wieder abzulegen, mit und gegen die Geschichte zu erwerben, was er schon besitzt, die karge Ernte seiner Felder, die kurze Liebe dieser Erde, in dieser Stunde, da endlich ein Mensch ins Leben tritt, muß man die Epoche und ihre unreifen Rasereien sich selbst überlassen. Der Bogen krümmt sich, das Holz stöhnt. Ist die höchste Spannung erreicht, wird ein durchdringender Pfeil abschnellen, das härteste und freieste Geschoß.«[85]

Camus tut sich sichtlich schwer, diese neue Position zu beschreiben, denn es mangelt ihr sowohl an begrifflicher Geschmeidigkeit als auch an einer allumfassenden philosophischen Abstraktheit. Sein Beharren auf der unvergleichlichen Bedeutung jedes Augenblicks der Gegenwart in seiner Einzigartigkeit und Konkretheit erinnert mich in gewissem Maße an Pasternaks neuartige Einschätzung der Bewegung der Geschichte und vor allem an Pasolinis Eintreten für eine andere Moderne, eine Moderne der Erfahrung des Volkes. Das Camus, Pasternak und Pasolini gemeinsame Gefühl, dass die Geschichte entgleist sei, fand jedoch in den 1950er Jahren keine allzu große Resonanz und war in den darauffolgenden Generationen fast vollständig vom intellektuellen und politischen Horizont verschwunden. Dies mag einer der Gründe für die überraschende Renaissance von Camus' Philosophie in unserer Zeit sein.

*

Ein Ausgleich zwischen der Erfahrung der vielen Arten von Entgleisung und der Sehnsucht nach Strukturen, welche existenziellen Schutz bieten könnten, war nicht möglich, und so erweckte die Welt der mittleren 1950er Jahre den Eindruck einer Anhäufung isolierter Ereignisse, Erscheinungen und Überreste, die wie die oft ironischen und manchmal tragischen Nachwirkungen früherer Situationen der Hoffnung oder Verzweiflung wirkten. Am 3. November 1957, vier Tage vor dem 40. Jahrestag der Oktoberrevolution und nur einen Monat nach dem Start von Sputnik I, beförderte die Sowjetunion einen weiteren Satelliten in die Erdumlaufbahn. An Bord des Flugkörpers befand sich die Hündin Laika, die man als Streuner in den Straßen von Moskau aufgelesen hatte. Laika starb vermutlich schon wenige Stunden nach dem Start an Überhitzung und Stress, ihr Kadaver sollte die Erde jedoch noch bis zum 14. April 1958 umrunden, als Sputnik II beim Wiedereintritt in die Atmosphäre über dem Karibischen Meer zerstört wurde.

Der Abschuss des Satelliten erfolgte genau einen Tag vor dem ersten Jahrestag des Einmarschs der Roten Armee in Ungarn; die Invasion war in dem letztlich erfolgreichen, aber politisch wie ideologisch kostspieligen Bemühen erfolgt, die nationale Unabhängigkeitsbewegung zu unterwerfen, deren erste Welle die prosowjetische Regierung zum Rücktritt gezwungen hatte. Mehr noch als bei der Kubakrise wenige Jahre später galt eine militärische Reaktion oder ein Vergeltungsschlag der Westalliierten als sicher, und dies löste eine weltweite Angst vor einem atomaren dritten Weltkrieg aus, die vielleicht stärker war als jemals zuvor und danach. Meine einzige Schwester war damals vier Monate alt, und ich erinnere mich noch, wie meine Mutter sie im Arm hielt und mit leicht gezwungener Ernsthaftigkeit sagte, dass sie in einer Welt, die so wenig fähig sei, den Frieden zu sichern, niemals ein weiteres Kind hätte bekommen sollen.

Was andere Formen und Diskurse der Vergangenheitsinterpretation betrifft, so schien der hegelianische und marxistische Ansatz in den 1950er Jahren den zwischenzeitlichen Tiefpunkt seiner Popularität erreicht zu haben, gemessen an seiner Stellung im Existenzialismus der Nachkriegszeit und seiner Rückkehr in der sogenannten »Studentenrevolution« Ende der 1960er Jahre. Selbst Werner Krauss, ein Romanist und ehemaliger Schüler von Erich Auerbach, der 1943 zum Tode verurteilt wurde – das Urteil wurde 1944 in eine Haftstrafe umgewandelt – und kurz vor Kriegsende aus dem Zuchthaus fliehen konnte, der sich nach dem Krieg entschloss, in der DDR zu leben, der mit zahlreichen nationalen Preisen ausgezeichnet wurde und bedeutende wissenschaftliche Werke (besonders über die Französische Aufklärung) sowie zwei Romane schrieb – selbst Werner Krauss stellte in einer Tagebuchnotiz über einen geplanten Roman die marxistische Form der Geschichtsphilosophie in ironischer Weise auf den Kopf:

> »Thema des Romans: Nach einem Weltuntergang merken die Leute, daß die Zeit anstatt weiterzugehen unaufhaltsam zurückgeht. Das Alter wird als der günstigste Zustand betrachtet, die Jugend nähert sich dem unmittelbaren Tod. Ein langsames Verschwinden der Zivilisation. Wer bewahrt das Gedächtnis der ›vergangenen‹ Ziele? Alles geht drunter und drüber ...«[86]

Das waren natürlich nur intuitive Einfälle – und doch scheinen sie deutlich zu machen, dass jene »wissenschaftlichen« Vorhersagen eines notwendigen Fortschritts viel von ihrer ursprünglichen Evidenz und Autorität eingebüßt hatten.

Schon 1950 hatte Gottfried Benn in einem Gedicht mit dem Titel »Stilleben« ehemals beliebte Motive existenziellen Einsatzes unter einem ruhig ironischen Blickwinkel der Stagnation und Distanz wiederkehren lassen:

> »die Zeit hat etwas Stilles bekommen,
> die Stunde atmet
> über einem Krug,

es ist spät, die Schläge verteilt
noch ein wenig Clinch und Halten,
Gong – ich verschenke die Welt
wem sie genügt, soll sich erfreun.«[87]

Die »Zeit hat etwas Stilles bekommen«, wie in den Kunstwerken, die wir Stillleben nennen, in denen Objekte (wie ein »Krug«) im Detail und ohne jede Funktion oder Spannung gegenwärtig werden. Wer es möchte, kann sich an diesen Dingen erfreuen. Jeder mögliche Bezug zum Lauf der Geschichte oder zu Zukunftsprognosen ist nicht mehr von Belang, nur »ein wenig Clinch und Halten« ist noch im Gange. Hier ist etwas zu Ende gegangen.

»Kann keine Trauer sein« ist einer der letzten Texte Benns. Er schickte ihn zur Veröffentlichung an die Zeitschrift *Merkur*, deren Herausgeber unmittelbar nach dem Krieg als erste gewagt hatten, einige seiner Gedichte herauszubringen, als ihn noch eine negative Aura umgab, die von seiner – wie wir heute wissen: äußerst kurzlebigen – Begeisterung für den Nationalsozialismus im Jahr 1933 herrührte. Benn datierte »Kann keine Trauer sein« auf den 6. Januar 1956 und wollte, dass es zu seinem 70. Geburtstag am 2. Mai jenes Jahres erscheinen sollte, welcher sich als Ereignis im Kulturleben der Bundesrepublik ankündigte, wo in der Zwischenzeit das »Wirtschaftswunder« seinen Anfang genommen hatte. Das Gedicht handelt von den Betten, in denen einige der deutschen Literaturgrößen der vergangenen eineinhalb Jahrhunderte gestorben waren: Stefan George, Rainer Maria Rilke, Friedrich Hölderlin und Annette von Droste-Hülshoff, die ihre letzten Lebensjahre überwiegend auf Schloss Meersburg am Bodensee verbracht hatte. All diese Dichter und Denker fühlten sich zum Zeitpunkt ihres Todes möglicherweise geschützt in ihren Betten (vielleicht auch nicht), aber solche existenziellen Gefühle und die Erinnerung an sie sind »wesenlos« geworden in einer Gegenwart, deren Wirkung Benn als »ewigen Verfall« beurteilt:

> »In jenem kleinen Bett, fast Kinderbett, starb die Droste
> (zu sehn in ihrem Museum in Meersburg),
> auf diesem Sofa Hölderlin im Turm bei einem Schreiner,
> Rilke, George wohl in Schweizer Hospitalbetten,
> in Weimar lagen die großen schwarzen Augen
> Nietzsches auf einem weißen Kissen
> bis zum letzten Blick –
> alles Gerümpel jetzt oder gar nicht mehr vorhanden,
> unbestimmbar, wesenlos,
> im schmerzlos ewigen Zerfall.«[88]

Der Inhalt dieser Zeilen ist von der in der »Todesfuge« heraufbeschworenen verzweifelten Hoffnung auf ein »Grab in den Lüften« ebenso weit entfernt wie von jenem Geist des Fortschritts und des sich immer weiter ausbreitenden guten Gewissens hinsichtlich der Vergangenheit, der mittlerweile das »Wirtschaftswunder« antrieb.

6
Wirkungen von Latenz

Die zähe Beharrlichkeit, mit der die sich nun herausbildenden westlichen (kapitalistischen) und östlichen (kommunistischen) »Blöcke« begannen, die Welt unter sich aufzuteilen, erinnerte an ein Schachspiel (obwohl es natürlich ständige politische Spannungen und auch gelegentliche militärische Konfrontationen gab, die allerdings nie so weit gingen, als dass sie zum Ausbruch des befürchteten dritten und dann atomaren Weltkrieg geführt hätten). Die Weltbevölkerung schien sich in den 1950er Jahren rasch von der niederschmetterndsten Erfahrung der Geschichte zu entfernen. Wie einfach es war – oder zumindest schien –, die Vergangenheit nicht nur in intellektueller Hinsicht hinter sich zu lassen, war einer der Hauptunterschiede zwischen der Zeit nach 1945 und der nach dem Ersten Weltkrieg.

In den vorherigen drei Kapiteln habe ich versucht, einige kulturelle Situationen des Jahrzehnts nach 1945 als Dimensionen der Stimmung jener Zeit darzustellen. Bevor wir uns im nächsten und abschließenden Kapitel auf die Jahrzehnte konzentrieren, welche die Distanz zwischen der unmittelbaren Nachkriegsvergangenheit und unserer Gegenwart des 21. Jahrhunderts überbrücken, möchte ich nun zunächst den Versuch unternehmen, die einzelnen Entdeckungen und Erkenntnisse der vorangegangenen Seiten auf einer abstrakteren, das heißt begrifflich strukturierteren Ebene zusammenzubringen. Drei allgemeine Beobachtungen scheinen mir dabei im Vordergrund zu stehen. Erstens: Trotz offenkundiger lokaler Unterschiede ist es möglich – und vielleicht sogar eine wichtige Erkenntnis –, die Situation nach dem Zweiten Weltkrieg als »global« zu begreifen. Der westliche und der östliche Block, die Seite der siegreichen und die der besiegten Nationen und – interessanterweise – sogar Staaten, die mit den Militäraktionen und deren Folgen nicht sonderlich viel zu tun hatten (Brasilien und Spanien waren hier meine Versuchsfälle), wurden allesamt Teil eines erstaunlich homogenen – scheinbar »globalen« – Netzes von Herausforderungen, Sorgen und zaghaften Lösungen (mit denen die verschiedenen kulturellen Gruppen natürlich in jeweils spezifischer Weise umgingen). Ich würde sogar die Behauptung wagen, dass die drei Konfigurationen, die wir in den vergangenen drei Kapiteln untersucht haben, für die Form eines historisch spezifischen, globalen kulturellen Netzes stehen können. Allem Fortschritt und allen Veränderungen, die es in der Zwischenzeit gegeben haben mag, zum Trotz, ist diese Form in den Grundkonturen bis heute als graues Erbe einer Vergangenheit erhalten geblieben, die wir beständig aufarbeiten müssen, ohne sie je wirklich in den Blick zu bekommen. Mit anderen Worten: Dieses Erbe scheint auf uns gekommen zu sein, gehört zu unserer Gegenwart und verfolgt uns – obwohl (oder weil) wir seine Form nur erahnen und fast nie direkt erfahren. So sind zum Beispiel der Status und die Reichweite der »Subjektivität«, also der zentralen Figur menschlicher Selbstreferenz in der westlichen Kultur, nie weiter geklärt worden, wie es sich die Phänomenologie nach 1900 vorgenommen hatte. Sie hat sich vielmehr im Lauf der Zeit zunehmend neue und immer größere Probleme aufgeladen.

Zweitens – und hier liegt ein weiterer Unterschied zur Situation nach dem Ersten Weltkrieg: Die Themen, Provokationen und Aufgaben der Jahre nach 1945 wurden im Allgemeinen nicht als neu oder gar überraschend empfunden, sondern als Relikte aus früheren Zeiten, die hartnäckig auf die intellektuelle Tagesordnung zurückkehrten. Dies gilt, wie gesagt, vor allem für die Vielzahl von erkenntnistheoretischen Fragen, die (neben vielen anderen Dingen) hauptsächlich um den Status von Subjektivität, Kognition und Handeln kreisten. Es gab gelegentliche Durchbrüche, wie Jean-Paul Sartres Hinweis auf die existenzielle Schlüsselrolle der »Unwahrhaftigkeit« in *Das Sein und das Nichts*, typischer für jene Zeit als wirklich innovative kulturelle Inhalte und Formen war jedoch ein wachsendes Gefühl der Ungeduld und Enttäuschung über den Mangel an greifbaren Lösungen.

Drittens – und hier möchte ich ein Missverständnis vermeiden, welches für den in den Geisteswissenschaften vorherrschenden intellektuellen Stil typisch wäre: Die drei von mir beschriebenen kulturellen Konfigurationen der Nachkriegszeit (»kein Ausgang/kein Eingang«, »Unwahrhaftigkeit/Befragungen«, »Entgleisungen/Behälter«) waren, auch wenn sie als globaler Bezugshorizont zusammenkamen, nicht in dem Maße komplementär oder aufeinander abgestimmt, dass es gerechtfertigt wäre, von einem »System« zu sprechen. Natürlich kam es ständig zu Überlappungen und (sozusagen) zu »Interaktionen«, doch waren diese Kontakte nur vereinzelt und stark von örtlichen und individuellen Gegebenheiten geprägt, so dass ihre gemeinsame Wirkung (wenn es denn eine gab) eher die einer allgemeinen Stauung gewesen wäre, als dass verschiedene Bewegungen in die eine oder andere Richtung zusammengeflossen wären. Die Dinge fügten sich nach 1945 nicht reibungslos zusammen. Eine weitere und vielleicht der Alltagssprache am nächsten kommende Möglichkeit, die gemeinsame Wirkung der drei Konfigurationen zu charakterisieren, wäre daher, sie als »Labyrinth« oder »Gewirr« zu bezeichnen. Dieses Labyrinth erzeugte unablässig das Verlangen nach einem Aufbruch, gleichzeitig aber auch die Befürchtung, ein solcher Aufbruch könnte zu einer Abkehr von der Erde werden. Rückblickend wird somit deutlich, dass die stärkste Stauwirkung aus der potenziellen Zirkularität (im Sinne eines »Teufelskreises«) zwischen den drei Konfigurationen resultierte. Denn sie boten allesamt weder klar definierte »Ziele« noch einen konkreten Ausgangspunkt.

*

Im Folgenden möchte ich nun den Vorschlag näher ausführen, das Nachkriegsumfeld als ein Labyrinth zu beschreiben. Die verschiedenen Ausdrucksformen des Motivs »kein Ausgang/kein Eingang« führten vielfach zu der Erfahrung, dass es nicht mehr möglich schien, irgendetwas zeitlich »hinter« sich zu lassen, was der Unmöglichkeit gleichkommt, dass überhaupt ein Ereignis stattfinden kann. Ein Grund für diese Unmöglichkeit war der wiederholte Eindruck zurückweichender Grenzen, die jede äußere Dimension von der Gegenwart wegstießen. Diese Welt, die keine Ereignisse und keine Transzendenz (im wörtlichen, das heißt räumlichen Sinne des Wortes) zuließ, lenkte die Aufmerksamkeit des Menschen nun zurück auf die Oberfläche des Planeten, was ein neues Gefühl für die Struktur des Raums auf dieser Oberfläche nach sich zog, ein Gefühl, welches wir inzwischen unter anderen – ökologischen – Prämissen kultiviert haben. Letztlich erschien es jedoch schwierig, innerhalb dieses begrenzten Bereichs zu überzeugenden oder einvernehmlichen Einsichten – geschweige denn »Wahrheiten« – zu gelangen, nicht zuletzt deshalb, weil niemand in der Mitte des 20. Jahrhunderts in der Lage war, eine gewisse, aus der eigenen philosophischen Geschichte geerbte Skepsis gegenüber der

Verlässlichkeit von menschlich erzeugtem Wissen zu verdrängen, auszuklammern oder zu beseitigen. In der Summe führten die verschiedenen Motive und Erfahrungen der Ausgangs- und Zugangsbeschränkung daher in erster Linie zu der Überzeugung, dass es notwendig sei, die kognitiven Fähigkeiten des klassischen westlichen Subjekts zu überdenken und zu schärfen, insbesondere in Bezug auf Phänomene, die der empirischen Forschung zugänglich schienen (das heißt im Raum auftretende Phänomene).

Ich sage nicht, dass die philosophische Entdeckung der Grundstruktur der »Unwahrhaftigkeit« und die These der Nichterreichbarkeit vollkommener Selbsttransparenz wirklich eine direkte »Reaktion« auf das Bedürfnis nach einer Schärfung der kognitiven Fähigkeiten des Subjekts darstellten; wahr aber ist, dass die Obsession mit der Unwahrhaftigkeit nach 1945 dramatisch zu der bereits bestehenden Skepsis bezüglich der Erkenntnisfähigkeit des Subjekts beitrug. Je erfolgreicher der Mensch den Planeten kontrollierte, desto weniger schien er auf das Wissen zu vertrauen, auf dem diese Kontrolle basierte. Um die Position des Subjekts sowohl gegenüber der äußeren »Objektwelt« als auch der eigenen inneren Sphäre zu stärken, wurden infolgedessen verschiedene Verhörtechniken entwickelt, und Befragungen wurden zu einem beliebten Genre. Auch hier blieben die großen epistemologischen Hoffnungen und Erwartungen jedoch unerfüllt. Die stärker empirisch ausgerichteten Ansätze lieferten nicht nur kein stabiles Wissen, sie führten auch zu einer Abwertung des »Denkens« in der Tradition der »Logik«. Aus dem Denken Antonin Artauds oder dem Luckys in *Warten auf Godot* waren keine klar umrissenen Ideen zu erwarten. Diese doppelte – negative – Konsequenz der Kategorie »Unwahrhaftigkeit/Befragungen« war möglicherweise eine

Triebfeder für den Schritt zu einer neuen epistemologischen Geste, die in den späten 1940er und 1950er Jahren an Bedeutung gewann. Ich meine die damals innovative Tendenz, »die Phänomene sich zeigen zu lassen« (»das Sein sich entbergen zu lassen«, um es mit Heidegger zu sagen), die als eine Möglichkeit empfunden wurde, das traditionelle Subjekt/Objekt-Paradigma zu umgehen.

Die Erfahrung, dass es nicht mehr möglich war, irgendetwas »hinter sich« (oder »in der Vergangenheit«) zu lassen, mag mit zu dem Eindruck beigetragen haben, die Geschichte sei von ihrem vorhergesagten Weg abgekommen, und führte zu einem tiefen Gefühl existenzieller Unsicherheit und Gefahr, das durch viele einzelne Erinnerungen und Ereignisse aus dem Krieg noch verschlimmert wurde (von denen natürlich keines in seiner Wirkung mit der Detonation der Atombombe über Hiroshima vergleichbar war). Die Besessenheit von Behältern, die wir entdeckt und dokumentiert haben, bringe ich vor allem mit dieser verstärkten existenziellen Unsicherheit in Verbindung. Es gab intellektuelle Positionen, besonders die von Heidegger und Schmitt, deren Sehnsucht nach existenzieller Sicherheit und nach Behältern aller Art geradezu mit dem philosophischen Projekt der Selbstentbergung der Dinge zusammenlief. Jedoch scheint keine dieser Reaktionen und Lösungsversuche je einen zufriedenstellenden Grad an Stabilität erreicht zu haben – was möglicherweise erklärt, warum es offenbar eine Rückkehr vom Topos »Entgleisungen/Behälter« zum Topos »kein Ausgang/kein Eingang« gab, um die Zeit zu fixieren (genauer gesagt: um die Regel »kein Ausgang« zu überwinden, da man nur hoffen kann, in der Zeit voranzuschreiten, wenn man etwas in der Vergangenheit zurücklassen kann) oder um irgendwo existenziellen Schutz zu finden (und so die Regel »kein Eingang« zu überwinden). An diesem Punkt, da die dritte der die globale Nachkriegssituation charakterisierenden kulturellen Konfigurationen auf die erste zurückverweist, beginnt ihre Wechselwirkung (oder zumindest unsere Beschreibung dieser Wechselwirkung) ihre Zirkularität zu offenbaren. Mit anderen Worten: Wir fangen an, die labyrinthische Struktur als Spur ihrer Interaktion und als historisch spezifische Form der Daseinsführung zu sehen. Dass die Zirkularität eine Form ist, in der die drei Konfigurationen auf derselben Ebene zusammenkommen, schließt nicht aus, dass sie auch in einer eher hierarchischen (oder »syntaktischen«) Weise gewirkt haben können. In dem Fall erzeugen »kein Ausgang/kein Eingang« und »Unwahrhaftigkeit/Befragungen« zusammen ein Gefühl des Staus und der Zirkularität, während »Entgleisung« als Reaktion darauf und als Interpretation dieses Gefühls erscheint – und die Sehnsucht nach »Behältern« wird zum Traum, davon erlöst zu werden.

*

Das aus der Wechselwirkung der drei kulturellen Konfigurationen entstandene Labyrinth und der Stau sind nur eine Dimension der mutmaßlichen Stimmung, die im ersten Nachkriegsjahrzehnt herrschte. Die andere und mit ihr verbundene Dimension ist die bereits erwähnte – und selbst aus heutiger Sicht noch überraschende – Leichtigkeit, mit der sich die Menschheit schon bald von der Erfahrung des Krieges und seinen Traumata zu entfernen schien. Die historische Stimmung, welche das geistige und körperliche Leben umgab, bestand aus der Spannung (und manchmal auch einfach nur der Koexistenz) zwischen jener Stauung, die ich zu beschreiben versucht habe, und einem scheinbar unproblematischen Aufbruch in die Zukunft. Der einfache Aufbruch war offensichtlich eine Fortsetzung der cartesianischen Energie der Moderne, während ich, was die Atmosphäre des Staus angeht, dem brasilianischen Kollegen zustimme, der diese als »eine Ontologie ohne Teleologie« beschrieben hat, eine bleierne Umwelt ohne Zugkraft oder Vektorialität, in der alle Unterscheidungen zu zerfallen drohten, einschließlich der zwischen argumentativer und fiktionaler Prosa.

Wie können wir nun die Nachkriegsstimmung mit der Latenz in Zusammenhang bringen? Zunächst möchte ich betonen, dass es vielfältige »Wirkungen von Latenz« gibt – zum Teil deshalb, weil ich den Unterschied zwischen einem möglichen Paradigma der Latenz und dem freudianisch inspirierten Paradigma der »Verdrängung« weiterentwickeln und etablieren möchte. Ich bin mir nämlich nicht sicher, ob wir jemals in der Lage sein werden, genau zu sagen, was in den Jahren nach 1945 latent geblieben sein könnte, wie man es ja innerhalb des Verdrängungsparadigmas erwarten würde (zumindest meine ich, dass wir aus dem Blickwinkel des Zeitpunkts, den wir bis jetzt in diesem Buch erreicht haben, das heißt aus Sicht der mittleren bis späten 1950er Jahre, nicht viel darüber sagen können, was latent blieb). Es kann durchaus sein, dass ein Eindruck, eine Wirkung der Latenz (der Eindruck, dass etwas »verborgen« oder »im Dunkeln« blieb) letztlich zum Akkumulations- und Konvergenzpunkt für vielfältige Erfahrungs- und Wahrnehmungsformen wurde, die aus dem weiter oben diskutierten Syndrom des Staus zwischen den drei kulturellen Konfigurationen hervorgingen (dies wäre eine erste Ebene der »Latenz«). Es herrschte das paradoxe Gefühl, dass man gewisse Dinge nicht »hinter sich lassen« konnte, weil sie so schnell verschwanden, dass andere »unerreichbar« blieben, dass das Selbst niemals »vollkommen transparent« werden würde oder dass keine Umgebung jemals Schutz und Zuflucht bieten konnte – und insgesamt erzeugten diese Eindrücke ganz sicher eine Latenzwirkung und mit ihr jene »Ontologie ohne Teleologie«.

Viele historische Momente zwischen der Mitte der 1950er Jahre und unserer Gegenwart erweckten den Anschein, dass sie das, was latent geblieben war, nun endlich freisetzen und ans Licht bringen würden – doch der Schein trog. Im folgenden und letzten Kapitel werde ich einige dieser Momente ansprechen. Vorher muss ich jedoch noch auf eine andere historische Ebene der Latenzwirkung nach 1945 hinweisen. Es geht darum, dass innerhalb der Stimmung jener Zeit gleichzeitig das Gefühl des Staus und eine Leichtigkeit der Vorwärtsbewegung herrschten. Das mühelose Voranschreiten (das im Westen durch ein enormes Wirtschaftswachstum und im Osten dadurch gelang, dass sich der Kommunismus nie für negative Ereignisse der Vergangenheit verantwortlich fühlte, so dass die Möglichkeit zum »Weitergehen« sichergestellt war) ließ sich durchaus mit vielerlei historistischen Diskursen und Vorstellungen in Einklang bringen, die alle davon ausgingen, dass die Zeit nach wie vor eine unabdingbare Triebkraft der (regulären) Veränderung und Transformation sei. In diesem Sinne war die Kehrseite der permanenten atomaren Bedrohung die anfängliche Überzeugung, dass Frieden möglich war oder zumindest zwischen den Siegern des Weltkriegs ausgehandelt werden konnte und als ein Ereignis die Welt dramatisch zum Besseren verändern würde. Zu diesem Frieden sollte es jedoch nie kommen. Dass er nicht zustande kam, sollte vielmehr zu einer Voraussetzung für den Beginn des Kalten Krieges werden, der sich am Ende als eine Struktur erwies, die Kriege auf globaler Ebene nachhaltiger verhinderte, als es jeder Friedensvertrag in den Jahrhunderten davor vermocht hatte. Letztlich setzte sich diese Sicherheit als zynische – aber friedenssichernde – Paradoxie durch.

Die zirkuläre Bewegung zwischen den drei kulturellen Konfigurationen war dagegen mit keiner historistischen Weltsicht vereinbar. Sie hat meiner Ansicht nach die Möglichkeit einer alternativen (nicht-historistischen) »Zeitkonstruktion« (oder eines neuen »Chronotopen«) gut ein halbes Jahrhundert lang eingekapselt, dieser neue Chronotop war sozusagen »im Winterschlaf« – und erst heute, zu Anfang des 21. Jahrhunderts, kann er langsam beginnen sich zu zeigen. Ein Symptom für diese veränderte Situation ist zum Beispiel unsere neu erwachte Faszination für die nach 1950 geschriebenen Bücher von Albert Camus. Denn niemand lehnte den historistischen Chronotop entschiedener als eine unzeitgemäße, faule und letztlich gefährliche Denkungsart ab als Camus. Auf dieser zweiten Ebene wäre Latenz somit das spezifische Gefühl, das ab den 1950er Jahren durch die Entstehung eines neuen Chronotopen (und durch die verschwommene Wahrnehmung dieser Entstehung) hervorgerufen wurde, die Entstehung eines Chronotopen, der noch nicht fassbar war, weil er von anderen, vertrauteren Zeitstrukturen überdeckt wurde, die in der kapitalistischen wie in der kommunistischen Welt beständig recycelt wurden.

Die historischen Momente zwischen der Mitte der 50er Jahre und heute, mit denen ich mich nun näher beschäftigen möchte, erzeugten in uns wiederholt das Gefühl, dass wir der Illusion zum Opfer gefallen waren, das ans Licht zu bringen, was andererseits latent geblieben war und nicht zum Vorschein kommen wollte. In ihrer historischen Verkettung vereinigen sich diese Momente zu einer Genealogie, welche die Latenz als Ursprung der Gegenwart erscheinen lässt. Der Rhythmus, der sich in ihrer stillen Abfolge entwickelt, hat nichts mit der vektoriellen Zeit des historistischen Chronotopen zu tun. Es handelt sich vielmehr um eine Zeitform, die von der wiederholten Gewissheit bestimmt wurde, dass durch eine Erscheinung, die niemand je gesehen hatte, endlich »etwas« hervorgebrochen sei. Diese Form der Latenzzeit könnte in etwa der jener »Geschichte des Seins« entsprechen, die Heidegger sich vorstellte, um den »Wahrheitsereignissen« oder Augenblicken der »Unverborgenheit des Seins« einen Rahmen und einen Raum zu geben, auf die er so inständig wartete. Aus diesem Grund habe ich mich für die Frage »Entbergung von Latenz?« als Überschrift meines Abschlusskapitels entschieden.

7
Entbergung von Latenz? Meine Geschichte mit der Zeit

Irgendwann im Spätsommer 1958 starb der Vater meiner Mutter. Er war, glaube ich, 62 Jahre alt, jedenfalls nicht älter (seine Tochter kann über das Geburtsjahr keine Auskunft mehr geben, weil sie schwer an Demenz erkrankt ist). Über viele Jahre hinweg, ja eigentlich seit ich denken kann, hatte er in endlosen Gesprächen mit meinen Eltern nach »Lösungen« für sein chronisches Herzleiden gesucht. Mehrfach wurden renommierte Spezialisten der Universitätsklinik meiner Heimatstadt konsultiert, oder es wurden ausgedehnte Aufenthalte in Kurorten unternommen, deren Heilquellen Genesung versprachen. Sogar ein paar Wunderheiler wurden aufgesucht. Einer von ihnen empfahl meinem Großvater – gegen ein stattliches Honorar – ständiges Kaugummikauen, eine Therapie, die bald wieder aufgegeben wurde und von deren Überbleibseln ich während mehrerer Ferienaufenthalte nicht wenig profitierte. Am Ende muss das Herz des Großvaters, so stellte ich mir vor, so abgenutzt und schwach ausgesehen haben wie die kleine Dampfmaschine meines Vaters, mit der ich so gerne spielte. Der Tod ereilte ihn dann in einem jener Heilbäder, die er so zu schätzen gelernt hatte, und weil meine Großmutter, seine dritte Ehefrau und die Stiefmutter meiner Mutter, ihn nicht begleitet hatte, nutzte sie das Eintreffen des Sarges ihres Gatten in der Waldhütte, wo wir uns alle versammelt hatten, für eine laute und allgemein erwartete Witwenklage: »Wer hätte das gedacht, Hans, wer hätte gedacht, dass du so zurückkommst! Ach, zu früh, viel zu früh!«, weinte sie, lehnte sich an die Schulter ihres sehr kleinen und übergewichtigen Bruders und ging. Wenn sie aber wirklich gemeint hat, was sie sagte, dürfte meine Großmutter mit der dramatischen Intensität ihrer Gefühle ziemlich allein dagestanden haben, denn vor einem halben Jahrhundert war es nichts Außergewöhnliches, mit 62 Jahren zu sterben.

Ich hatte zu spüren begonnen, dass mein Großvater, den ich als Kind von all meinen Verwandten mit Abstand am meisten mochte, nicht nur körperlich erschöpft war. Der Glanz des erfolgreichen und wohlhabenden Unternehmers, den ich in ihm sehen wollte, war verblasst. Bei einem der hässlichen Streitgespräche, die häufig, sogar am Tag der Beerdigung, zwischen meiner Großmutter und meiner Mutter stattfanden, hatte ich auch ein paar Wortfetzen über einen bestimmten Geldbetrag aufgeschnappt, den er sich wegen eines Liquiditätsproblems von meinen damals schon recht gut verdienenden Eltern hatte leihen wollen. Offenbar hatten sich seine Tochter und sein Schwiegersohn geweigert und wurden für ihre Undankbarkeit damit belohnt, dass sie ein altes Mehrfamilienhaus in Düsseldorf erbten, welches sie für exakt 100 000 D-Mark verkauften. Bei der Beerdigung meines Großvaters auf dem Friedhof seines Geburtsortes merkte ich zum ersten Mal und nicht ohne ein gewisses Schuldgefühl, dass der Tod mich weniger beeindruckt, als er es eigentlich sollte, selbst wenn es sich bei dem Verstorbenen um einen Menschen handelte, der mir in meinem Leben wichtig war.

In den folgenden vier, fünf Jahren kehrte ich oft zu jener Hütte im Wald zurück, um meine Großmutter zu besuchen, die, mit überraschendem Erfolg, das Geschäft ihres verstorbenen Gatten übernommen hatte, und die ebenso überraschend die Rolle in meinem Leben zu spielen begann, die er mit solch seltsam distanzierter Zärtlichkeit eingenommen hatte. Sein Grab, auf dem ein beinah schon monumentaler Stein mit seinem Namen in Goldbuchstaben aufgestellt worden war, besuchte ich jedoch nur ein- oder zweimal. Obwohl der Gedanke an den Tod ihn so sehr in Angst versetzte, dass wir das Wort in seiner Gegenwart nicht aussprechen durften, hatte mein Großvater ein handgeschriebenes Testament hinterlassen, in dem er, neben ein paar anderen, praktischeren Dingen, exakt beschrieb, wie sein Grab aussehen sollte. Ein Teil der früheren Welt war nun dahin, einer Welt, die ich mir immer noch als glorreich vorstellen wollte und zu der ich nur zu gern gehört hätte, aber auch einer Welt, deren grauenvolle Konturen sich mit Beginn meiner Jugendzeit schon bald abzuzeichnen begannen.

Ich besuchte inzwischen die erste Klasse des Gymnasiums, wo sich dieselben Probleme und Enttäuschungen in weniger dramatischer Weise wiederholten (besonders für meine ehrgeizigen Eltern), die ich schon aus den ersten Wochen in der Grundschule kannte. Ein Latein- und Deutschlehrer hatte es mir besonders angetan, dessen Strenge (einige Kollegen nannten ihn auch gerne »sadistisch«) seine pädagogische Systematik noch zu übertreffen schien und der mit dem erdigen und sanft melodischen Akzent der früheren deutschen Minderheiten in Osteuropa sprach. Bisweilen überraschte er uns Zehnjährige mit nebulösen Bemerkungen über »historische Ungerechtigkeit« und »unerledigte nationale Aufgaben«, aber anders als seine Kollegen und auch als meine Eltern stand er dem, was ich mittlerweile als Zeichen der von den Amerikanern verordneten »Reeducation« identifizieren kann, ausgesprochen positiv gegenüber, einschließlich der Wahl eines Schülersprechers, worüber sich die meisten anderen Lehrer öffentlich lustig machten. Vor allem weckte dieser Dr. Kurt Fina als Erster in mir den Wunsch, etwas über die Vergangenheit zu erfahren und mich als Teil der Geschichte zu imaginieren, in seinem Fall der römischen Antike. Er hatte zwar kein Recht, uns zu zwingen, aber ich erinnere mich noch genau an den Ton seiner Stimme, als er den »stärkeren« Schülern empfahl, für den Lateinunterricht das etymologische Lexikon *Der kleine Stowasser* (das heute noch an meinem Schreibtisch steht) sowie ein Buch mit Quellentexten aus der römischen Alltagskultur namens *Res Romanae* anzuschaffen. Dr. Finas Lehrerkollegen waren im Gegensatz dazu mehr damit beschäftigt, Rollen, Mienen und sogar Kleidungsstücke zu kultivieren, die aus einer früheren Zeit stammten, der Zeit »vor dem Krieg«, was bei ihnen so klang, als sei es die einzig wahre Zeit gewesen. Dr. Herbert Wilhelm, der Mathematiklehrer, erzählte zum Beispiel gerne stolz von seinen Abenteuern als Militärpilot (er hatte auch zwei Operetten komponiert), während sich der Biologielehrer Walter Menth ganz bescheiden mit seinen ruhmreichen Tagen als lokale Fußballgröße brüstete (und von Biologie nicht allzu viel verstand). Unsere Lehrer versuchten auch ständig, uns das Gefühl zu geben, dass sie nie ganz das sagen durften, was sie eigentlich wollten; so verkündete zum Beispiel mein Erdkundelehrer Hans Morgenroth die unvergessliche Weisheit: »Wir alle wissen doch, Jungs, auch wenn es nicht mehr in den Lehrbüchern steht, dass der Asiat mit einer Handvoll Reis am Tag zufrieden ist.« Es waren also nicht so sehr direkte Beschreibungen, sondern vielmehr zahllose Anspielungen und Andeutungen, die jene »wirkliche« Welt von »vor dem Krieg« auftauchen und latent bleiben ließ, die nach wie vor unbestritten und sogar unverdächtig war.

*

So wuchs ich in der Erwartung heran, dass eines Tages etwas klar werden würde, etwas, von dem ich noch nicht wusste – oder noch nicht zu wissen glaubte –, was es war. Wer in der Gewissheit einer Präsenz lebt, die keine Identität besitzt, lebt im Zustand der Latenz. Wenn ich mich nicht sehr irre, teilten viele meiner Klassenkameraden und viele junge Deutsche meiner Generation dieses ebenso vage wie bestimmte Gefühl, dass die Zukunft einen entscheidenden Moment der Unverborgenheit für uns bereithalte. Für mich hatte alles mit jenem imaginierten Ruhm meines Großvaters begonnen, der eigentlich nie vor meinen Augen Wirklichkeit wurde; es ging weiter mit dem Ressentiment, vielleicht sogar der heimlichen Absicht, die ich in der Redeweise meiner Lehrer verspürte – und ein ähnliches Gefühl hat, glaube ich, auch zu jener besonderen Tonart der 1968er Studentenunruhen in Deutschland geführt: Wir wollten unseren Eltern entgegentreten, weil wir überzeugt waren, dass sie uns etwas verschwiegen, von dem wir nicht wussten, was es war (auch wenn wir so taten, als wüssten wir es).

Diese Erwartung gegenüber der Vergangenheit hat unser Verhältnis zur Zukunft als Dimension des Daseins bestimmt. Die Zukunft, die wir alle aus dem Geschichtsbegriff des 19. Jahrhunderts geerbt hatten, sah nach einer Zukunft aus, die wir wählen und durch unser Handeln bestimmen konnten. Für die nach 1945 Geborenen wurde sie aber auch zu einer Zukunft, die auf eine Unverborgenheit hoffen ließ, von der, das spürten wir, sich nicht voraussagen ließ, wann sie sich ereignen würde. Auf den ersten Blick war es diese Erwartung an die Vergangenheit (überhaupt eine Erwartung an die Vergangenheit zu haben, ist ja schon eine potenziell paradoxe Haltung), die für Stauungen oder, wenn Ihnen eine andere Metapher lieber ist, Furchen im glatten Verlauf der historistischen Zeit zwischen einer beständig zurückgelassenen Vergangenheit und einer zu wählenden Zukunft sorgte. Meine Geschichte mit der Zeit (die, wie gesagt, vermutlich nicht auf mich als Person beschränkt ist) war also eine ständige und ständig enttäuschte Erwartung, dass sich etwas Entscheidendes zeigen würde – sowie das lebenslange Bemühen, die Bilder der Zukunft und der Vergangenheit an diesen wiederholten Kreislauf aus Erwartungen und Enttäuschungen anzupassen.

*

Ende 1958, während meiner ersten Monate am Gymnasium, lebte ich zwischen den verblassenden Träumen von der Vergangenheit meines Großvaters und dem – nun von Dr. Fina in mir geweckten – Wunsch nach einer neuen Farbe der Vergangenheit, die meine Zukunft werden würde. Heute begreife ich, dass die späten 1950er Jahre vor allem eine Zeit waren, in der spürbar etwas zu Ende zu gehen schien, wodurch zum ersten Mal der Eindruck entstanden sein mag, dass die Nachkriegszeit vorbei war. 1955 starb James Dean bei einem Autounfall – und mit ihm verschwand das Gesicht einer Generation, die durch den plumpen Optimismus der neuen Nachkriegs-Mittelklasse in ewiger Jugend erstarrt war. Drei Jahre nach dem Gewinn des Literaturnobelpreises kam auch Albert Camus bei einem Verkehrsunfall ums Leben. Während James Dean anscheinend nie über die sexuelle Ambiguität des frühen Erwachsenenalters hinauskam, hinterließ Camus eine Frau und Zwillinge und war weit mehr als nur ein charakteristisches Gesicht des intellektuellen Geschmacks jener Jahre. Sein Werk ist zu einem Vermächtnis luzider philosophischer Nüchternheit geworden, das, wie viele von uns zu Beginn des 21. Jahrhunderts einsehen, ganze Generationen vor dem Fieber arroganter und banaler Ideologien hätte bewahren können – aber auch einem Vermächtnis, auf das seine Zeitgenossen schon bald als nicht »progressiv« genug herabschauen sollten.

Was damals zu Ende ging und so den Eindruck eines Aufbruchs in die Zukunft entstehen ließ, waren die Ungewissheiten und Ängste, die mit dem frühen Beginn des Kalten Krieges nach 1945 einhergingen. Wie die neue Ordnung aussehen würde, deutete sich 1950 im Prinzip schon an: Die Vereinigten Staaten und die Sowjetunion würden die Welt in zwei Einfluss- und Kontrollbereiche aufteilen und einfrieren, wobei sie nicht davor zurückschreckten, Nationen und frühere Kolonialgebiete zu halbieren, wie im Falle Koreas und Deutschlands (aufgrund seiner kolonialen Vergangenheit sollte sich auch Vietnam auf ähnliche Weise entwickeln). Eine besondere Angst, die das Potenzial besaß, plötzlich in Panik umzuschlagen, blieb freilich: die Angst davor, dass eine innere Schwäche auf einer der beiden Seiten die andere zu einem militärischen Eingreifen verleiten könnte, was unweigerlich die Gefahr eines nuklearen und damit letzten Weltkriegs heraufbeschworen hätte. Dies war die Atmosphäre, in der Günther Anders seine humanitäre Kampagne ins Leben rief, um die Erinnerung an Hiroshima wachzuhalten. Die Ereignisse der ungarischen Revolution vom Oktober und November 1956 sollten dem ein Ende machen.

Unter der Herrschaft einer sowjettreuen Arbeiterpartei war Ungarn in eine Spirale aus Hyperinflation, wirtschaftlichem Niedergang und Nahrungsmittelknappheit geraten, begleitet von politischer Repression und einer von ideologischen Fantasien geprägten aggressiven Umwandlung der gesellschaftlichen Strukturen. Als die sich rasch ausbreitenden Studentenproteste im Oktober 1956 die Regierung zum Rücktritt zwangen, sah es zunächst so aus, als sei die Sowjetunion zu Verhandlungen bereit. Dann aber marschierte am 4. November die sowjetische Armee in Ungarn ein, ohne den geringsten Versuch, das Wesen ihrer Mission zu verschleiern, und ohne jede Einschränkung der brutalen Gewalt, mit der gegen die ungarische Bevölkerung vorgegangen wurde. Die Narben jener Tage sind bis heute an den Mauern alter Häuser in der Budapester Innenstadt sichtbar, wo ich diese Zeilen schreibe. Spätestens am 10. November 1956 war jeglicher Widerstand gebrochen. 2500 Ungarn und 700 sowjetische Soldaten waren gestorben, etwa 200 000 Ungarn verließen ihr Land als Flüchtlinge. Wie schon gesagt, waren meine Eltern damals überzeugt, dass ein dank der boomenden deutschen Wirtschaft möglich gewordenes neues Leben in Wohlstand und gesellschaftlichem Ansehen für sie schon jäh zu Ende war, bevor es überhaupt richtig begonnen hatte, und dass es unverantwortlich war, in einer Welt, die dem Untergang geweiht war, ein zweites Kind zu bekommen (meine Schwester, die im Juli 1956 geboren wurde).

Obwohl die Intervention der Sowjets in ganz Europa solche Ängste hervorrief, wurden die amerikanischen Streitkräfte, die nur wenige hundert Meilen entfernt zusammengezogen worden waren, nicht eingesetzt. Da die internen Probleme des kommunistischen Blocks nicht zu übersehen waren und die Grausamkeit der sowjetischen Aktionen nicht offenkundiger hätte sein können, blieb für die Welt nur eine Schlussfolgerung: Mit der Unmöglichkeit eines Friedensvertrags zwischen den beiden absolut dominierenden Mächten war die Möglichkeit des Ausbruchs eines Atomkriegs erkaltet, und auch wenn der Kalte Krieg die nukleare Bedrohung nicht ganz ausschalten konnte – was der Menschheit nie vollständig gelingen wird –, so war er doch zum bestmöglichen Schutz vor dieser Bedrohung geworden. Die Menschheit schien endlich dazu bereit, einen Teil ihrer

Vergangenheit hinter sich zu lassen. Beide Supermächte zahlten einen zwar hohen, aber akzeptablen Preis für diese neue Stabilität. Das amerikanische Versprechen, alle Bewegungen, die sich für nationale Freiheit und Unabhängigkeit einsetzten, zu schützen und zu unterstützen, hatte zwar viel von seiner Glaubwürdigkeit eingebüßt; andererseits wurde es jedoch für Intellektuelle auf der ganzen Welt, die sich, häufig auf der Grundlage philosophischer Argumente, traditionell genötigt sahen, für die Sache des Sozialismus und des Kommunismus einzutreten, weit weniger plausibel (ja nicht einmal mehr wahrscheinlich), die Sowjetunion zu unterstützen.

Am Morgen des 13. August 1961, weniger als fünf Jahre nach der Niederschlagung des ungarischen Volksaufstands, überraschte uns während eines Familienurlaubs an einem See in der Nähe der Bayerischen Alpen beim Frühstück die Nachricht, in Berlin werde gerade unter dem Schutz von Polizei und Militär der DDR eine Mauer hochgezogen, um den sowjetischen »Sektor« gegen die drei westlich kontrollierten Sektoren abzuriegeln. Dieses Mal waren die Gründe für die Intervention, mit der gegen zahlreiche vorher getroffene Vereinbarungen verstoßen wurde, vorwiegend wirtschaftlicher Natur, und diese Gründe waren aufgrund eines Denkfehlers in Bezug auf den Status der ehemaligen Reichshauptstadt nach dem Krieg zunehmend drängender geworden. Ganz Berlin galt offiziell als Enklave innerhalb Ostdeutschlands und wiederholte somit die Teilung des ganzen Landes in vier Teile. Die Stadt war, mit anderen Worten, in vier »Sektoren« aufgeteilt, die jeweils von einer der ehemals »alliierten« Mächte verwaltet wurden. Allerdings konnte man sich innerhalb Berlins frei zwischen diesen vier »Sektoren« bewegen, was bedeutete, dass die DDR einen offenen Ausgang besaß, der nicht wie eine Grenze gesichert werden konnte –

einen Ausgang, durch den eine wachsende Zahl ostdeutscher Bürger (vorwiegend Ärzte, Anwälte und qualifizierte Facharbeiter) ihren sozialistischen Staat für ein Leben im Westen verließ. Dass man diesen Ausgang versperren und so einen möglichen Zusammenbruch der ostdeutschen Wirtschaft verhindern wollte, war eine durchaus plausible Entscheidung – auch wenn sie der amerikanischen Seite im Kalten Krieg weitere ideologische Munition lieferte.

Nachdem wir an jenem Morgen des 13. August 1961 die Neuigkeit erfahren hatten, murmelte mein Vater, der sich in politischen Diskussionen seltsamerweise (aber nicht untypisch für einen um 1920 geborenen deutschen Mann) stets auf die Seite der Sowjetunion stellte, dass die DDR besser daran getan hätte, von vornherein alle Grenzen dicht zu halten; meine Mutter konnte es, wie immer, nicht abwarten, in ihren Liegestuhl zu kommen, wo sie an ihrer obligatorischen Sommerbräune arbeitete; und der Besitzer unseres Hotels war, wie sein Kollege Mr. Kellerman aus dem amerikanischen Spielfilm *Dirty Dancing*, erleichtert, dass die Urlaubsstimmung offenbar nicht wesentlich getrübt war – und wo immer es nötig war, eifrig darauf bedacht, jeder der verschiedenen aufkommenden Meinungen beizupflichten. In Radio und Fernsehen war wieder viel die Rede davon, dass der Ostblock mit der Möglichkeit eines Atomkriegs spiele, und wie ich später erfuhr, hatten sich irgendwann tatsächlich US-amerikanische und sowjetische Panzer auf beiden Seiten der wachsenden Mauer dicht gegenübergestanden. Eigentlich rechnete aber niemand mehr damit, dass die gespannte Lage zu einem Militäreinsatz eskalieren könnte; die Ähnlichkeit mit dem ungarischen Volksaufstand war nur oberflächlich. Vielmehr bestätigte der Bau der Berliner Mauer nur die ungeschriebenen und augenfälligen Gesetze des Kalten Krieges.

Weitere fünf Jahre später unternahmen meine Klassenkameraden und ich, wie alle angehenden Abiturienten aus Westdeutschland, dank der Existenz der Berliner Mauer, die sich rasch zu einer Touristenattraktion entwickelt hatte, einen staatlich bezuschussten und verpflichtenden Ausflug in die »ehemalige Reichshauptstadt«. Dort hagelten zunächst einmal gründliche ideologische Belehrungen auf uns ein, die uns als »Staatsbürgerkunde« verkauft wurden. Und an einem Tag wurden wir, wie beim Zeitfahren im Radsport, einzeln nacheinander losgeschickt, um innerhalb von acht Stunden durch den Ostteil der Stadt zu spazieren und uns mit ihm »vertraut zu machen« (das Einsatzmuster wurde von irgendwelchen geheimnisumwobenen bürokratischen Vorschriften der ostdeutschen Behörden vorgegeben). Ich war damals fast 18 Jahre alt und verspürte allmählich eine (von nicht vielen meiner Klassenkameraden geteilte) Lust auf eine gewisse Unabhängigkeit von der ideologischen und institutionellen Umgebung, in der ich aufgewachsen war. Gleichzeitig machten die Zwänge des Ostens und die Warnungen des Westens es uns nicht gerade leicht, uns »hinter dem Eisernen Vorhang« wohlzufühlen – weshalb die meisten meiner Freunde, kaum dass sie die Grenze nach Ostberlin überschritten hatten, sofort wieder mehr oder weniger heimlich in den Westteil der Stadt zurückkehrten. Ich jedoch wollte anders sein und gab mir alle Mühe, das seltsam unzusammenhängende Stadtbild »drüben« schön zu finden, das sich aus historischen Bauwerken, die nach ihrer Zerstörung im Zweiten Weltkrieg noch immer auf ihre Reparatur warteten, und meist im stalinistischen Barock gehaltenen Schmuckstücken der sozialistischen Architektur zusammensetzte. Irgendwann bemerkte ich ein großes Plakat, das mit einem offensiv pädagogischen Titel zu einer Ausstellung einlud: »Sozialistische Jugend malt den Frieden«. Es handelte sich um eine endlose Sammlung von Buntstiftzeichnungen, auf denen Kinder Soldaten der Nationalen Volksarmee mit Handgranaten, Panzern und allem Drum und Dran dargestellt hatten. Als jemand, der wirklich versucht hatte, an die guten Absichten der »anderen Seite« zu glauben, war ich wirklich entsetzt. Als mir dann jedoch am Ausgang ein Buch für »Stellungnahmen« gereicht wurde, sah ich mich die folgenden Zeilen auf das braun-graue Papier schreiben (ich glaube, ich kann mich bis heute an den genauen Wortlaut erinnern): »Als Bürger Westdeutschlands beglückwünsche ich die Deutsche Demokratische Republik zum sichtbaren Erfolg ihrer Friedenserziehung. Möge sie zu dem Beitrag zu Fortschritt und dauerhaftem Frieden werden, der sie zu sein verdient.« Zwischen Einschüchterung und meinem Wunsch, anders zu sein, wusste ich sofort, dass dies kein Ausdruck von Unwahrhaftigkeit war, sondern glatt gelogen. Es gab keinen Angleichungsprozess der beiden Welten des Kalten Krieges, aber es war ganz klar, welche unterschiedlichen Verhaltenskodizes sie vorschrieben und eingehalten sehen wollten.

*

Als der Kalte Krieg diese endgültige und gefährlich »sichere« Form erreicht hatte, muss nicht nur der Eindruck geherrscht haben, es sei nun endlich möglich, eine Vergangenheit, über die niemand sprechen wollte, hinter sich zu lassen. Darüber hinaus wurde dieses Zurücklassen der Vergangenheit auch mit der »Geschichte an sich« verwechselt und damit, in eine Zukunft aufzubrechen, die als offener Horizont der Möglichkeiten erschien, aus denen man als Gemeinschaft und als Einzelner frei wählen konnte. Da sich beide Lager des Kalten Krieges bei der Entwicklung von Bildern und Idealen einer besseren Zukunft auf die Grundelemente dieser Zeitkonstruktion stützten, kam es zwangsläufig auf mehreren Ebenen zu einem heftigen Wettbewerb (der tatsächlich häufig als »Wettlauf« bezeichnet wurde). Es ging bei diesem Wettbewerb darum, welche Seite sich schneller in Richtung Zukunft bewegte und dabei die besseren Entscheidungen traf – und er durchdrang jeden institutionellen Moment, sowohl in der Schule als auch auf den kleinen Fernsehschirmen. Ein paar Jahre lang sah es so aus, als habe sich der Zeitstau, der die unmittelbare Nachkriegszeit beherrscht hatte, aufgelöst und den Eindruck von Fortschritt aufkommen lassen. In der bei weitem augenfälligsten Disziplin des Wettstreits der Supermächte, dem »Wettlauf ins All«, führte die Sowjetunion um 1960 noch um Längen, nachdem sie 1957 den ersten künstlichen Erdsatelliten gestartet hatte. Im sowjetischen Kontext kam vielleicht auch zum ersten Mal das Gefühl auf, das Weltall um unseren Planeten stelle eher eine Begrenzung als einen offenen Ausgang dar.

Dieses anfängliche Ungleichgewicht zwischen den Supermächten bei ihrer Erkundung des Alls muss einer der Gründe dafür gewesen sein, dass die Vereinigten Staaten auf internationaler Ebene eifrig bemüht waren (viel eifriger, als sie es heute sind), den hohen Lebensstandard zur Schau zu stellen, den sie dank einer atemberaubenden wirtschaftlichen und technischen Entwicklung nach 1945 erreicht hatten. Die beste Gelegenheit, sich zu präsentieren, bot die Weltausstellung in Brüssel 1958, deren Wahrzeichen, das »Atomium«, noch heute Teil meiner bildlichen Erinnerung an jene Zeit ist, nicht zuletzt, weil es uns heute daran erinnert, dass es erst ein halbes Jahrhundert her ist, dass die Atomenergie noch als sicherer Garant für eine glückliche Zukunft erschien. Ein weiteres Ereignis aus dieser Gattung war die »amerikanische Nationalausstellung«, die am 24. Juli

1959 im Moskauer Sokolniki-Park eröffnet wurde. Die Schau konzentrierte sich, wohl als Kompensationsversuch für das Sputnik-Trauma, vor allem auf arbeitserleichternde Geräte und Freizeitartikel, um die russischen Besucher mit einem futuristischen Bild des Alltags einer US-amerikanischen Durchschnittsfamilie zu beeindrucken. Sowohl der sowjetische Ministerpräsident Nikita Chruschtschow (der durch seine joviale Art die Hoffnungen auf eine poststalinistische Tauwetter-Periode verkörperte) als auch der amerikanische Vizepräsident Richard Nixon (der darauf hoffte, als republikanischer Kandidat für die bevorstehenden Präsidentschaftswahlen punkten zu können) nahmen an der Eröffnungsfeier teil. In der Küche eines vorstädtischen Musterhauses, wie es Millionen Fernsehzuschauer (wie ich) aus der Unterhaltungsserie »Father Knows Best« kannten (allerdings in zwei Hälften geteilt, damit es als Bühne genutzt werden konnte), lieferten sich Chruschtschow und Nixon ein hitziges, aber insgesamt nicht unfreundliches Streitgespräch. Erstaunlicherweise hielten sowohl die amerikanische als auch die sowjetische Regierung dieses als »Küchendebatte« in die Geschichte eingegangene Gespräch für so imagefördernd, dass sie es innerhalb der nächsten Tage im staatlichen Rundfunk ausstrahlen ließen. Chruschtschow beginnt die Unterhaltung mit der Bemerkung, im Gegensatz zu den Amerikanern konzentriere sich die Sowjetunion nicht auf die Herstellung von Luxus, sondern von »Dingen von Bedeutung«. Sodann fragt er den Vizepräsidenten, ob es in der Ausstellung auch eine Maschine gebe, die »Essen in den Mund steckt und es runterdrückt«. Nixon erwidert höflich, aber kritisch, immerhin sei dieser Wettbewerb »nur technisch und nicht militärisch«.

Solcherart Sportgeist gepaart mit einem verhaltenen Optimismus hinsichtlich einer möglichen Annäherung der Supermächte breitete sich nun ein paar Jahre lang aus. Im Westen wurde dies oft mit der erstaunlich lässigen Art Nikita Chruschtschows in Zusammenhang gebracht, der aus einer armen Bergarbeiterfamilie stammte und als Maschinenschlosser in Bergwerksbetrieben gearbeitet hatte – und auf der anderen Seite mit dem Glanz und Charisma des Harvard-Absolventen John F. Kennedy, der Richard Nixon im Rennen um die Präsidentschaft 1960 geschlagen hatte. Andere Szenarien und Protagonisten der frühen 1960er Jahre bestärkten nur unseren ebenso naiven wie schönen Glauben an eine bessere Zukunft. Der sympathische und ruhige Kardinal und Patriarch von Venedig folgte als Papst Johannes XXIII. auf den strengen Pius XII., den Papst meiner Kindheit, der in früheren Jahren als Nuntius des Vatikans in Deutschland beiderseitig günstige Vereinbarungen mit der Hitler-Regierung ausgehandelt hatte. Offenbar ohne sich vorher groß beraten zu haben, folgte der neue Papst einer persönlichen Intuition und kündigte 1959 das Zweite Vatikanische Konzil an, das zwischen 1962 und 1965 das visionäre Ziel verfolgte, die katholische Kirche gegenüber der modernen Welt zu öffnen (das damals vielzitierte italienische – und nicht mehr lateinische – Wort für dieses Vorhaben lautete »aggiornamento«). Am 11. Mai 1960 hatte der israelische Geheimdienst in Argentinien Adolf Eichmann gefangen genommen und nach Jerusalem verbracht, wo er als einer der Hauptverantwortlichen für die Deportation von Millionen Juden in deutsche Vernichtungslager zum Tode verurteilt und in der Nacht vom 31. Mai auf den 1. Juni 1962 hingerichtet wurde. Obwohl die Gerichtsverhandlung verfahrensrechtlich alle formalen Voraussetzungen erfüllte, erweckte sie ungewollt den Eindruck eines Schauprozesses. Der kugelsichere Glasbehälter, in dem Eichmann während der Verhandlung saß, faszinierte mich als eine Verdichtung dieser Zwiespältigkeit. Offiziell bestand seine Funktion darin, den Angeklagten vor der Wut der Opferfamilien zu schützen. Gleichzeitig aber machte er aus Adolf Eichmann zwangsläufig auch ein Ausstellungsstück und stellte ihn als den Verbrecher schlechthin zur Schau. Die vorherrschende Reaktion sowohl in Deutschland als auch in Israel und in den USA war Erleichterung. Die Welt von einem der Haupttäter der nun »Holocaust« genannten Vernichtung befreit zu haben, schien ein weiterer Schritt weg von der Vergangenheit zu sein – und damit ein Schritt in eine bessere Zukunft. Hannah Arendts geflügeltes Wort von der »Banalität des Bösen«, das ihrem für den *New Yorker* verfassten Prozessbericht entstammt, war eine Reaktion auf Eichmanns beharrliche Erklärung, er habe »nur seine Pflicht getan«, und trug mit zu dem Eindruck bei, dass die Vergangenheit in immer weitere Ferne rückte. Denn obwohl ihre Worte in erster Linie als Warnung vor dem überall lauernden Potenzial solcher Verbrechen gedacht waren, dämpften sie auch die morbide Faszination, welche die Erinnerung an die Hauptfiguren des Naziregimes wachgehalten hatte.

Weitere Schritte in die vielversprechende Richtung schienen in Südamerika unternommen zu werden. Am 21. April 1960 weihte der brasilianische Präsident Juscelino Kubitschek Brasilia als neue Hauptstadt seines Landes ein. Damit wurde ein nationales Projekt zum Abschluss gebracht, welches schon im frühen 19. Jahrhundert, während der ersten Jahre der Unabhängigkeit von Portugal, konzipiert worden war, um das riesige Binnenland zu erschließen und weiterzuentwickeln. Die hochmoderne Stadtplanung von Lúcio Costa und die von Oscar Niemeyer erdachte architektonische Gestaltung der neuen Stadt wurden als harmonischer Ausdruck des alten Traums von der Zukunft gepriesen, die nun zur Gegenwart wurde. Mit

Fidel Castro hatte unterdessen in Kuba im Jahr davor ein weiterer junger und charismatischer Führer einen sechs Jahre währenden Guerillakampf beendet, den Präsidenten Fulgencio Batista, eine Marionette der Mafia und des CIA, gestürzt und die politische Macht auf der Insel übernommen. Noch bevor wir mit dem Sozialismus zu sympathisieren begannen, spürten wir das Charisma von Figuren wie Fidel Castro und Che Guevara. Sogar in den Vereinigten Staaten, die Batista außenpolitisch offiziell unterstützten und Castros marxistischem Weltbild natürlich ablehnend gegenüberstanden, reagierte man, besonders in intellektuellen Kreisen, anfangs optimistisch auf die kubanische Revolution.

*

Kuba sollte sich jedoch als erster Rückschlag in diesem zunächst vielversprechenden Szenario der Frühphase des Kalten Krieges herausstellen. Unmittelbar nach seinem Amtsantritt als Präsident im Januar 1961 stimmte John F. Kennedy einem bereits fertig in der Schublade liegenden Plan zur Invasion Kubas durch Exilanten mit massiver militärischer Unterstützung seitens der USA zu. Nur drei Monate später scheiterte das Vorhaben kläglich, was Castros Regime weitere Glaubwürdigkeit und zusätzliches Vertrauen einbrachte und ihm handfeste Gründe lieferte, die Beziehungen zur Sowjetunion zu verstärken. Als Folge kam es 1962 zur Kubakrise, welche die Welt in Atem hielt, insbesondere als US-Aufklärungsflugzeuge Konstruktionsstätten für den Bau von Abschussrampen für Mittelstreckenraketen auf der Insel entdeckten. Es folgten angespannte Wochen der gegenseitigen Bedrohung zwischen den beiden Supermächten und ihren Oberhäuptern, bis es schließlich zu einer Einigung kam, in der sich die Sowjetunion verpflichtete, ihre Raketen aus Kuba abzuziehen, während die Vereinigten Staaten ihrerseits zusicherten, – heimlich – ihre eigenen Flugkörper im europäischen Mittelmeerraum abzurüsten. Die Asymmetrie zwischen dem öffentlichen Rückzug der Sowjetunion aus Kuba und dem heimlichen Rückzug der USA aus Europa schwächte Chruschtschows Autorität innerhalb der Kommunistischen Partei und der sowjetischen Regierung und war womöglich der Anfang seines politischen Niedergangs. Die langfristigen Nachbeben der Krise waren jedoch auch in den USA spürbar: Als John F. Kennedy beinahe auf den Tag genau ein Jahr später ermordet wurde, kamen sofort Gerüchte auf, die seinen Tod mit der Kubakrise in Verbindung brachten.

Nachdem John F. Kennedy tot war und ein weiteres Jahr später Nikita Chruschtschow im offiziell als Ruhestand deklarierten politischen Exil verschwand, hatte der Kalte Krieg die freundlichen Gesichter seiner Frühphase verloren, die uns so bezaubert hatten. Lyndon B. Johnson, Kennedys weit weniger schillernder Nachfolger, war nicht imstande, die schon unter der Vorgängeradministration in Gang gesetzte Spirale unglücklicher Entscheidungen zu durchbrechen, die seine Nation letztlich in den Vietnamkrieg hineinzog. Die dramatischen Spannungen der inneramerikanischen Situation verkörperten sich für mich in der charismatischen Figur Cassius Clays, der nach seinem Sieg in der sechsten Runde über Sonny Liston 1964 Schwergewichtsweltmeister im Boxen geworden war. Ich hörte die Live-Übertragungen seiner Kämpfe nachts heimlich auf meinem Transistorradio auf dem US-Militärsender »American Forces Network«, und durch Cassius Clay, der sich nach seinem Übertritt zum Islam bald Muhammad Ali nannte, kehrten die USA mit ihrer Größe und ihrer Zwiespältigkeit – zwischen Rassenunterdrückung und intensiver Freiheitssuche, zwischen beispielloser athletischer Schönheit und den kriminellen Machenschaften von Alis Promotern – in mein Leben zurück. Seine stets provokativen Worte und Gesten, seine Geradlinigkeit und sein Witz, vor allem aber jeder seiner Siege als Box-Champion erschienen uns als Vorboten einer Zukunft, von der wir erst einige Jahre später zu träumen begannen und von der sich heute unmöglich sagen lässt, ob sie jemals eingetroffen ist. Denn die großen Ali-Momente ließen uns glauben, dass wir sowohl in einer beschleunigten historischen Entwicklung als auch in einer »Zeitfurche« steckten (*A Wrinkle in Time* war der Titel eines 1962 erschienenen, weitverbreiteten Kinderbuchs von Madeleine L'Engle). Jeder Schritt auf dem Weg zu mehr Freiheit für die afroamerikanische Bevölkerungsgruppe war für uns ein Fortschritt; doch machten diese hart erkämpften Fortschritte auch deutlich, dass die reibungslose Nachkriegsentwicklung zu immer mehr Wohlstand und Komfort für eine immer größer werdende Zahl von Amerikanern gesellschaftliche und kulturelle Minderheiten größtenteils ausgeschlossen hatte – und daher aufgehalten werden musste.

Unterdessen waren einige dynamische Aufbrüche und Veränderungsbewegungen in mehreren südamerikanischen Ländern ins Stocken geraten. Als ich 1966 mit 18 Jahren das Privileg hatte, Brasilia besuchen zu dürfen, sah die neue Hauptstadt noch wie eine Baustelle aus. Als einer der wenigen Gäste des großen Hotels in der Innenstadt hatte ich das Gefühl, dass die Stadt leer sei – dabei litt sie in Wirklichkeit schon unter einem demografischen Wachstum, das alle Annahmen übertraf, auf die sich Costa und Niemeyer bei ihren Planungen gestützt hatten. Brasilia war in erster Linie die Hauptstadt einer Militärdiktatur unter der Präsidentschaft von Marschall Humberto de Alencar Castelo Branco geworden und sah, ganz wie das

Gesicht des Marschalls, nur auf der anderen Seite des politischen Spektrums, wie ein Mahnmal aus einer vergangenen Zukunft aus. Ich erfüllte meine Touristenpflicht und konservierte die Gegenwart, die ich sah, indem ich 36 Farbfotos jener bis heute berühmten Niemeyer-Gebäude schoss. Auf der anschließenden langen und einsamen Busfahrt zurück nach São Paulo, wo meine Gastfamilie lebte, fühlte ich mich eher traurig als enttäuscht.

Solche Augenblicke der Ernüchterung ließen die Hoffnungen der ersten Jahre des Kalten Krieges naiv erscheinen, und die Angst davor, naiv zu sein – das Schlimmste, wovor sich ein Jugendlicher fürchten kann –, mag erklären, warum ich wie Millionen andere Heranwachsende meiner Generation so bereitwillig die formalere und deutlicher als Ideologie erkennbare Weltsicht der kommunistischen Seite annahm. Natürlich imponierte mir die Selbstbeschreibung der marxistischen Philosophie als »wissenschaftlich« und lieferte mir praktisch einen akademischen Grund, gleich nach der Einschreibung zu meinem ersten Semester an der Universität München im Oktober 1967 dem »Sozialistischen Deutschen Studentenbund« (SDS) beizutreten. Sooft es ging, das heißt, sooft das betreffende gesellschaftliche Ereignis formell genug war, trug ich mein einziges Sportsakko, denn es wirkte seriös und ermöglichte mir, das rote Abzeichen mit dem Profil des »Vorsitzenden Mao«, wie ich ihn eifrig nannte, anzuheften. Schließlich ließen wir keine Gelegenheit aus, die Generation unserer Eltern zu provozieren. Vor allen Dingen wollten wir sie mit dem Teil der unmittelbaren deutschen Vergangenheit konfrontieren, auf den keiner von ihnen gerne angesprochen wurde. Ich spürte aber auch den intellektuell orthodoxen Drang, jedes Vorurteil, das ich hegte, und jedes Werturteil, das ich fällte, als »wissenschaftlich« zu etikettieren; denn »Wissenschaftlichkeit« barg das Versprechen, die Zukunft kontrollieren zu können.

So betrachtet protestierten wir also aus »wissenschaftlicher Notwendigkeit« gegen die US-Intervention im Vietnamkrieg und gaben uns die größte Mühe, die Unterstützung der Vietcong und der Truppen Ho Chi Minhs durch die Sowjetunion zu übersehen. Dieser Haltung der Unwahrhaftigkeit war auch die Verpflichtung, an den regelmäßigen »Kundgebungen« vor dem US-amerikanischen Konsulat in München teilzunehmen, geschuldet. Folglich kam es uns wie eine glückliche Bestätigung unserer Lieblingsverschwörungstheorien vor, als einige von uns Demonstranten eines Tages von örtlichen Polizeikräften vor dem Konsulat festgenommen und in die Turnhalle eines nahe gelegenen Gymnasiums gesperrt wurden. Während wir darauf warteten, einzeln verhört zu werden, sangen wir »Bandiera Rossa«, die Hymne der Kommunistischen Partei Italiens (»Italien« wahrscheinlich deswegen, weil die Existenz einer großen kommunistischen Partei in diesem Land unsere Hoffnung auf eine revolutionäre Zukunft für die kapitalistische Welt zu nähren schien), und meine damals sehr lebhafte Fantasie schuf sogleich farbenprächtige Bilder der Selbstaufopferung im Stil von Gemälden des frühen 19. Jahrhunderts, wie Goyas »El tres de Mayo« von 1814 oder Delacroix' »La Liberté guidant le peuple« von 1830. Dann öffnete sich die Tür, und einer der Polizeibeamten rief meinen Namen. In meiner theatralischen Erwartung war damit »der verhängnisvolle Augenblick« gekommen – er entpuppte sich allerdings als tiefe Demütigung mit Langzeitfolgen. Der Polizist sagte nämlich nur lakonisch, Dr. Riedl habe angerufen und ich sei entlassen. Die – wahrscheinlich ganz typische – Geschichte hatte einen ganz banalen und fast schon bürokratischen Hintergrund. Ich war in München

Stipendiat der renommierten Stiftung Maximilianeum, deren Direktor Dr. Riedl war. Dieser war aber auch und vor allem ein hochrangiger Beamter im Staatsministerium, das für die Polizei in ganz Bayern zuständig war. Ich habe mich zwar nicht getraut, ihn zu fragen, bin mir aber sehr sicher, dass er wohl an jenem Tag auf einer Liste mit festgenommenen Studenten meinen Namen entdeckt und ohne zu zögern entschieden haben muss, dass der Status eines »Gefangenen« nicht mit dem Nimbus meines Stipendiums vereinbar war.

Obwohl ich wusste (und tatsächlich nie aufgehört habe zu glauben), dass der Hintergrund dieses schmachvollen Zwischenfalls meinen »Genossen« ebenso klar war wie mir selbst, ging ich tags darauf zwar nicht mit Schuldgefühlen, aber doch mit gemischten Gefühlen zu unserem SDS-Treffen. Schon bald bewahrheiteten sich meine schlimmsten Befürchtungen. Ich wurde des »Verrats« beschuldigt (vielleicht war das Wort sogar »Klassenverrat«) und dazu aufgefordert, mich in marxistischer »Selbstkritik« zu üben. Nach einer langen, bürokratisch geregelten Diskussion wurde ich dazu verurteilt, mittels einer Druckmaschine für Kunstgrafik 500 Plakate zu drucken, die zum »Generalstreik« aufriefen. Natürlich akzeptierte ich meine Strafe – und hatte bald mehr als genügend Zeit, mir die Absurdität dieser Entscheidung vor Augen zu führen. Der einzige Grund, warum ich diese spezielle Druckmaschine (eine »Siebpresse«) benutzen musste, war, dass der Herstellungsprozess dadurch unglaublich mühevoll und langsam wurde. Als ich mit meiner Arbeit fertig war und meinem sozialistischen Vorgesetzten die 500 Plakate überreichte, wusste ich mit der Nüchternheit zutiefst enttäuschender Augenblicke, dass ich auch mit dem revolutionären Marxismus fertig war. Ich brauchte allerdings noch über ein Jahrzehnt, um dies dann auch zugeben zu können. Teilweise hatte ich Angst vor weiteren Demütigungen. Aber vielleicht fürchtete ich mich auch davor, ohne eine klare und wissenschaftlich vorhersehbare Zukunft leben zu müssen. Vor allen Dingen fiel es mir schwer, die Hoffnung aufzugeben, auf dem Weg in eine sozialistische Zukunft die deutsche Vergangenheit abschütteln zu können.

*

In meinem alltäglichen Umfeld spielte ich weiterhin die Rolle des revolutionären Sozialisten, die ich nur zwei Jahre zuvor so begeistert angenommen hatte, wenn auch vielleicht mittlerweile mit einem etwas höheren und weiter zunehmenden Grad an ideologischer Flexibilität – wodurch ich noch weniger überzeugend gewirkt haben muss als zuvor. Als beispielsweise die USA am 20. Juli 1969, dem Tag der ersten bemannten Mondlandung, im Wettlauf ins All die Führung übernahmen, sagte ich zu meiner (deutlich älteren und realistischeren) amerikanischen Freundin aus Lawrence, Kansas, worauf es am Ende ankomme, sei, dass die Menschheit den Weg des Fortschritts weitergehe. Inzwischen war Willy Brandt der erste sozialdemokratische Kanzler der bundesrepublikanischen Geschichte geworden, was uns vor ein weiteres Dilemma stellte. Ein sozialdemokratischer Kanzler schien natürlich im Vergleich zu all seinen christdemokratischen Vorgängern die bessere Option zu sein, andererseits hatte die SPD 1959 offiziell beschlossen, die marxistische Wirtschaftstheorie aufzugeben. Wir halfen uns damit, dass wir häufig auf Brandts »wahrhaft sozialistische« Jugend anspielten sowie auf die von seinen realpolitischen Gegnern vielgeschmähte Tatsache, dass er die Jahre zwischen 1933 und 1945 im Exil und im Widerstand gegen das nationalsozialistische Regime verbracht hatte. Brandt, so dachten wir, war, wie wir selbst und anders als alle, die während jener Zeit in Deutschland gelebt hatten, nicht für die deutschen Kriegsverbrechen verantwortlich. Weil er unsere realistischste Aussicht darauf war, wieder zurück in die Spur der Geschichte zu finden, waren wir bereit, unsere ideologischen Vorstellungen flexibel zu handhaben. Am 7. Dezember 1970 kniete Willy Brandt dann vor dem Warschauer Ghetto-Ehrenmal nieder und unterzeichnete am selben Tag einen Vertrag mit Polen, in dem Deutschland die nach dem Krieg vereinbarte Grenze verbindlich und offiziell bekräftigte. Auch dieses Ereignis stand für das Ende der Nachkriegszeit, und Willy Brandt wurde dafür vom *Time Magazine* zum »Mann des Jahres 1970« gewählt. Von weitaus existenziellerer Bedeutung und auch noch wichtiger als der Friedensnobelpreis, den er 1971 erhielt, war für mich allerdings die Frage, ob der Kniefall im ehemaligen Warschauer Ghetto spontan erfolgte oder eine durchdachte und geplante Geste war, die eine ganz bestimmte Bedeutung vermitteln sollte. In einer nationalen Umgebung, die ich nun als eine der Latenz wahrzunehmen begann, begriff ich zum ersten Mal, dass die wahre Herausforderung für einen in den unmittelbaren Nachkriegsjahren geborenen Deutschen wie mich paradoxerweise darin bestand, persönliche Verantwortung und Schuld für Verbrechen auf sich zu nehmen, die vor der eigenen Geburt verübt worden waren. Eine solche Haltung, die auf weltliche Erlösung hoffte, musste das Ende der Nachkriegszeit auf unbestimmte Zeit verschieben, denn die Logik der Erlösung, das heißt das Opfer, das sie von jemandem fordert, der nicht schuldig ist, birgt in sich ein Versprechen auf Vergebung – allerdings eines ohne jede zeitliche Bestimmung. Vielleicht dachten wir auch, das Übernehmen von Verantwortung für Verbrechen, die vor unserer Geburt stattgefunden hatten, würde unserer Welt der

Latenz wenigstens mehr Transparenz verschaffen. Dabei spürten wir, dass es uns nicht in erster Linie um Transparenz ging. Denn es gab keine Einzelheit aus der schändlichen nationalen Vergangenheit, die in der bundesdeutschen Öffentlichkeit nicht ausdrücklich hätte benannt und diskutiert werden können.

Im Herbst nach der Mondlandung und ein gutes Jahr vor Willy Brandts Kniefall in Warschau verließ ich Deutschland, um für zwei Semester in Salamanca, der ältesten Universitätsstadt Spaniens, zu studieren. Es beschäftigte mich sehr, dass ich mich für ein Land entschieden hatte, welches noch unter der Diktatur des »Generalísimo« Francisco Franco stand, der im von 1936 bis 1939 währenden Spanischen Bürgerkrieg mit Hilfe von Hitlers Luftwaffe an die Macht gelangt war. Die einzige »politische« Entschuldigung für meinen Entschluss war meine (damals als »konservativ« erachtete) akademische Überzeugung, ein guter Romanist dürfe nicht nur mit der französischen Kultur vertraut sein (wie es bei den meisten jungen Romanisten jener Zeit der Fall war). Die Möglichkeit nach Italien zu gehen, in ein Land mit einer kommunistischen Partei, die bei den nationalen Wahlen nach wie vor eine Rolle zu spielen schien, wäre jedoch ebenso greifbar – und akademisch betrachtet ebenso plausibel – gewesen. Also versuchte ich mir einzureden, dass meine mutige und (wie ich mich selbst ernsthaft glauben machen wollte) inzwischen auch »von Erfahrung getragene« Unterstützung der Studentenproteste in Spanien nötiger sei – diese Versuche der Selbsttäuschung wie auch mein anfängliches Zögern, durch das sie ausgelöst worden waren, waren freilich schon bald fast vollkommen vergessen. Sämtliche Ziele, die mir während meines zehnmonatigen Aufenthalts in Salamanca wichtig – und zwar äußerst wichtig – wurden, waren unpolitisch: das Kennenlernen einer mittelalterlichen Kultur, die nicht ausschließlich christlich gewesen war (ich versuchte mir Lesekenntnisse des mittelalterlichen andalusischen Arabisch anzueignen); die Andersartigkeit eines Soziallebens, dessen Rituale oft archaisch hierarchisch erschienen; das intensive Licht der Sonnenuntergänge im Spätsommer und die trockene Kälte des kastilischen Winters. Vor allem aber weckten die barocken Kirchen von Salamanca und eine Religiosität, die vom sanft modernistischen Geist des Zweiten Vatikanischen Konzils kaum gestreift worden war, in mir ein letztes Mal für einen kurzen Moment den Wunsch, eine Messe zu besuchen.

Meine guten politischen Absichten zur Unterstützung der spanischen Studentenproteste kamen natürlich kaum zum Tragen. Erschwerend (oder erleichternd) kam hinzu, dass ich mich wegen meiner Liebe zu dieser anderen Alltagswelt, die einer Vergangenheit anzugehören schien, welche mir bis dahin unbekannt war – und in die ich eintauchen wollte –, nur selten schlecht fühlte. An der Ecke der schmalen Gasse, die von dem herrlichen neoklassizistischen Universitätsgebäude, wo ich einige Seminare besuchte, zum *colegio* (dem Studentenwohnheim) führte, in dem ich den größten Teil des Tages Bücher aus dem Kanon der spanischen Literatur las, stand ein Verrückter, den jeder als »el loco Estéban« kannte. In der (wie wir sagten) »sibirischen« Kälte des kastilischen Winters wie auch in der bereits sengenden Sonne des Frühsommers trug er stets einen grauen Mantel, in dessen Taschen sich seine Hände im Rhythmus der Worte hin und her zu bewegen schienen, die er unaufhörlich wiederholte: »A las cuatro y media, a las cuatro y media, a las cuatro y media.« Merkwürdigerweise betrachtete ich Estéban nie als Symbol der zum Stillstand gekommenen Zeit.

Als ich, zunächst über Weihnachten und dann endgültig im Hochsommer, nach Deutschland zurückkam, hatte ich das Gefühl, dass das Land wirklich anders zu werden begann, und hoffte, dies sei eine Folge des neuen politischen Stils, den Brandt und seine Regierung eingeführt hatten. Die Zukunft, die wir uns nun vorstellen konnten, folgte nicht den ideologischen Grundsätzen, die ich noch immer als die meinen erklärte, aber es war eine wünschenswerte Zukunft der sozialen Gerechtigkeit und historischen Verantwortung mit der Aussicht, die nationale Vergangenheit, die uns so lange verfolgt hatte, zu bewältigen. Nichts macht diesen kurzen, glücklichen Moment so deutlich wie die wundervolle Architektur, die Gestaltung, ja sogar die weichen Farben, die für die Olympischen Spiele 1972 in München gewählt wurden, die eigentlich »die heiteren Spiele« eines neuen Deutschlands hätten werden sollen. Ungefähr eine Woche vor der Eröffnung spazierte ich über das »Olympiagelände«, und dieser Tag ist wahrscheinlich der einzige in meinem Leben, an dem sich der Satz »Ich bin stolz, Deutscher zu sein« nicht falsch angehört hätte. In den frühen Morgenstunden des 5. September 1972 nahm dann die Terrororganisation »Schwarzer September« elf israelische Sportler als Geiseln; bei dem anschließenden schlecht organisierten Rettungsversuch der deutschen Polizei wurden alle Geiseln und fünf der acht Terroristen getötet. Wie ein selbsternanntes schwarzes Gespenst aus der Vergangenheit war der Antisemitismus wieder auf deutschem Boden angekommen. Mit einem Mal waren die »heiteren Spiele« vorbei, und jene vagen, aber schönen und für einen kurzen Augenblick sogar realistischen Aussichten auf eine andere Zukunft starben für immer, jedenfalls für mich – dennoch war ich glücklich über die Entscheidung, die Spiele nach einer Trauerzeit von 24 Stunden fortzusetzen.

Nach dem Sieg bei der Bundestagswahl 1972 trat Willy Brandt im Herbst 1974 als Kanzler zurück, nachdem der westdeutsche Geheimdienst herausgefunden hatte, dass mit Günter Guillaume einer seiner engsten Mitarbeiter ein ostdeutscher Spion war. Heute wissen wir, dass es eher innerparteiliche Rivalitäten in der SPD und vor allem die völlige Erschöpfung des Kanzlers waren, die dieses abrupte Ende herbeiführten. Brandt litt zu diesem Zeitpunkt unter Depressionen und hatte ernsthafte Alkoholprobleme. Für einen moralisch verantwortlichen Menschen war es unmöglich, so folgerten wir Exrevolutionäre ohne revolutionäre Vergangenheit, sich in der politischen Welt des Kapitalismus zu halten. Jene andere, nichtideologische Zukunft war nun für uns dahin, und die Vergangenheit, die wir nicht hinter uns lassen konnten, war schmerzlicher präsent denn je. Früher als irgendjemand von uns erwartet hätte, sollte die ideologische Zukunft, an die wir alle zu glauben behaupteten, dann in die Gegenwart zurückkehren und eine Blutspur hinterlassen.

*

Am 26. September 1974 feierte Martin Heidegger in Freiburg seinen 85. Geburtstag. Ein paar Tage später verschickte er ein mit leicht zitternder Hand in altdeutscher Schrift verfasstes Dankgedicht an seine Gratulanten. Der Text verwandelte den Dank, den Heidegger seinen Adressaten schuldete, in eine philosophische Tugend. Denn angesichts des deutlichen Gefühls von Latenz, welches in jenen Tagen zurückgekehrt war, schien das Bewusstsein der »Gegenwart des Unzugangbaren« eine solche Tugend zu sein:

»Nach dem 26. September 1974
Allen Teilnehmenden am Bemühen einer
Besinnung im gegenwärtigen Weltalter sei
für ihr Gedenken der Dank zu-gedacht:
Stiftender als Dichten,
gründender als Denken,
bleibe der Dank.
Die in's Danken gelangen,
bringt er zurück vor
die Gegenwart des Unzugangbaren,
der wir – die Sterblichen alle –
vom An-Fang her
geeignet sind.«[1]

Heideggers »Dank« deutet auf eine Weltzugewandtheit und -bestätigung hin, doch das Einzige, was die Welt dem Menschen dafür bieten kann, ist »die Gegenwart des Unzugangbaren«. Von der Unverborgenheit des Seins oder einem »Wahrheitsereignis« (wie Heidegger diese auch nannte) als einer »realistischen« Möglichkeit ist hier keine Rede. Das Bewusstsein des Unzugangbaren und seiner Gegenwart ist das Einzige, was der Mensch – als Gegenleistung für den Dank – erwarten darf. Heideggers Dankesschreiben beinhaltet eine düstere Aussage über das menschliche Dasein – und einen ebenso düsteren Abgesang an jede Beziehung zur Welt, die auf Verständnis und Einfühlungsvermögen fußt. Heute kann uns dieses wenige Tage nach seinem Geburtstag entstandene Gedicht helfen zu begreifen, dass selbst Heidegger an diesem Punkt nicht mehr in der Lage war, die verschiedenen Schichten einer Welt, die sich in zunehmendem Maße blockiert und richtungslos präsentierte, voneinander zu trennen und zu beschreiben.

Er war gewiss der letzte Philosoph, auf den man sich vor dem Professor hätte berufen dürfen, an dessen Lehrstuhl meine eigene Doktorandentätigkeit zwischen Anfang 1971 und Ende 1974 an der kurz zuvor gegründeten Reformuniversität Konstanz geknüpft war. Mein Doktorvater machte gern sarkastische Bemerkungen über Motive wie die »Frömmigkeit des Denkens«, das beispielsweise dem oben zitierten Gedicht zugrunde lag. Er fand Heidegger »zu konservativ« gemessen an seinen eigenen politischen Standards – und er bezog sich dabei nicht einmal auf dessen Verstrickung in den Nationalsozialismus. Gleichzeitig forderte unser Lehrstuhlinhaber meine Kollegen und mich dazu auf, ein »Solidaritätstelegramm« für Willy Brandt zu unterzeichnen, als dieser sich einem Misstrauensvotum im Bundestag stellen musste, von dem allgemein erwartet wurde, dass es seine Kanzlerschaft beenden würde (und das er dann mit hauchdünner Mehrheit für sich entschied). Trotz meiner Bewunderung für Brandt weigerte ich mich aus Prinzip, das Telegramm zu unterschreiben, denn ich war überzeugt, dass derartige politische Unterstützungsbekundungen stets Sache des Einzelnen sein sollten.

Alles in allem entsprachen die Distanz zu Heidegger und die Begeisterung für Brandt exakt den Vorstellungen, die unser Lehrer über die Zukunft unseres Berufes hegte. Während eines ersten Gesprächs (bei dem es hauptsächlich um die formalen Bedingungen meiner Anstellung ging) hatte er mich mit Stolz erfüllt, als er sagte, er halte mich für fähig, Teil des »New Criticism« zu werden, dessen Ursprung und ersten Impuls er mit den »progressiven 1960ern« in Verbindung brachte – wohingegen er nie müde wurde, seine Bestürzung über die »konservativen 1970er« zum Ausdruck zu bringen, die aus seiner Sicht jeden intellektuellen und sonstigen Fortschritt aufzuhalten drohten. Mit jedem Buch, das wir lasen, jeder Seite, die wir schrieben, und jeder einzelnen Seminarsitzung, die wir abhielten, sollte somit ein Beitrag zu einem nur vage definierten politischen Ziel geleistet werden. Die literaturwissenschaftliche Position, die wir vertreten wollten, nannte sich Rezeptionsästhetik, und ihr Anspruch als linke Theorie beruhte auf einer Aufmerksamkeitsverlagerung von Texten und der Frage nach deren »wahrer Bedeutung« zu der Mannigfaltigkeit von Interpretationen, die durch unterschiedliche Lesergruppen (oder -typen) zu unterschiedlichen Zeiten und unter unterschiedlichen gesellschaftlichen Bedingungen möglich wurde. Selbstverständlich fand mein Doktorvater das neue »Paradigma« (ein damals äußerst beliebter Begriff zur Beurteilung der historischen Distanz und des historischen Werts), zu dessen Entwicklung er beigetragen hatte, »demokratischer« als die herkömmliche Praxis in unserem Metier.

Eines Abends kamen dann allerdings, bedingt durch persönliche Enttäuschung und nur für wenige Stunden, Zweifel an der Ernsthaftigkeit seines Engagements für die progressive Sache auf. Ich nahm das neue Paradigma, das ich vor allem ihm zuschrieb, sehr ernst und hatte eine kontrastive Reihe von Texten zusammengestellt (Dichtung und Prosa, fiktional und referenziell, zeitgenössisch und alt), die ich verschiedenen Lesergruppen vorlegte (natürlich Fabrikarbeitern, aber auch Studenten, Lokalpolitikern und anderen), um ihre jeweilige Form der Rezeption zu dokumentieren und zu analysieren. Ich gebe zu, dass die Ergebnisse, die ich in unserem wöchentlichen Forschungskolloquium präsentierte, keine großen Entdeckungen und Offenbarungen enthielten. Die eigentliche Überraschung aber war die Verachtung und Aggressivität, mit der mein Doktorvater reagierte: Wie ich es wagen könne, Texte als »leere Matrix« zu behandeln? Ob ich nicht verstanden hätte, dass unser höchstes Ziel als Literaturwissenschaftler darin bestehe, wahre und adäquate Bedeutungen zu identifizieren? Meine für die damalige Zeit typische Erwiderung, mir scheine dies eine seltsam »autoritäre« Haltung für den Vater der Rezeptionstheorie zu sein, machte die Sache nur noch schlimmer. »Wir wüssten alle gern«, sagte der nämlich, »weshalb Sie glauben, dass in Ihrer Art der Arbeit ein demokratischer Wert steckt.« Wenn ich mich recht erinnere, protestierte keiner meiner Kollegen dagegen, der Position des Mannes zugeordnet zu werden, von dem wir abhingen. Für mich war an jenem Abend wieder einmal ein gut gemeintes Projekt, auf dem ich meine berufliche Zukunft planen und aufbauen wollte, gestorben.

Es war weniger Überraschung als vielmehr physische Abscheu, die ich verspürte, als herauskam, dass Hans Robert Jauß, unser progressiver Lehrer und Verfechter der Linken, ein erfolgreicher Offizier der Waffen-SS gewesen war (wie erfolgreich und unter welchen Bedingungen, werden wir aufgrund seiner hartnäckigen Lügen und Verschleierungsmanöver wohl nie erfahren). Nicht dass irgendjemand von uns eine solche Enthüllung vorausgesehen hätte. Mir wurde nur einmal mehr bewusst, wie sehr ich mich an eine Vergangenheit gewöhnt hatte, die mich immer wieder einholte und mir jetzt aufgrund der engen Beziehung zu meinem Doktorvater ein Gefühl der Kontaminiertheit gab. Während die meisten meiner ehemaligen Konstanzer Kollegen rasch zu großzügigen Gesten des Verständnisses und der Vergebung übergingen, und zwar in immer stärkerem Maße, je skandalöser die ans Licht gebrachten Details wurden, fühlte ich mich gefangen zwischen einer Vergangenheit, der ich nicht entkommen, und einer Zukunft, die ich trotz größter Bemühungen nicht erreichen konnte. Vor allem spürte ich, dass ich nun endgültig selbst zu einem Teil jener Vergangenheit geworden war, der wir doch so sehr entfliehen wollten, und dass ich sie von nun an mit mir herumtragen musste, ohne sie überhaupt zu kennen. Hatten die Olympischen Spiele von München für einen kurzen Augenblick ein Gefühl der Zuneigung für das Land, in dem ich geboren worden war, geweckt, so sorgte meine Geschichte mit jenem selbstgerechten Professor dafür, dass ich nicht dazugehören wollte.

So war es kein Wunder, dass mich alternative Zugangsweisen zur Vergangenheit (der Doktorvater hatte sie als »unhistorisch« oder, mit seiner marxistischen Brille auf, als »undialektisch« abqualifiziert) zu faszinieren begannen. Vor allem verliebte ich mich buchstäblich in die epische Schwere der Bilder und die paradoxe Traurigkeit, die der erste Teil von Francis Ford Coppolas *Paten*-Trilogie vom Nachkriegsamerika vermittelte. Ich sah den Film zum ersten Mal 1973, und die Erkenntnis, dass die Vergangenheit einer Familie ihr Schicksal ist, hat für mich bis heute nichts von ihrer Faszination verloren. Ich spürte auch eine Affinität zu der von Gabriel García Márquez in seinem Meisterwerk *Cien años de soledad* (*Hundert Jahre Einsamkeit*) heraufbeschworenen Enklave erstarrter mythologischer Zeit, die zur Erlösung bereit ist, doch unmöglich erlöst werden kann (mein Doktorvater hatte das Buch nach anfänglicher zaghafter Zustimmung als besonders »trivial« eingestuft). Als Teil einer ganz anderen intellektuellen Atmosphäre lernte ich die Systemtheorie Niklas Luhmanns kennen, dessen Erklärung der Zeit als Produkt von »Komplexitäten, deren Reduktion durch soziale Systeme noch aussteht«, mir eigenartig und daher interessant erschien. All diese Ansätze waren mir eindeutig lieber als die immer leerer wirkenden Versprechen, die sich an den »Prozess der Moderne« knüpften, der für die Geisteswissenschaftler meiner Generation als alleingültiger Bezugsrahmen vorgesehen war, an dem wir unser Lehren und Schreiben ausrichten sollten. Mir war jeder Alternativvorschlag willkommen, der mich meine Unfähigkeit vergessen ließ, die Vergangenheit hinter mir zu lassen.

Meine allererste Gastprofessur im (nordhemisphärischen) Sommer 1977 bot mir die Möglichkeit, nach Brasilien zurückzukehren. Nach wie vor hegte ich einige politisch korrekte Bedenken gegen den Aufenthalt in einem Land unter einer Militärdiktatur. Viel schlimmer als diese obligatorischen Vorbehalte war allerdings ein Transparent, das über dem Eingangstor zum tropisch schönen Campus der Pontifícia Universidade Católica von Rio de Janeiro aufgehängt worden war und mich als »ehemaligen Schüler« meines Doktorvaters begrüßte. Nach diesem Fehlstart entwickelte sich mein Aufenthalt dann aber so angenehm – meine Lehrveranstaltung zum Thema »Deutsche Phänomenologie«, die vier Stunden täglich und fünf Tage die Woche stattfand und von etwa 25 herausragenden Kollegen und Doktoranden besucht wurde, bereitete mir großes Vergnügen (ganz zu schweigen vom Reiz der nahe gelegenen Strände wie Leblon und Ipanema) –, dass ich einen ganzen Monat lang, also während der gesamten Dauer meines Besuchs, die Vergangenheit vergaß. Meine Tage in Brasilien gehörten auch der Musik des afrobrasilianischen Sängers Milton Nascimento, der mit seiner bezaubernd sanften und sinnlichen Stimme und seinem »poppigen« Stil, der frei von Schuld war, meinen Geist, meine Ohren und meinen Körper mit der reichen Naivität der brasilianischen Folkloretradition und, einmal mehr, des römisch-katholischen Gesangs erfüllte. All dies verband sich mit meinen Erinnerungen an Spanien und ließ mich statt nach einer Zukunft, zu der ich mich bekennen und für die ich mich einsetzen konnte, immer mehr nach einer Welt verlangen, die einfach nicht-deutsch und liebenswürdig war – wenn nötig auch »liebenswürdig« trotz ihres politisch-institutionellen Rahmens. Aus Rio de Janeiro kam ich in dem Moment nach Europa zurück, der in den Geschichtsbüchern heute als »Deutscher Herbst« bezeichnet wird.

Unter dem Namen »Rote Armee Fraktion« (RAF) hatte sich im Laufe des Jahrzehnts nach der Protestbewegung von 1968 eine Gruppe radikalisiert und isoliert, abgespalten auch von denjenigen linken Gruppierungen, die noch zu einem Austausch und zu Gesprächen mit dem politischen Mainstream bereit waren. Ihre Strategien orientierten sich an einer Interpretation der Gegenwart als Bürgerkriegssituation, ihre Taten beruhten auf bedingungsloser Gewalt (einschließlich der Bereitschaft, das eigene Leben zu opfern) sowie einer ausgeklügelten Logistik, und sie unterhielten offenbar enge (wenn auch nie ganz aufgeklärte) Beziehungen zu Terrorzirkeln im Nahen Osten. Im Sommer und Herbst des Jahres 1977 verübte die RAF eine Reihe von Entführungen, um Mitglieder freizupressen, die bereits in deutschen Gefängnissen, insbesondere in Stuttgart-Stammheim inhaftiert waren. Der Deutsche Herbst hatte eigentlich schon im Sommer begonnen, als am 30. Juli der Vorstandsvorsitzende der Dresdner Bank, Jürgen Ponto, nach einem gescheiterten Entführungsversuch ermordet wurde. Am 5. September brachte die RAF den Arbeitgeberpräsidenten Hanns Martin Schleyer in ihre Gewalt, nachdem sie zuvor seine drei Leibwächter und seinen Fahrer ermordet hatte. Es folgten wochenlange Verhandlungen über einen Austausch Schleyers gegen elf RAF-Gefangene. Als jedoch am 18. Oktober drei der Gefangenen tot in ihren Zellen aufgefunden wurden, erschoss das RAF-Kommando Schleyer und hinterließ seine Leiche im Kofferraum eines Wagens im französischen Mülhausen. Am 13. Oktober, als Schleyer noch lebte, war eine Lufthansamaschine auf dem

Weg von Palma de Mallorca nach Frankfurt mit 86 Passagieren und fünf Besatzungsmitgliedern an Bord von vier Mitgliedern der »Volksfront zur Befreiung Palästinas« entführt und nach einer Odyssee über mehrere Flughäfen im Mittelmeerraum und im Nahen Osten zur Landung in der somalischen Hauptstadt Mogadischu gezwungen worden. Nach mehrtägigen Verhandlungen – auch hier ging es um die Freilassung der Stammheim-Gefangenen – gelang es einer deutschen Antiterroreinheit, das Flugzeug zu stürmen, drei der vier Entführer zu töten und alle Passagiere und überlebenden Besatzungsmitglieder zu befreien (der Pilot war schon vorher von den Terroristen erschossen worden). Dieses Ereignis war wohl der Auslöser für die drei mutmaßlichen Selbstmorde in Stammheim und die Ermordung von Hanns Martin Schleyer.

Mehrere Schichten der Vergangenheit, die ich geerbt hatte, machten jene Wochen des Deutschen Herbstes für mich zu einer albtraumhaften Gegenwart: die zu komplexen kriegsähnlichen Verbrechensserien pervertierten unerfüllten »revolutionären« Träume von 1968; die dauerhafte Weigerung der Palästinenser, als Voraussetzung möglicher Problemlösungen die Staatsgründung Israels im Jahre 1948 anzuerkennen; und, als Bedingung und Erbe der nationalen Vergangenheit, der Holocaust als unausweichlicher Horizont der deutschen Zeit sowie die Ermordung jüdischer Sportler bei den Olympischen Spielen 1972, welche deren Aura als »heitere Spiele« von München und als Beginn einer neuen deutschen Gegenwart verfinstert und vernichtet hatte. Gegen die erneute Primärerfahrung, dass es unmöglich war, die Vergangenheit hinter sich zu lassen, reagierte die Bunderegierung mit dem Versuch, genau dies endlich zu erreichen. Sie fasste den formellen Beschluss, zukünftig keinerlei Verhandlungen mehr mit terroristischen Gruppen zu führen. Dieses Vorgehen trug in den folgenden Jahren zweifellos mit dazu bei, mit dem Deutschen Herbst abzuschließen, indem man seine Folgen von der Gegenwart isolierte.

Der Effekt glich einer langsamen »Austrocknung« jener Ströme des Protests und der Wut, die noch immer aus den Jahren der »Studentenrevolution« auf meine Generation überzuschwappen schienen. Rainer Werner Fassbinders großartiger Film über *Die Ehe der Maria Braun* von 1979, der wie dieses Buch (nur auf viel kraftvollere Weise) versuchte, die Stimmung der Nachkriegsjahre heraufzubeschwören, wird gerahmt durch eine Bildmontage, die durch die hartnäckige Dysphorie meiner Generation inspiriert wurde. Zu Beginn des Films sieht man ein Bild von Adolf Hitler, während zum Schluss, nach der bereits angesprochenen Gasexplosion, Foto-Negative der Bundeskanzler Adenauer, Erhard, Kiesinger und Schmidt gezeigt werden, so dass eine ungebrochene »historische« Kontinuität suggeriert wird. Ich hätte mich seinerzeit nicht zu sagen getraut, dass die Geste mich nicht überzeugen konnte – und die Wahrheit ist, dass ich einer Entscheidung darüber aus dem Weg ging. Derartige Grunddispositionen verschwanden im Lauf der kommenden Jahre. Doch das Entsetzen, das wir in den Wochen des Deutschen Herbstes verspürten, durchdringt bis heute die Beziehungen zwischen Deutschland, den islamischen Staaten des Nahen Ostens und Israel – und trifft vielleicht sogar diejenigen, die zu jung sind, um konkrete Erinnerungen an die Spannung und die Verzweiflung zu haben, die den Herbst 1977 so verhängnisvoll machten. Seit dieser Zeit hat sich mein persönliches Problem, von der deutschen Geschichte kontaminiert zu sein, durch die Gewissheit verdoppelt, dass die deutsche Gesellschaft und der deutsche Staat ihre spezifische historische Bürde nie würden überwinden können. Wahrscheinlich war das eine Überreaktion – denn Deutschland geht es heute ganz gut, ohne dass es sich der Vergangenheit der späten 1970er je wieder gestellt hätte. Und dennoch sollte sich ein knappes Vierteljahrhundert später zeigen, dass die Energie jener Schichten der Vergangenheit noch immer aktiv ist.

*

In den frühen Morgenstunden des 24. Mai 1978, nur wenige Monate nach den Wochen des Deutschen Herbstes, wurde in einem Krankenhaus in Bochum-Langendreer Marco, das erste meiner vier Kinder, geboren. Seine Mutter und ich hegten die Hoffnung, durch das Elternwerden endlich unsere Gegenwart finden und gestalten zu können, eine Gegenwart, die sich vom Vermächtnis unserer jeweiligen Familien in Spanien und Deutschland unterschied, mit denen wir allzu eng verbunden geblieben waren. Ich erinnere mich an kein Ereignis, das die Zeithorizonte meines Daseins so abrupt und unwiederbringlich veränderte wie die Geburt meines ältesten Sohnes. Nachdem ich jene langen Minuten überstanden hatte, in denen ein junger Vater um das Leben von Mutter und Kind bangt, und meinen Sohn zum ersten Mal und ziemlich beklommen im Arm gehalten hatte, kehrte ich erschöpft in unsere Wohnung zurück. Ein paar Stunden später wachte ich mit dem unmittelbaren Bewusstsein auf, dass sich etwas Grundlegendes in meinem Leben für immer verändert hatte. Zuerst wusste ich nicht, was das war. Ich rauchte die erste Morgenzigarette, die das Gehirn so aktiv werden lässt, und irgendwann wurde mir klar, dass die Zeit nach dem Jahr 2000 plötzlich anfing, eine Bedeutung für mich zu bekommen. Bis dahin war sie bloß eine Zukunft gewesen, die ich mit meiner Vorstellung des eigenen Alters und auch mit vielen besorgniserregenden, aber weit entfernten

Gefahrenprognosen für die Zukunft der Menschheit in Verbindung gebracht hatte. Bis zu jenem 24. Mai 1978 war die Zeit nach 2000 eine Zukunft ohne Relevanz für mich, wie eine graue Wolke, mit der sich meine alltäglichen Sorgen und Handlungen nie zu beschäftigen brauchten. Jetzt, als Vater eines Kindes, das zum Zeitpunkt der Jahrtausendwende erwachsen sein würde, war sie zu einer Zukunft geworden, die von Belang war und für die ich mich, noch ohne besondere Ziele oder Pläne zu haben, verantwortlich fühlte. Diese Zukunft war freilich leer, es war keine Zukunft mehr, die von einer ungeformten Wolke gefüllt war, sondern eine leere, noch zu formende Zukunft. Meine Erinnerungen an diesen Morgen sind auch heute noch klar und deutlich, sie stehen nicht unter Latenz-Verdacht. Die Vergangenheit lastete so schwer, wie sie es immer getan hatte, nur dass dies jetzt nicht mehr meine alleinige und daher überwältigende Sorge war. Ich glaube nicht, dass ich viele gute Entscheidungen für die Zukunft meiner Kinder getroffen habe. Und dennoch war nach dem 24. Mai 1978 nichts so wichtig wie die Hoffnung, ihre Zukunft möge es ihnen erlauben, die Vergangenheit anders zu empfinden, die ich geerbt hatte – und die sie von mir erben würden.

*

Bevor Marco zwei Jahre alt wurde, erhielt ich eine Einladung, für drei Monate als Gastprofessor am French Department der University of California in Berkeley zu lehren. Meine erste Reaktion war, dass ich mich wieder einmal mit der Frage plagte, ob ich nicht mein (nicht mehr so festes) Bekenntnis zu meiner jugendlichen linken Vergangenheit verriete, wenn ich in den USA leben und dort Seminare halten würde. Es war wie der schwache Klang eines Echos, eines verpflichtenden Echos von 1968.

Am Ende siegte aber der Wunsch anzunehmen (und das hieß: akademischer Ehrgeiz gepaart mit Neugier), und dieser Wunsch hatte seinen Grund unter anderem in meinen Kindheitserinnerungen an freundliche, meist schwarze Soldaten; sie waren die Väter einiger meiner Klassenkameraden in der Grundschule und behandelten uns stets, als ob wir zur Familie gehörten, wenn sie während unserer Pausen mit ihren Jeeps angefahren kamen. Ich ging also mit Marco und meiner Frau nach Kalifornien, und dieses Mal war dabei kaum Unwahrhaftigkeit im Spiel, denn ich konnte mir selbst offen eingestehen, dass dies – zumindest für mich – die richtige Entscheidung war. Von den ersten Tagen in Berkeley an war ich beeindruckt von der Helligkeit der Tage an der Pazifikküste. Auch hatte ich gleich das Gefühl, einen Ort gefunden zu haben, der sich wie meiner anfühlte. Vielleicht lag es daran, dass ich gegen meine, wie ich immer noch dachte, »tiefsten Überzeugungen« beschlossen hatte, dorthin zu gehen, und auch daran, dass mir meine Arbeit dort mehr Spaß machte als je zuvor. In Berkeley machte ich zum ersten Mal Bekanntschaft mit einem intellektuellen Stil, dessen Name mir damals bedrohlich und vielversprechend zugleich vorkam. An der »Dekonstruktion« kam in jenen Jahren kein amerikanischer Geisteswissenschaftler vorbei, man musste sie entweder annehmen oder ablehnen, sie ließ keinen Akademiker in seinem beruflichen Leben unberührt. Dementsprechend war ich, als ich zum ersten Mal verstand, dass die Dekonstruktion es ablehnte, die Vergangenheit in »Geschichte« zu transformieren, pflichtgemäß schockiert – und vielleicht auch insgeheim erleichtert.

Der Schock des helleren Lichts und der vollkommen anderen Arbeitssituation veränderte mich während des Frühlings 1980 mehr, als ich mir selbst einzugestehen bereit war. Als ich in den ersten Monaten des Jahres 1982 die Ehre hatte, erneut nach Berkeley eingeladen zu werden, reiste ich allein, weil meine Frau mit unserer Tochter Sara schwanger war und Zeit für sich und Marco bei ihrer Familie in Salamanca haben wollte. Unsere Beziehung war inzwischen nur noch komplizierter geworden, was mir den Traum von einer kalifornischen Zukunft umso attraktiver erscheinen ließ. Als ich dann tatsächlich zu einer Probevorlesung für eine Komparatistik-Stelle eingeladen wurde, redete ich (mit impliziter Ironie) über »Die unablässig aufstrebende Bourgeoisie in den marxistischen Literaturgeschichten«, und ich erinnere mich noch, wie verletzt ich war, als ich den ersten Satz der ersten Frage in der anschließenden Diskussion hörte, die natürlich von einem Dekonstruktivisten kam: »Wir hatten uns alle eine ernstzunehmende Vorlesung erhofft – und jetzt langweilen sie uns stattdessen mit einer albernen Erzählung.« Die Worte waren wirklich so aggressiv. Ich weiß zwar nicht mehr, was ich genau geantwortet habe, aber irgendwie habe ich die Stelle dann wundersamerweise bekommen. Doch auch wenn ich stets versicherte, dass ich auf jeden Fall nach Kalifornien kommen würde (was, soweit es meine Wünsche und Absichten betraf, auch absolut stimmte), war mir längst klar, dass ein solcher Schritt für unser ohnehin schon labiles Familienleben wahrscheinlich das endgültige Aus bedeuten würde. Also beschloss ich, in Deutschland zu bleiben, und als ich mein Ablehnungsschreiben mit dem »Air Mail«-Aufkleber und den vielen Briefmarken in den Briefkasten warf, hatte ich das Gefühl, damit die Chance auf eine neue, offene Zukunft abgeschrieben zu haben.

Dass ich eine Zukunft, die ich mir so sehr wünschte, weggeworfen hatte, überschnitt sich mit einem Angebot, an eine kleinere Universität innerhalb Deutschlands zu wechseln, die ausgezeichnete Arbeitsbedingungen bot, weil sie mehr jüngeres Lehrpersonal brauchte, um ihre eigene Zukunft zu sichern. Dies war eine typische Situation in der damaligen Universitätslandschaft in Deutschland. Nach den Wogen des Erfolgs und des Aufschwungs im Zuge des »Wirtschaftswunders« der 1950er Jahre waren in Deutschland zahlreiche neue Universitäten gegründet worden, was eher einem Konkurrenzkampf unter den damals noch elf Bundesländern als einem Gesamtkonzept zur Hochschulentwicklung geschuldet schien. Aus diesem Grund war die Zukunft jener Universitäten ebenso leer wie es auch meine eigene immer noch war – die Etats, die ihnen zur Verfügung standen, wirkten dagegen äußerst opulent. Mein bescheidener Anteil an der Verwendung dieser staatlichen Fördergelder der Universität Siegen bestand in der Organisation von fünf umfangreichen und großzügig finanzierten Kolloquien am sogenannten »Zentrum für interdisziplinäre Forschung« in der schönen Stadt Dubrovnik an der Adria von 1981 bis 1989. Der Standort Dubrovnik in Jugoslawien, dem damals einzigen sozialistischen Staat mit einer relativ liberalen Wirtschafts- und Bildungspolitik, war ein wesentlicher Faktor unserer Planungen gewesen. Jugoslawien war das einzige Land, das einer Akademikergruppe aus dem Westen gestatten würde, mit eigenem Geld und ohne jede Einschränkung der geistigen Freiheit eine wissenschaftliche Veranstaltung zu organisieren. Gleichzeitig hatten die anderen totalitäreren sozialistischen Staaten keinen triftigen Grund, ihren eigenen Akademikern die Möglichkeit zu verwehren, nach Jugoslawien zu gehen. Und diese Kollegen wollten wir auf jeden Fall dabeihaben – denn für viele von uns schienen Sozialismus und (vielleicht in etwas geringerem Maße) Marxismus noch immer die geeignetsten Wege zu sein, um die Zukunft zu füllen.

Auch wenn es herablassend und wertend klingen mag, muss ich heute sagen, dass die Erfüllung dieses allzu großmütigen Plans einer intellektuellen »Inklusion« (um einen politisch korrekten kalifornischen Begriff für eine vergangene europäische Realität zu verwenden) schon bald nebensächlich wurde, und zwar einfach deswegen, weil die meisten jener Kollegen aus der sozialistischen Welt unseren höchsten Erwartungen und besten Absichten zum Trotz keinerlei Einfluss auf unsere Diskussionen hatten. Wenn ich jetzt durch die fünf dicken Bände über unsere Tätigkeiten in Dubrovnik blättere (von denen ich drei gemeinsam mit meinem vielseitigen und scharfsinnigen Freund Ludwig Pfeiffer herausgegeben habe), bin ich beeindruckt – und immer noch ein bisschen stolz –, wenn ich sehe, wie viele der damaligen Teilnehmer, die mittlerweile das Ruhestandsalter erreicht haben dürften, bedeutende akademische Persönlichkeiten innerhalb der deutschen Geisteswissenschaften geworden sind (daneben findet sich natürlich eine noch größere Zahl von Namen, die ich inzwischen keinen Gesichtern mehr zuordnen kann). Angetrieben wurde dieses jahrzehntlange Projekt – zumindest was mich angeht – von der ödipalen Energie, es mit der damals hochangesehenen Gruppe »Poetik und Hermeneutik« aufzunehmen, dem Netzwerk aus Angehörigen aller geisteswissenschaftlichen Disziplinen, das sich um einige meiner früheren Konstanzer Lehrer (von denen ich mich nicht ausreichend anerkannt fühlte) gebildet hatte. Dank der Entscheidung des einflussreichsten deutschen Verlagshauses, unsere Arbeiten in Taschenbuchform herauszubringen, waren wir in unserer Auseinandersetzung mit der älteren Generation auch teilweise erfolgreich. War es also immer noch die Vergangenheit gewesen, die uns nach Dubrovnik geführt hatte, so wurden Ludwig und ich uns in zunehmendem Maße unserer Rolle als Katalysatoren eines neuen akademischen Stils bewusst, eines Stils für die erste echte Nachkriegsgeneration von Wissenschaftlern in Deutschland. Jedes unserer Kolloquien hatte ein explizit benanntes – meist übertriebenes – Thema, und all diese Themen liefen in der Absicht zusammen, die (damals schon auratische) intellektuelle Dynamik der späten 1960er Jahre als Möglichkeit zur Zukunftsgestaltung der Geisteswissenschaften am Leben zu halten. Zwischen 1981 und 1985 griffen wir bestimmte Abschnitte der Vergangenheit unserer Disziplinen noch einmal auf, um so mögliche Neuorientierungen oder uneingelöste Projekte aufzudecken: Die ersten drei Kolloquiumsthemen behandelten die wissenschaftliche Institutionsgeschichte, Ansätze zum Problem der historischen Periodisierung sowie den Begriff des »Stils«.

Danach wollten wir in einem etwas gewagteren Schritt den »Materialismus« als philosophisches Kernstück aller marxistischen Theorien einer Revision unterziehen und kündigten unser viertes Symposium unter dem Titel »Materialität der Kommunikation« an. Während der Debatten zu diesem Thema spürten wir zum ersten Mal die Wünschbarkeit eines intellektuellen Bruchs. Nur wenige der Buchbeiträge und Diskussionen konzentrierten sich wirklich auf die Tradition des »Materialismus«, doch es tat sich ein neuer Fluchtpunkt auf, den wir als »Materialität der Kommunikation« beschrieben, und darunter fielen alle Phänomene, die zur Entstehung von Sinn beitragen, ohne selbst sinnhaft zu sein. Auf der Grundlage dieser Neuausrichtung unseres Projekts wurden das Kolloquium und der Bericht darüber[2] zu einem Schritt auf dem Weg zu einer intellektuellen Bewegung, der die »Medienwissenschaft« es zu verdanken hat, dass sie zu einer Obsession der deutschen Geisteswissenschaften geworden und bis heute geblieben ist (einen stärkeren und entscheidenderen Einfluss in dieselbe Richtung übten die früheren Bücher Friedrich Kittlers aus – der übrigens an den meisten der Treffen in Dubrovnik teilnahm).

Von diesem Moment an, also ab dem Frühjahr 1987, waren wir überzeugt (jedenfalls ich war es), endlich eine berufliche Zukunft für uns als Generation aufgezeigt zu haben – und ich frage mich heute manchmal, ob der Titel unseres fünften und letzten Symposiums, »Paradoxien, Dissonanzen, Zusammenbrüche«, bereits ein Symptom dafür war, dass sich die ödipale Energie in Selbstzerstörung zu verwandeln begann. Die Überzeugung, ein Programm für die Zukunft zu haben – oder wenigstens das erkennbare Bemühen, es zu haben –, ließ viel einfacher erscheinen, was wir noch immer für die Pflicht jeder gegenwärtigen Generation hielten, nämlich die Verbindungen zur unmittelbaren Vergangenheit zu kappen und sowohl das Offensichtliche als auch das latent Gebliebene »hinter sich zu lassen«. Irgendwann in dieser Zeit, an die ich gern als meine »Dubrovniker Jahre« zurückdenke, bewarb ich mich auf den Lehrstuhl meines inzwischen emeritierten Doktorvaters an der Universität Konstanz (es ist vielleicht kein Zufall, dass ich das genaue Jahr vergessen habe). Ich wollte diese Stelle unbedingt haben und hätte sie auch zweifellos angenommen, wäre sie mir je angeboten worden. Wonach ich mich jedoch noch mehr sehnte, war die Möglichkeit – allein die bloße Möglichkeit –, den Lehrstuhl angeboten zu bekommen und dann einfach abzulehnen. Genauer gesagt: Was ich wirklich wollte, war die realistische Freiheit, mir vorzustellen, dass ich einen Ruf aus Konstanz ablehnen könnte – aber diese Freiheit hatte ich nie. Ich hatte vor, die hohe Kirche der »literarischen Hermeneutik« mit einem Vortrag über »Das Nicht-Hermeneutische« zu erobern – und der Berufungskommission somit eine einfache Möglichkeit zu geben, mir eine Lehre in Sachen Macht zu erteilen. Die

Entscheidung der Kommission war in der Tat demütigend: Ich hatte es nicht einmal in die Gruppe der »listenfähigen« Bewerber geschafft – und warum hätte mich die Kommission auch in die Berufungsliste aufnehmen sollen, wenn ich alles, worauf Konstanz in den Geisteswissenschaften stolz war, in Frage stellte? Das Erlebnis half mir, innerhalb des sich verändernden Rahmens der historischen Zeit der 1980er Jahre eine doppelte Schlussfolgerung in Bezug auf meine persönliche Zeit zu ziehen: Mir wurde klar, dass ödipale Energie für den fast 40-jährigen Professor, der ich geworden war, keine angemessene Motivation mehr darstellte; und das hieß auch, dass ich mich nicht nur selbst davon überzeugen musste, meine intellektuelle Zukunft geformt zu haben, sondern auch ein institutionelles Umfeld für diese Zukunft finden musste, das nicht geerbt, sondern selbst gewählt und, soweit es nur ging, offen dafür war, von mir gestaltet zu werden. Die Vergangenheit blieb unterdessen unberührt.

*

Am Horizont dieser privaten und beruflichen Auseinandersetzungen mit der Zukunft begann uns alle plötzlich eine Debatte zu faszinieren und zu provozieren, in der zum ersten Mal explizit Zweifel an der nachhaltigen Tragfähigkeit der Zeitkonstruktion, die wir geerbt hatten, geäußert wurden. Im Jahr 1979 veröffentlichte Jean-François Lyotard das schmale Bändchen *La condition postmoderne* (*Das postmoderne Wissen*), das eigentlich als Gegenwartsanalyse und als Programm für ein mögliches unabhängiges Bildungssystem in Québec geschrieben worden war. Lyotards Kritik richtete sich hauptsächlich gegen alle »großen Erzählungen« (»grand récits«) der Geschichte, die seit Beginn des 19. Jahrhunderts den westlichen Stil der Assimilation der Vergangenheit prägten. Indem er solche diskursiven Formationen unterminierte, ließ er freilich ernsthafte Zweifel an den Versprechen all jener Zeitvorstellungen aufkommen, die auf Begriffen wie »Moderne« oder »Fortschritt« basierten – während die Idee der »Postmoderne« einen erkenntnistheoretischen Raum für alternative Möglichkeiten der Vergangenheitsaneignung offenhielt. Während Lyotard selbst keine großen Fortschritte darin machte, sich solche Alternativen vorzustellen oder sie gar zu beschreiben, fühlte ich mich sofort zu dieser Betrachtungsweise und ihrer eleganten Art der Argumentation hingezogen; die damit einhergehenden, »postmodern« genannten Stilgesten des Gleichzeitigmachens vielfältiger Bezüge auf verschiedene historische Traditionen blieben mir dagegen fern.

Auch bestimmte ökologische Belange und Motive, die mittlerweile zu einem zentralen Thema aller politischen Parteien geworden sind, um 1985 aber noch weitgehend neu waren und provozierend wirkten, fanden bei mir nicht die Resonanz, die vielleicht angebracht gewesen wäre. Natürlich glaubte ich an die in Deutschland damals sehr populären Voraussagen über das Verschwinden sämtlicher Wälder bis zum Anfang des 21. Jahrhunderts oder über die Gefährlichkeit von Atomkraftwerken (die sich durch die Katastrophe von Tschernobyl 1986 bestätigen sollte). Doch trotz meines Glaubens an sie schaffte ich es nie, jene Gewohnheiten in meinen Alltag zu integrieren, die man heute als »umweltbewusst« bezeichnen würde. Die provozierende Neuartigkeit der Umweltproblematik und meine Reaktion darauf machten mir allerdings zum ersten Mal bewusst, dass ich seit langem schon – wenn auch sozusagen latent – sehr pessimistisch gewesen war, was die Zukunft anging, in der ich trotz allem meine Spuren hinterlassen wollte. Es war, als ob diese Zukunft sich langsam zurückziehen würde.

Unterdessen schien die Vergangenheit plötzlich und scheinbar gnädig in vielen Dimensionen und auf vielen Ebenen abzureißen. Ein guter Freund sagte mir neulich, in meinem Leben habe es viele – natürlich rein zufällige – Überschneidungen zwischen persönlichen Veränderungen und historischen Ereignissen gegeben. Sollte er Recht haben, so trifft dies ganz besonders auf das Jahr 1989 zu, als der Staatssozialismus zu implodieren begann und der Kalte Krieg somit zu einem überraschend jähen Ende kam. Mein zweiter Sohn (und mein drittes Kind) Christopher war zur Welt gekommen, ich war geschieden und frisch verheiratet, und wir hatten Deutschland gerade für immer verlassen, um ein neues Leben an der Stanford University in Kalifornien anzufangen (mit all den traditionellen Erwartungen, die mit einem »neuen Leben in Amerika« einhergehen), als jener allumfassende Wandel ins Rollen kam. Die buchstäblich erste amerikanische Zeitung, die ich nach unserer Ankunft Anfang September, am Labor Day des Jahres 1989 las (es war der *San Francisco Chronicle*), berichtete über DDR-Bürger, die auf der Rückreise aus dem Urlaub in anderen sozialistischen Ländern Zuflucht in Botschaften der BRD suchten, was ihnen aufgrund der bundesrepublikanischen Verfassung zustand, die Angehörige beider deutschen Staaten als deutsche Staatsbürger definierte. Dies war der Beginn der deutschen Wiedervereinigung, die wiederum die wesentliche und wahrscheinlich dynamischste Bewegung für die fortschreitende Demontage und Transformation des osteuropäischen Staatssozialismus war. In meiner Wahrnehmung geschah dies alles, mit größerem Abstand betrachtet, ebenso zwangsläufig, wie es zunächst unerwartet war.

Meine letzten Monate in Europa beinhalteten auch eine Vortragsreise nach Rumänien, wo der Sozialismus mehr als in jedem anderen osteuropäischen Land zu einem grotesken Szenario offizieller Parolen und Behauptungen über ein »Goldenes Zeitalter« des Landes verkommen war und niemand auch nur den Versuch unternahm, diese mit der furchtbaren Realität in Einklang zu bringen. In meinem »Fünf-Sterne-Hotel« in Bukarest gab es laut Auskunft der Rezeption nur zwischen drei und fünf Uhr morgens warmes Wasser, und bevor ich einige andere Universitätsstädte besuchte, machte mich der Leiter des Deutschen Kulturinstituts mit einem grimmig dreinblickenden Mann bekannt, den er mir ganz offen und sarkastisch als »unser Fahrer, der auch Agent der Securitate ist«, vorstellte. Es kam auch vor, dass dieser Institutsleiter lange und aufsässige Reden an die Wände seiner Einrichtung richtete, weil er überzeugt war, diese seien mit rumänischen Abhörgeräten gespickt. Dabei hatten die Tage, die ich mit meiner Frau während des Sommers 1989 in Ostberlin verbracht hatte, um mich von ein paar ostdeutschen Freunden zu verabschieden, uns eigentlich zu der Überzeugung gebracht, der Sozialismus habe sich endgültig als erfreulich undramatische und nur gelegentlich repressive Form des Alltags etabliert. Hätte zu diesem Zeitpunkt jemand vorhergesagt, was bereits kurze Zeit später historische Wirklichkeit werden würde, hätte uns also jemand gesagt, dass die DDR nur noch wenige Wochen existieren würde, so hätten wir dies als absurd einseitige und ideologisch verblendete Ansicht abgetan.

*

Auch unser Leben in Amerika begann mit Ereignissen, die wir nie zuvor erlebt hatten. Am späten Nachmittag des 17. Oktober 1989, einen Monat und zwei Wochen nach unserer Ankunft, erschütterte ein gewaltiges Erdbeben die San Francisco Bay Area. Ich erinnere mich noch, wie ich durchs Fenster meines neuen Büros in Stanford zwei der für einen amerikanischen Campus so typischen Glockentürme unter lautem Geläut schwanken sah und wie sich der Boden unter meinen Füßen ein paar endlose Sekunden lang in Wellen bewegte. Es dauerte Wochen, bis ich dem Grund, auf dem ich ging, wieder vertrauen konnte. Seitdem leben wir in der Beinahe-Gewissheit, dass Nordkalifornien noch zu unseren Lebzeiten von einem ähnlich oder gleich starken Beben getroffen werden wird. Doch ungeachtet dieser Zukunft, die mit fast mathematischer Präzision täglich näher zu rücken scheint, lockt unser Teil der Welt Menschen von überall (wie meine Familie und mich), dort zu leben und zu bleiben.

Ein Jahr und drei Monate später, am 17. Januar 1991, begannen die Koalitionsstreitkräfte unter Führung der USA die Operation Wüstensturm – und damit den Zweiten Golfkrieg, der Kuwait von der im August 1990 erfolgten irakischen Besatzung befreite. Ich lebte zum ersten Mal im Leben in einem Land, das sich offiziell und ohne große Anzeichen der kollektiven Missbilligung im Krieg befand. Die Flaggen zur Unterstützung der im Krieg kämpfenden amerikanischen Soldaten, die ich an den Vorderseiten vieler Privathäuser sah, beeindruckten mich – als deutscher Angehöriger meiner eigenen Nachkriegsgeneration verspürte ich jedoch auch Schuldgefühle angesichts dieser Reaktion. Während des Krieges war am 7. Februar 1991 mein viertes und jüngstes Kind Laura geboren worden. Da sie in den USA zur Welt kam und ihre Mutter und ich nicht die deutsche Staatsbürgerschaft für sie beantragten, wurde sie die erste Amerikanerin in unserer Familie. Dieser bürokratische Effekt, der wirklich eine Nebenwirkung war, machte mich über die Maßen stolz, denn er gab mir das Gefühl, dass die Zukunft, die ich mir erhofft hatte, im Begriff war, gegenwärtig zu werden.

Während jener frühen und glücklichen Jahre in Kalifornien war ich sicherlich weniger als jemals zuvor in meinem Erwachsenenleben damit beschäftigt, die Zukunft zu antizipieren oder die Vergangenheit hinter mir zu lassen. Die drei meiner Kinder, die bei uns lebten, wuchsen so langsam und so schnell heran, wie Kinder eben wachsen; ich begann, ebenfalls recht langsam, zu begreifen, dass die Universität im Allgemeinen, besonders aber die Geisteswissenschaften in den Vereinigten Staaten sich noch stärker von ihrem europäischen Pendant unterschieden, als ich gedacht hatte. Jeder Arbeitstag wurde zu einer erfreulichen Gegenwart, und die Art, wie sich diese strahlende und angenehme Gegenwart Schritt für Schritt aufbaute, mag einer der Gründe dafür gewesen sein, dass mein erstes neues Buchprojekt sich in den Versuch verwandelte, ein Jahr aus der Vergangenheit in meiner eigenen Welt so gegenwärtig wie möglich werden zu lassen. Es musste ein zufälliges Jahr sein, eines, das niemand je für besonders wichtig erachtet hatte – denn es ging mir nicht darum, dieses Jahr zu »verstehen«, das heißt, zu erklären, auf welche Weise es aus seiner eigenen Vergangenheit hervorgegangen und somit ein Vermächtnis und eine Vermittlungsinstanz für unsere Gegenwart war. Mein Bestreben war vielmehr, durch bestimmte textliche Strategien und Effekte einen größtmöglichen Eindruck von Greifbarkeit zu erzeugen. Die Wahl fiel schließlich auf das Jahr 1926 (natürlich gratulierten mir hinterher zahlreiche Kollegen und Leser dazu, die wahre und bislang unbemerkte Bedeutung von 1926 aufgedeckt zu haben – was gewiss nicht meine Absicht gewesen war), und zwei Aspekte des Buches (das dann 1997 veröffentlicht wurde) erwiesen sich für mich als wichtige Anzeichen dafür, dass sich mein Verhältnis zur Vergangenheit verändert hatte. Zum einen war es ursprünglich ein Plan meines Konstanzer Doktorvaters gewesen, eine Literaturgeschichte des 19. Jahrhunderts entlang »vier synchroner Einschnitte« zu schreiben, und obwohl er das Projekt nie wirklich weiterverfolgt hatte, wusste ich, dass ich unter den Bedingungen in Deutschland niemals eine Arbeit begonnen hätte, die einer unvollendeten Idee meines Lehrers so ähnlich war. Nun war dies jedoch problemlos möglich, und es war, zum anderen, plötzlich auch kein Problem mehr für mich, Heidegger zu lesen, dessen Werk ich während meiner Zeit in Europa aufgrund seiner Verstrickung in die Ideologie und die Partei der Nationalsozialisten schlicht aus dem Weg gegangen war. Aus der neuen räumlichen, kulturellen und politischen Distanz Kaliforniens konnte ich Heideggers Philosophie an mich heranlassen, sogar so sehr, dass sie in meinen Augen unvermeidlich wurde – und das war nicht einmal überraschend. Zwei Beispiele aus der latenten Vergangenheit hatten eine Form entwickelt, auf die ich mich beziehen konnte, doch meine Geschichte mit der Zeit war damit keineswegs zu Ende.

Eines Tages – ich arbeitete gerade am letzten Kapitel von *1926*, in dem es hauptsächlich um eine Beschreibung des historischen Kontexts von Heideggers *Sein und Zeit* ging, das er gänzlich in jenem Jahr geschrieben hatte – fragte mich mein Sohn Marco, der damals 16 Jahre alt gewesen sein muss, beim Abendessen plötzlich und unverblümt, wie ich so viel Zeit auf ein Buch von jemandem verwenden könne, der aussehe wie Adolf Hitler. Trotz ihrer bewussten Naivität gefiel mir die Frage sehr, denn sie gab mir das Gefühl, dass mein Sohn so weit von der deutschen Geschichte entfernt war, wie ich es mir für mich immer gewünscht hatte. Aus demselben Grund war ich dann überrascht, ja verzweifelt, als er mir etwa ein Jahr später mitteilte, dass er sich bei der deutschen Luftwaffe als Militärpilot beworben habe. Das war exakt nicht die Zukunft, die ich mir für meinen älteren Sohn am Morgen nach seiner Geburt erträumt hatte. Wir führten endlose Diskussionen, die oft quälender und aggressiver waren, als wir beide es uns hätten vorstellen können, und in deren Verlauf mir langsam klar wurde – und zwar nicht nur in der Theorie –, dass meine Vergangenheit und Zukunft ebenso wie die damit verbundenen Werte, Befürchtungen und Tabus unwiderruflich vom Zeitpunkt und Ort meiner Geburt geprägt waren, und das hieß auch, dass es weder einen Grund noch auch nur die Möglichkeit gab, sie mit der Lebenszeit meiner Kinder in Einklang zu bringen. Ich musste ihnen zugestehen, was ich mir selbst nicht zugestehen konnte. Ich muss zugeben, dass dieser Generationswandel, bei dem sich die Nachkriegsjahre einmal mehr und diesmal endgültig in mein Leben drängten, für mich bis heute schwer zu akzeptieren ist, und dies umso mehr, als dieses Gefühl des Wandels bei jedem neuerlichen Auftauchen mit dem Eindruck eines Zeitstaus einherging und mit dem eines Schicksals, das sich nie in Form und Klarheit verwandelte. Eine neue Zeit – Marcos Zeit – war im Begriff, mich hinter sich zu lassen, obwohl ich nicht in der Lage war, meine eigene Vergangenheit hinter mir zu lassen.

Im Spätsommer 1996 ging Marco schließlich nach Deutschland – nicht »zurück nach Deutschland«, so sage ich mir, sondern in ein Deutschland, das sich von meinem unterschied, das zu seiner selbstgewählten Zukunft und Gegenwart wurde und für das er sich weiterhin jeden Tag entscheidet. Die Situationen unseres Weggangs waren nicht symmetrisch, aber ich hoffe, sie waren begründet – auch wenn ich das Gefühl hatte, dass die Zeit irgendwie entgleist war, dass sie auf eine Gegenwart und Zukunft zugesteuert war, die ich nie gewollt hatte. Synchron mit dieser scheinbar entgleisten Zeit entwickelte sich die beste Phase meiner beruflichen Karriere, und während diese Gegenwart noch andauerte, stellte ich mir schon vor, wie ich bald nostalgisch auf sie zurückblicken würde. Das Kuratorium der Stanford University hatte mit Gerhard Casper einen neuen Präsidenten bestimmt, einen in Deutschland geborenen Jura-Professor, der den größten Teil seiner akademischen Laufbahn in den USA verbracht hatte und für den Hannah Arendt während ihrer Zeit an der University of Chicago ein wichtiger intellektueller Einfluss gewesen war. Zur allgemeinen Überraschung ernannte Casper die junge afroamerikanische Politikwissenschaftlerin – und spätere nationale Sicherheitsberaterin und Außenministerin – Condoleezza Rice zum Provost der Universität und arbeitete sieben seiner acht Jahre als Präsident mit ihr zusammen. Ich empfand sofort eine Affinität zu Caspers und Rice's Vision des dem akademischen Leben innewohnenden Potenzials. Sie gaben mir in ihrer täglichen Arbeit den Eindruck, dass ihr Stanford genau die Universität war, die ich wollte. Es erschien mir daher durchaus plausibel, als sie mich bei einem zwanglosen Gespräch beim Abendessen baten, eine Reihe von 20 Vorlesungen und vier Kolloquien unter dem Titel »Stanford Presidential Lectures on the Future of the Humanities and Arts in Higher Education« zu organisieren. Unter den Bedingungen eines praktisch unbegrenzten Budgets und uneingeschränkter geistiger Freiheit sollte die Veranstaltung das ehrgeizige Ziel verfolgen, Kunst und Geisteswissenschaften für die gesamte akademische Gemeinschaft stärker in den Mittelpunkt zu rücken – und dies an einer Universität, deren Ruf im In- und Ausland bis dahin fast ausschließlich auf den naturwissenschaftlich-technischen, wirtschaftswissenschaftlichen und juristischen Fakultäten beruhte.

Die Aufgabe, die mir nun übertragen wurde, hatte deutliche Ähnlichkeit mit den Zielen, die wir uns in unserem Kolloquium in Dubrovnik selbst gesteckt hatten, nur galt es dieses Mal nicht, sich von einer Vergangenheit zu distanzieren, eine Energie des Wandels aufrechtzuerhalten oder eine Zukunft zu erobern. Vielmehr eröffnete jede Vorlesung und jedes Kolloquium die Möglichkeit, zu einer Feier der Geisteswissenschaften und der Kunst in der Gegenwart zu werden, und dies nicht, weil die meisten Redner ausdrücklich unsere Tradition rühmen würden, sondern – zumindest in einigen Fällen – einfach aufgrund der Qualität und Brillanz – und manchmal auch der Darbietung – der Vorträge, die sie boten. Der Abend, an dem Pina Bausch vor einem sprachlosen Publikum mit einer jungen brasilianischen Balletttänzerin *Le Sacre du printemps* einstudierte, war einer der seltenen Augenblicke meines Lebens, an dem ich mir vor lauter Schönheit und auch aus einem Gefühl des Stolzes über das Erreichte wünschte, die Zeit würde stillstehen. In anderer Weise denkwürdig war der Vortrag von Jacques Derrida, der zuvor nie in Stanford gewesen war. Wie immer in jenen Jahren redete Derrida über zwei Stunden lang, und was er sagte, war für Nichtkenner seiner philosophischen Position ebenso unverständlich wie die meisten seiner Schriften – aber er sprach von einer »Universität, die aus der Zukunft kommen könnte«. Anschließend wurde viel über eine mögliche jüdische oder messianische Inspiration zu dieser Vision diskutiert. Entscheidend war jedoch Derridas neuartige, weitgehend implizite Sicht der Zeit: Die Zukunft erschien nicht mehr als eine zu erobernde Dimension, sondern als Bewegung – eine sich erfüllende Hoffnung, eine Vision, eine Bedrohung –, die auf uns zukam. Unabhängig von seinem Werk war der Titel von Derridas Vorlesung ein Symptom für eine grundlegend veränderte Beziehung zur Zeit.

Die meisten der von uns eingeladenen Redner hatten sich während der intensiven Theoriediskussionen einen Namen gemacht, welche ein knappes halbes Jahrhundert lang, zwischen den frühen 1950er Jahren und dem letzten Jahrzehnt des Millenniums, die Geisteswissenschaften beherrscht hatten. Im Laufe unseres Programms wurde jedoch unter anderem deutlich, dass das Verlangen nach Theorie, von dem die vorangegangen Jahrzehnte noch durchdrungen waren, im Abnehmen begriffen war, und dies half uns, eine überraschende und schwierig zu erklärende chronologische Parallele zwischen dem Kalten Krieg und dem großen Zeitalter der »Theorie« in Kunst und Geisteswissenschaften zu entdecken. Wie die Befürchtungen des Kalten Krieges ist freilich auch die »Theorie« immer noch da und wird immer noch gelehrt – und sei es auch nur in Ermangelung moderner wirkender Themen.

Während der zwei Jahre, in denen ich die »Presidential Lectures« in Stanford organisierte, erhielt ich auch die amerikanische Staatsbürgerschaft – zu einer Zeit, in der mir längst klar geworden war, dass ich nie »vollkommen amerikanisch« sein würde; wichtiger und weniger frustrierend war aber, dass auch niemand – vielleicht mit Ausnahme von mir selbst – diesen Schritt von mir erwartete oder mich in irgendeiner Weise dazu drängte. Was nach meiner Übernahme der »Stanford Presidential Lectures« ebenfalls nicht erfolgte, war die Beförderung auf eine sichtbare administrative Position, deren Angebot ich eigentlich erwartet hatte – ohne wirklich darüber nachzudenken, wie dies hätte aussehen können und abgesehen von einem unbestimmten Wunsch, die Zukunft der Geisteswissenschaften (zumindest in Stanford) mitzugestalten, vor allem aber ohne zu wissen, ob ich einen solchen Posten überhaupt wollte. Ohne ihn hatte ich mehr Zukunft, mehr Zukunft, über die ich verfügen konnte, als je zuvor. Der Großteil der Vergangenheit hatte sich bis dahin noch nicht deutlich genug gezeigt, um von der

Latenz befreit zu sein – weder 1968, noch 1989, noch unter sonstigen historischen Umständen. Die Zeiten änderten sich grundlegend – und sie veränderten sich auch mit jedem Mal etwas weniger. Mein Gefühl war das einer angenehmen Spannung, und ich konnte mich mit weniger Hektik und Druck denn je daranmachen zu entdecken, was ich nach wie vor für latent hielt.

*

Wann immer ich an die Augenblicke zurückdenke, an die ich mich aus dem langen Jahrzehnt, das seit dem Jahrtausendwechsel vergangen ist, noch erinnern kann, fällt es mir schwer, sie als Teil einer zeitlichen Abfolge zu sehen, und ich weiß nicht, ob dies eine Auswirkung meines eigenen Älterwerdens ist oder das Ergebnis einer Veränderung der gesellschaftlichen Konstruktion der Zeit (als ich in einem Seminar meinen Studenten diesen Eindruck schilderte, überraschten sie mich mit der Aussage, dass er ihnen durchaus vertraut sei). Selbst der 11. September 2001, der für viele andere so einschneidend geworden ist und der für eine deutliche Trennung zwischen »vorher« und »nachher« gesorgt zu haben scheint, ist für mich eher ein Tag, der alle folgenden mit einem düsteren, monochromen Licht überschattete, als dass er einen echten Wendepunkt dargestellt hätte. Als die (selbst-)mörderische Zerstörung der Twin Towers in New York geschah, war es in Kalifornien früher Morgen. Ohne ersichtlichen Grund war meine Frau an diesem Tag früher aufgewacht als sonst und sah fern – daher rief sie mich sofort von meinem Schreibtisch, als sie die Eilmeldung über die zwei von entführten Flugzeugen getroffenen Gebäude sah. Wenn ich mich recht entsinne, begann der erste Turm einzustürzen, als ich mich gerade dem Fernseher zugewandt hatte, und wir verfolgten die nächsten Augenblicke live (ich kann mich aber auch irren). Was ich jedoch noch plastisch und wie in Zeitlupe vor Augen habe, ist, dass es genügend Zeit gab, zu hoffen, dass dies letztendlich nicht geschehen würde. Die Sekunden, in denen der erste Turm schließlich langsam und endgültig einstürzte, übten eine starke Faszination aus, die Faszination einer Form in Bewegung und die von etwas, das nicht wahr sein kann und doch gerade wirklich geschieht. Kein anderer Tag in der Geschichte hat vielleicht stärker und unmittelbarer den Eindruck erzeugt, dass die Welt »nie mehr dieselbe sein wird«. So viel war tatsächlich von Beginn an klar, aber es ist ebenso erstaunlich wie typisch für eine Zeit der verschleppten Latenz, dass wir bis heute darüber diskutieren, wodurch sich denn die Welt »nach dem 11. September« eigentlich von der davor unterscheidet. Die Jahre nach den Anschlägen haben auf jeden Fall gezeigt, dass Militäreinsätze keine Vorführungen strategisch vorbereiteter Schritte zwischen Gegnern von prinzipiell vergleichbarer Stärke mehr sind. Die meisten Militäraktionen unserer Zeit sind auf vielfältigen Ebenen asymmetrisch geworden, und dies ist der Hauptgrund dafür, dass es nicht mehr möglich ist, Kriege mit endgültiger Wirkung zu gewinnen.

Ich glaube jedoch, dass sich im 11. September 2001 ein weitaus aufdringlicherer Aspekt der Veränderung verdichtet hat. Denn dieser Tag war nicht nur der erste und bisher einzige, an dem eine feindliche Macht in das Gebiet der USA eindringen konnte – was den Angriff einzigartig machte, war die Konvergenz einer Vielzahl von angehäuften Beweggründen und Formen des Ressentiments aus der Vergangenheit. Es war, als ob die Terroristen des Deutschen Herbsts des Jahres 1977 mit einem entschlosseneren, wagemutigeren und tödlicheren Wahnsinn denn je im frühen 21. Jahrhundert angekommen wären; hinter ihnen lagen, angestaut und explosiv verdichtet, vielfältige historische Wellen und Ereignisse des Antisemitismus, wie die Ermordung der israelischen Sportler 1972 und sogar der Holocaust, und des verächtlichsten Antiamerikanismus als dessen Konsequenz und Kehrseite; lange Jahre der Frustration und des Hasses waren zusammengekommen und hatten genügend Kraft gesammelt, um eine nie mehr verheilende Narbe in einem Kontinent zu hinterlassen, der zu lange geglaubt hatte, dass die räumliche Distanz, die ihn von der Alten Welt und ihren Schicksalen trennt, ein ausreichender Schutz wäre. Seit dem 11. September 2001 wissen wir, dass Globalisierung auch bedeutet, dass kein Ort auf der Welt vor der mörderischen, alles zerstörenden Energie sicher ist, die sich durch die vergangenen Stadien der Menschheit hindurch abgelagert hat, Europa, Südamerika, Afrika und Asien ebenso wenig wie die Vereinigten Staaten. Aus diesem Grund wird die Welt tatsächlich nie mehr dieselbe sein – und deshalb haben die Ereignisse vom 11. September 2001 auch, wie ein Ton oder eine Farbe, jeden Tag, jede Stunde und jede Minute überschattet, die seither vergangen ist.

*

Während dieses letzten Jahrzehnts, im Jahr 2005, starb mein Vater einen Monat nach seinem 85. Geburtstag. Unser Verhältnis war am Ende ebenso angenehm wie distanziert gewesen, deswegen war meine Reaktion auf den ersten Tod eines nahen Verwandten anfänglich die einer stillen Trauer. Bei seinem Eintritt in den Ruhestand 20 Jahre zuvor war mein Vater ein beliebter Chirurg in seinem Ort gewesen. Er war auch in starkem Maße ein Mann seiner deutschen Generation, insofern der Krieg und die unmittelbaren Nachkriegsjahre für ihn ein ständiger Bezugs- und Erklärungshorizont waren. Da er gerne provozierte und wusste, wie sehr er mich mit ausdrücklich positiven Erinnerungen an die Nazizeit treffen konnte, war ich mir zum Zeitpunkt seines Todes eigentlich sicher, dass es kein unangenehmes Detail aus seinem Leben mehr geben konnte, von dem ich nichts wusste. Dann las ich in dem kurzen Nachruf der örtlichen Tageszeitung, dass mein Vater an der nationalsozialistischen »Medizinischen Militärakademie« studiert hatte – und nicht an der Universität vor Ort, wie er uns immer erzählt hatte. Ich werde die Wahrheit nie herausfinden – und sie interessiert mich auch nicht. Es kann durchaus sein, dass mein Vater seine Beziehung zur Militärakademie vor meiner Schwester und mir verborgen hielt – andererseits will ich aber auch nicht ausschließen, dass er diesen Abschnitt seines Lebens in einem Interview mit einem Lokaljournalisten hinzuerfunden hat, um imposanter zu wirken. Es gab keinen Unterschied, nicht einmal für mich, zwischen den beiden Möglichkeiten. Aber mein Vater war gestorben und hatte jenen Teil seines Lebens nicht mitgenommen, der mich in meinem verfolgte. Das war es, was mich beschäftigte: dass er sein Leben nach dem Tod und mein restliches Leben sauber hinterließ.

Als ich seinen erstarrten Leichnam in dem Krankenhaus sah, in dem er gestorben war, die Spuren des Todeskampfes noch im Gesicht, legte ich meine Hand auf seine eisige Hand, bis das Eis zu schmelzen begann und ein Gefühl distanzierter Nähe aufkam. Ich versuchte auch, eine letzte Erinnerung an sein Gesicht zu behalten, indem ich unmittelbar vor der Beerdigung eine Zeitlang am offenen Sarg blieb, in dem sein toter Körper aufgebahrt lag. Doch das geschminkte Gesicht sah aus wie bei einer Wachsfigur und war nicht einmal als Variation des Gesichts meines Vaters zu Lebzeiten erkennbar. Es sah ihm nicht ähnlich – und brachte mich nur durcheinander. Als ich schließlich mit der Schaufel in der Hand an seinem Grab stand und die

Erde auf den geschlossenen Sarg fallen hörte, spürte ich nicht die Dankbarkeit, die ich ihm schulden wollte, und auch keine Zärtlichkeit, Frieden oder bitteren Trost. Vielmehr fragte ich mich, ob mein Vater uns oder einen Journalisten belogen hatte, dem ich wahrscheinlich nie begegnen würde. Also bemühte ich mich, während der Beerdigung den Eindruck andächtiger Versunkenheit zu machen, und musste einmal mehr feststellen, dass ich der Vergangenheit meines Vaters niemals entkommen würde, die mit seinem Tod nunmehr ganz die meine geworden war.

Mein Vater hätte sich sehr gefreut, Marcos Kinder kennenzulernen, die 2008 und 2010 geboren wurden (Clara, die Ältere der beiden, kam am Tag der Wahl von Barack Obama zum Präsidenten der Vereinigten Staaten zur Welt), und ich bin sicher, dass Marco, der ein viel entspannteres und liebevolleres Verhältnis zu meinem Vater hatte, als es mir je gelungen war, dies ebenfalls sehr gern erlebt hätte. Ich für meinen Teil glaube, dass es gut für meine Enkel ist, dass sie noch weiter entfernt als meine Kinder von einer Vergangenheit aufwachsen, die ich als eine solche Last empfunden habe. Sollten Clara und Diego je mehr über die Vorfahren aus der Familie ihres Vaters erfahren wollen, die in der Mitte des 20. Jahrhunderts noch am Leben waren, so habe ich alles, was mir über sie im Gedächtnis geblieben ist, während eines einjährigen Sabbaticals in Deutschland in Claras zweitem Lebensjahr für die beiden aufgeschrieben. Manchmal habe ich das Gefühl, dass selbst meine Gegenwart aufgrund der Narben und Verdrehtheiten aus meinen Begegnungen mit der Vergangenheit für sie kein reiner Segen ist. Deshalb bin ich sehr zurückhaltend, wenn ich mit Clara und Diego zusammen bin. Denn zumindest mein Leben wäre mit weniger starken Fesseln zwischen den Generationen viel besser gewesen.

Da ich im Zusammenhang mit der Familie meiner Eltern und der Geschichte, die ihre Mitglieder für mich verkörpern, so viel über »Distanz« gesprochen habe, sollte ich vielleicht klarstellen, dass ich diese Distanz nie gesucht habe. Sie hat sich vielmehr in jedem Einzelfall aus jeweils verschiedenen Gründen ergeben: als Ergebnis eines Schwankens zwischen Mitgefühl und Selbstschutz im Falle meines Vaters; weil meine Schwester und ich einfach nicht viele gemeinsame Interessen, Freunde oder Sorgen haben; und was meine Mutter angeht, so hat sich, wie schon am Anfang dieses Kapitels erwähnt, einfach eine unüberbrückbare Distanz zwischen uns entwickelt, weil sie an Gedächtnisverlust leidet und mich nicht mehr von ihrem verstorbenen Ehemann oder von meinem Sohn (und ihrem Enkel) Marco unterscheiden kann. Mittlerweile ist alles so weit geregelt, dass ich vor kurzem aus akademischem Anlass in die Stadt reiste, in der meine Mutter und meine Schwester immer noch leben, ohne ihnen etwas davon zu erzählen. Ich schätze diese Situation als das bestmögliche Ende einer Geschichte, die natürlich gleichzeitig eine unendliche ist (irgendwann in der Zukunft könnten sich die Wege von uns Familienmitgliedern wieder kreuzen). Gegenwärtig mache ich mir hauptsächlich Sorgen um die Zukunft meiner Enkelkinder, aber die Gründe dafür haben wenig mit der Vergangenheit zu tun, die sie durch ihren Vater von mir geerbt haben.

*

Beinahe unbemerkt in die Stadt zurückgehen zu können, in der ich geboren wurde und die ersten 19 Jahre meines Lebens verbrachte, ist ein gutes Ende für meine Geschichte mit der Zeit – weil es undramatisch und absolut banal ist. Ich bin jedoch, wie gesagt, unabhängig von meiner eigenen Vergangenheit besorgt um die Zukunft meiner Enkelkinder, und darüber hinaus habe ich einen Beruf, der mich dazu anregt, über derartige Zeitkonfigurationen nachzudenken. Wenn diese beiden Beweggründe zusammentreffen, so glaube ich, dass Claras und Diegos potenziell langes Leben (beide erhielten bei ihrer Geburt ein offizielles Dokument, in dem ihnen eine durchschnittliche Lebenserwartung von über hundert Jahren bescheinigt wurde) sich in einer Zukunft entfalten wird, die einer anderen Zeitkonstruktion angehören wird als die, in welche ich hineingeboren wurde (und anstelle des Ausdrucks »Zeitkonstruktion« werde ich nun das Wort »Chronotop« verwenden). In diesem neuen Chronotop wird die Zukunft nicht mehr als offener Horizont der Möglichkeiten erlebt werden, aus denen wir wählen können, sondern als eine Fülle von Bedrohungen, die auf uns zukommen. Der Lebensweg meiner Enkel wird weniger einer Folge von Wahlmöglichkeiten als vielmehr einer von Überlebensaufgaben gleichen. Ich werde hier nicht den Wert oder die Unzuverlässigkeit von Prognosen wie die der »globalen Erwärmung« oder der »Erschöpfung natürlicher Ressourcen« diskutieren, denn es genügt festzustellen, wie sehr es uns beeindruckt, dass sie unvermeidlich erscheinen und dass selbst die größten ökologischen Bemühungen ihr Eintreffen bestenfalls geringfügig hinauszögern können. Was das andere Ende des Chronotopen betrifft, so werden Clara und Diego nicht mehr in der Lage sein, irgendeine Vergangenheit endgültig hinter sich zu lassen; diese werden somit in ihre Gegenwart eindringen, wie sie es bereits in Form der vielfältigen und endlos rollenden Nostalgiewellen tun. Die nie dagewesene und weiter zunehmende Speicherfähigkeit der elektronischen Kommunikation wird diesen Effekt noch verstärken. Zwischen dieser anderen Zukunft und jener anderen Vergangenheit wird die Gegenwart meiner Enkel kein »nicht mehr wahrnehmbar kurzer Moment des Übergangs« sein (so beschrieb Charles Baudelaire die Gegenwart des vorherigen Chronotopen), sondern ein sich zunehmend ausweitender Gegenwartsmoment der Gleichzeitigkeiten. Wo nichts zurückgelassen werden kann, wird jede neue Vergangenheit in der Gegenwart neben bereits vorhandene und gespeicherte Vergangenheiten gestellt, und in dieser immer breiter werdenden Gegenwart des neuen Chronotopen wird es weniger Sinn dafür geben, was das jeweilige Jetzt, die jeweilige Gegenwart gerade ausmacht (ich glaube, dass schon heute weniger Frauen die aktuellen Modefarben der Saison kennen als zum Beispiel noch vor 20 Jahren).

Die sich zunehmend ausweitende Gegenwart lässt in uns den Eindruck entstehen, dass wir in einem Augenblick des Stillstands feststecken. Die Zeit wird nicht mehr als absolutes Agens der Veränderung angesehen. Gleichzeitig werden innerhalb der breiter werdenden Gegenwart bestimmte Verhaltensweisen, darunter ganz gewiss all diejenigen, die mit dem Einsatz elektronischer Hilfsmittel verbunden sind, beschleunigt und mehr und mehr von der uns zur Verfügung stehenden Zeit in Anspruch nehmen, ohne dabei in irgendeiner Weise richtungsweisend oder leistungsfördernd zu wirken. Wenn nun also die alte Gegenwart, die Gegenwart des Übergangs, das epistemologische Habitat des cartesianischen Subjekts war (womit ein Subjektbegriff gemeint ist, der seine eigene Ontologie mit dem menschlichen Bewusstsein gleichsetzt), dann muss sich in der neuen, veränderten, breiten Gegenwart der Simultaneitäten eine andere Figur der Selbstreferenz ausbilden. Hierin mag der Grund für die vielen Anstrengungen liegen, die in den letzten Jahrzehnten in den Geisteswissenschaften und der Kunst unternommen werden, um »den Körper« wieder zum Bestandteil unseres vorherrschenden Selbstbildes zu machen, und diese akademischen Bemühungen könnten zum Auftakt eines Willens der künftigen Generationen werden, ein sinnlicheres Leben zu führen (beziehungsweise zu diesem »zurückzukehren«). Schließlich gilt unsere neue Unfähigkeit, irgendeine Vergangenheit hinter uns zu lassen, natürlich auch für den vorherigen Chronotop als Erbe der Vergangenheit. Da wir nichts zurücklassen können, werden meine Enkel vielleicht die Begriffe und Vorstellungen des alten Chronotopen weiter benutzen und wiederverwerten – auch wenn er ihrem alltäglichen Handeln innerhalb der veränderten Dimensionen von Vergangenheit, Zukunft und Gegenwart nicht mehr entsprechen wird.

Im Laufe des letzten Jahrzehnts hatte ich viele Gelegenheiten, meine Intuition der Entstehung eines neuen Chronotopen zu erläutern und weiter auszuarbeiten.[3] Es wäre daher ziemlich enttäuschend, würde ich dieses Buch einfach damit enden lassen, dass ich frühere Bücher zitiere und erkläre, »meine Geschichte mit der Zeit« habe schließlich zum neuen Chronotopen der breiten Gegenwart geführt. Der Punkt, auf den ich noch eingehen muss, betrifft die Nachkriegsjahre als Latenzzeit, genauer gesagt die Frage nach dem Verhältnis dieser Jahre der Latenz zu dem neuen Chronotopen. Es scheint eine plausible Hypothese zu sein, dass die Latenz der Nachkriegszeit eine erste Furche im reibungslosen Ablauf der »historischen Zeit« war, eine erste Furche in der »historischen Zeit« als Chronotop, dessen drei wesentliche Bedingungen – die Vergangenheit hinter sich zu lassen, eine Gegenwart des reinen Übergangs zu durchlaufen und sich die Zukunft als Möglichkeitshorizont zu erschließen – von früheren Generationen als so selbstverständlich erachtet wurden, dass sie diese spezifische Topologie mit der »Zeit an sich« beziehungsweise »Geschichte an sich« verwechselten. Da die älteren Generationen diese Bedingungen für metahistorisch, transkulturell und somit unausweichlich hielten, konnte niemand auf den Gedanken kommen, dass sich an der »Zeit« etwas zu verändern begonnen haben könnte, als das Alltagsverhalten unserer Eltern und später unser eigenes nicht mehr mit dem historistischen Chronotopen und seinen gewohnten Effekten konvergierte. Der Grund für die Unfähigkeit, die Vergangenheit hinter sich zu lassen, so glaubten wir 1968, musste im Schweigen und in der Verdrängung liegen, darin, dass bestimmte Taten und Tatsachen aus der Vergangenheit ungesagt blieben, wodurch sich ein enormes Maß an Latenz ansammeln konnte, das heißt eine Präsenz der Vergangenheit, die gleichzeitig gegenwärtig, beunruhigend und unzugänglich war.

Aus der Sicht des frühen 21. Jahrhunderts können wir rückblickend die Stimmung der Jahre nach 1945 als erste Furche innerhalb der linearen Zeitlichkeit des Chronotopen, der »Geschichte« hieß (und für metahistorisch gehalten wurde), verstehen, als Furche innerhalb der linearen Zeitlichkeit eines früheren Chronotopen, an dessen Stelle heute eine andere Zeitkonstruktion getreten ist, deren Symptome sich Ende der 1970er Jahre (als wir in die Auseinandersetzung zwischen den Vertretern der »Postmoderne« und den Verteidigern der »Moderne« verwickelt waren) deutlicher zu zeigen begannen. Wenn wir es also wagen, eine solche Historisierung der »Geschichte« zu Ende zu denken, dann können wir darüber spekulieren, ob es möglicherweise *gar nichts gab, das in den Jahren nach 1945 latent blieb.* Waren die »Latenz« und all die damit verbundenen Qualen (»kein Ausgang/kein Eingang«, »Unwahrhaftigkeit/Befragungen«, »Entgleisungen/Behälter«) also in Wirklichkeit ein Effekt der beginnenden Transformation und Substitution des damals herrschenden Chronotopen? Meine Geschichte mit der Zeit – die Geschichte meiner Generation – wäre dann nichts anderes als dieser Prozess des Durchlebens einer hinausgezögerten Transformation des historistischen Chronotopen. Es gibt natürlich keine »empirische« Möglichkeit, um diese These zu beweisen – oder zu widerlegen. Auf einer persönlicheren Ebene hilft sie mir jedoch zu verstehen, warum kein Philosoph, mit dem ich das Glück hatte, mich austauschen zu können, mich stärker herausgefordert und beeindruckt hat als Jean-François Lyotard. Denn als »Symptomatologe der Gegenwart«, wie er sich gern bezeichnete, wagte er als Erster die Behauptung, dass die historische Zeit zum Ende gekommen sei.

Die Frage, die noch bleibt, ist die nach den Gründen für eine solche chronotopische Veränderung – doch immer, wenn ich mir diese Frage stelle, fallen mir nur Antworten ein, die derartig abstrakt und allgemein sind, dass sie beliebig und banal wirken. Mögliche Gründe, die mir in den Sinn kommen, sind »eine gewachsene äußere oder innere Komplexität unserer Welt« oder »der durch die Zerstörungskraft des Zweiten Weltkriegs verursachte Schock« – und dann lasse ich es, ziemlich unbeeindruckt von meinen eigenen Lösungen, sein und überzeuge mich selbst, dass ich froh sein kann, das Latenzgefühl der Mitte des 20. Jahrhunderts als ersten Stau in der historischen Zeit beschrieben zu haben – und dass sich dieser Stau als frühes Symptom der Entstehung eines neuen Chronotopen erwies.

*

Ich begann mit dem Schreiben dieses Kapitels während einer kurzen Gastprofessur in Budapest, und in jenen langen zwei Wochen begleitete mich der Eindruck (der natürlich der eines Autors war, der von seinem Buch besessen ist), dass keine Stadt, die ich kannte, deutlichere und tragischere Spuren jener Zeitfurche zeigte, in der die historische Zeit zusammenzubrechen begann. Denn als die sowjetischen Panzer im Herbst 1956 durch Budapest rollten, verschlossen sie gewaltsam die offene Zukunft, die eine Voraussetzung und ein Versprechen des Sozialismus hätte sein sollen. Von diesem Moment an, den ich als Beginn des echten »Kalten Krieges« bezeichnet habe, wurde deutlich, dass die Zukunft des Sozialismus nicht mehr offen für Wahl- und Gestaltungsmöglichkeiten war, sondern von einer vergreisten Nomenklatura und ihrer Orthodoxie vorherbestimmt und gelenkt wurde. Ich sage freilich nicht, dass die Sowjetunion den Sozialismus und damit auch den Chronotopen der Geschichte ganz allein zerstört hat. Vielmehr glaube ich, dass die sowjetischen Soldaten und die Parteisekretäre, die den verhängnisvollen Befehl zum Einmarsch in Ungarn gaben, die Vollstrecker des beginnenden Chronotopenwandels waren. Erst später, in den zwei Jahrzehnten vor dem Zusammenbruch des Staatssozialismus, als die Sowjetbürger ihre Gegenwart als »Zeit der Stagnation« zu beschreiben begannen, wurde offenbar, wie eng der Sozialismus als Möglichkeit und vollmundiges Versprechen mit der Zeit und dem Chronotopen der »Geschichte« verknüpft gewesen war.

Es gibt Orte in Budapest, die als Monumente eines zu Schutt zermahlenen Traums beeindrucken: vor allem der Platz vor dem Parlamentsgebäude, den meine Freundin Amália mir zeigte und wo an einigen Häusern noch die Einschusslöcher der sowjetischen Kugeln zu sehen sind. Ich musste die bei meinem Besuch herrschende drückende Atmosphäre des warmen Spätsommers mit einem Gefühl der Traurigkeit in Verbindung bringen, das mich plötzlich überkam und schon immer da gewesen zu sein schien. Dann gab mir mein Kollege Géza die englische Übersetzung (von Ted Hughes) eines Texts, in dem der große ungarische Dichter János Pilinszky die Zeit bis zum Oktober und November 1956 kondensiert und konserviert hatte. Pilinszky hatte während der schlimmsten Zeit des ungarischen Stalinismus, zwischen 1950 und 1955 (als das Gedicht nicht veröffentlicht werden durfte), an dem Text gearbeitet. Der Titel lautet »Apokryph«, und es erschien schließlich im Juli 1956, drei Monate vor der nationalen Katastrophe. Die erste Zeile des Gedichts sollte sich bald als prophetisch erweisen, denn sie besagt, dass irgendwann in der Zukunft die Zukunft verloren und verschlossen sein wird: »Denn sie werden alle verlassen sein.« Die folgende Strophe ist voll mit Emblemen einer einstmals hoffnungsvollen Zukunft, die jetzt abgenutzt und »stumm« erscheint:

> »Abgeschieden die Stille des Himmels
> vom ewigen Schweigen der gefallnen Erde am Weltende
> und von der Ruhe der Hundehütten.
> In den Lüften ein fliehender Vogelschwarm.
> Und wir werden die aufgehende Sonne schaun,
> stumm wie die Pupille eines Wahnsinnigen und
> wie ein wildes Tier auf der Lauer, so ruhig.«

Schon bei meiner ersten Lektüre von »Apokryph« sprang mir ein Satz ins Auge, der wie eine Epiphanie erschien, weil er ein gleißendes Licht auf die Nachkriegszeit warf, die ich mit diesem Buch wieder präsent zu machen und zu durchdenken versucht habe: »Und begreift ihr die Furche der Vergänglichkeit«? »Vergänglichkeit«, so hatte ich bis dahin geglaubt, hat keine Furche. Sie ist ein so glatter und leichter Übergang in der Gegenwart, dass sie buchstäblich keine Zeit für irgendetwas außer sich selbst, das Vergehen, lässt. Vergänglichkeit mit einer

Furche, so verstand ich nun, war eine spezifische Gegenwart, die Gegenwart des Chronotopen des Fortschritts, der langsamer wird und Schmerzen mit Spuren erzeugt:

> »wißt ihr von meinen abgearbeiteten Händen?
> Und kennt ihr den Namen des Verwaistseins?
> Und wißt ihr, welcher Schmerz hier
> auf gespaltenen Hufen und auf Schwimmflossen
> durch die ewige Finsternis trottet?«[4]

Wenn die Zukunft stumm und die Gegenwart eine Furche ist, gefriert die Vergangenheit, versteinert, wird schwer und weigert sich, zurückzubleiben. Die Dimension der Zukunft wird von der gefrorenen Zukunft der Vergangenheit eingenommen und macht so rückblickend und aufdringlich deutlich, was unerfüllt geblieben ist:

> »Und es wird Abend werden, und der Schmutz der Nacht
> senkt sich bleiern auf mich nieder, und unter den
> geschlossenen Augenlidern
> bewahre ich dieses Vorüberziehen, diese fiebernden
> Bäumchen und ihre kleinen Zweige.
> Blatt für Blatt den heißen und winzigen Wald.
> Einst muß hier das Paradies gewesen sein.
> Im Halbschlaf erneuert sich der Schmerz:
> Baumriesen aus dem Garten Eden sind zu hören!«[5]

Zwischen Stummheit, Furche und bleiernem Niedersinken hört die Zeit auf, sich vorwärtszubewegen, und Stagnation tritt an die Stelle von Fortschritt und Beschleunigung. Was Bewegung und Hoffnung gewesen war, ist nun tatsächlich zu Schutt zermahlen:

> »Gott sieht mich in der Sonne stehen.
> Auf dem Stein und am Zaun sieht er mein Schemen.

Atemlos sieht er meinen Schatten
in einer stickigen Presse stehen.

Dann aber bin ich schon wie ein Stein;
ein toter Riß, eine Zeichnung von tausend Kerben,
dann wird das Antlitz der Geschöpfe
eine reichliche Handvoll Schutt sein.

Und statt Tränen Falten in den Gesichtern,
es rinnen, es rinnen die leeren Furchen.«[6]

Doch diese 1956 veröffentlichte detaillierte und kraftvolle poetische Beschreibung der sich zusammenziehenden Zeit ist nur ein Aspekt des Gedichts, das mir verstehen half, was ich in meinem Buch zu beschreiben versucht hatte. Darüber hinaus verknüpft der Text sein Panorama der zum Stillstand kommenden Zeit mit Motiven, die mit denen konvergieren und manchmal sogar genau übereinstimmen, welche ich identifiziert und verwendet habe, um die Stimmung der Nachkriegsjahre heraufzubeschwören – das heißt, mit dem Verlangen und der Schwierigkeit, Grenzen zu überschreiten, mit der Intransparenz und mit offener Leere (als existenziellem Zustand, der, wie ich meine, hinter der Obsession mit der Schutzsuche in einem Behälter steht). Eine Strophe handelt von der Rückkehr ins Elternhaus, und sie erinnert mich an den Soldaten Beckmann, der in Borcherts *Draußen vor der Tür* das Haus seiner Eltern sucht:

»Ich wollte nach Hause, endlich nach Hause gelangen,
wie ja auch er in der Bibel angekommen ist.
Auf dem Hof mein grauenerregendes Schemen.
Abgenutzte Stille, alte Eltern im Haus.
Und sie kommen auch, rufen mich auch, die Armen,
weinen auch, und strauchelnd umarmen sie mich.
Die uralte Ordnung hat mich wieder.
Ich stütze mich auf die windigen Sterne.«[7]

Es folgt eine Klage über die Unmöglichkeit, sich durch Sprache oder auf anderem Wege verständlich zu machen, und obwohl offen bleibt, ob mit dem »Du« an dieser Stelle die Mutter gemeint ist, widersetzt es sich doch dem Gedanken, bei der Rückkehr in »die alte Ordnung« könne es sich um eine einfache und restaurative Wiedereingliederung handeln. Denn sowohl »Worte« als auch die »Sprache« sind »heimatlos«:

> »Könnte ich jetzt nur das eine Mal reden mit dir,
> die ich dich so sehr liebte! Jahr um Jahr verstrich,
> doch ich erlahmte nicht, wie ein kleines Kind,
> das mit langsam versiegender Hoffnung
> bitterlich weint, sagte ich immer wieder,
> ich werde heimkehren und dich finden.
> Im Hals spüre ich das Pochen deiner Nähe.
> Ich bin scheu wie ein wildes Tier.
>
> Deine Worte beherrsche ich nicht,
> nicht die menschliche Rede. Unter dem Himmel,
> unter dem brennenden Himmel leben Vögel,
> die mit gebrochenem Herzen jetzt fliehen.
> Verwaiste Latten ins glühende Feld gerammt
> und unbeweglich brennende Käfige.
> Ich verstehe die Rede der Menschen nicht,
> und ich spreche auch nicht deine Sprache.
> Meine Worte sind heimatloser als Worte!
> Ich habe gar keine Worte.«[8]

Heimkehren ist schwierig, schmerzhaft inmitten kurz aufflackernder Gefühle der Freude, und dann versagen die Worte und die Sprache. Es herrscht eine Leere unter dem offenen Himmel, mit einem Gartenstuhl und einem Liegestuhl, in die sich kein Körper setzt; und es herrscht eine Einsamkeit und Kälte, gegen die die Menschen der Nachkriegszeit Schutz in Räumen suchten, in denen sie sich geborgen fühlen konnten:

»Du bist nirgendwo. Wie leer die Welt ist.
Ein Stuhl im Garten, ein vergessener Liegestuhl.
Zwischen scharfkantigen Steinen klirrt mein Schatten.
Ich bin müde. Ich starre aus der Erde hervor.«[9]

Vielleicht haben wir uns heute, 56 Jahre nach der Veröffentlichung von »Apokryph«, mehr oder weniger mit dem veränderten Chronotopen arrangiert, aber ich finde die mit der poetischen Beschreibung gestauter Zeit einhergehenden Bilder der schwierigen Rückkehr, der unmöglichen Kommunikation und der existenziellen Leere sehr schmerzhaft. Sie haben uns nicht nur nicht verlassen, sondern sie scheinen unserer heutigen Wahrnehmung der Welt so viel näher zu sein, dass mir neulich während der Aufführung eines Beckett-Stücks der Gedanke kam, seine Szenen und Figuren würden heute niemanden mehr überraschen. Denn Becketts Welt ist unsere Alltagswelt geworden. Aus diesem Grund spricht Pilinszky, wie jeder große Klassiker, uns unmittelbar an. Was er in seinem Gedicht komprimiert hat, ist die eine Hälfte unserer Geschichte mit der Zeit.

*

Zu Hause über meinem Schreibtisch hängt eine Reproduktion in Originalgröße von Jackson Pollocks Gemälde *Number 28* aus dem Jahr 1950. Seit ein Lehrer und ein Maler aus meiner Heimatstadt Mitte der 1960er Jahre mir gegenüber in derselben Woche seinen Namen erwähnten, hat kein bildender Künstler meinen Blick mit so zwingender Kraft fasziniert wie Pollock. Ich sage dies ganz ohne Zögern oder Zweifel – und meine das Wort »Faszination« im buchstäblichen Sinne: Jackson Pollocks Gemälde ziehen mich, jenseits jedes mir ersichtlichen Grundes, unwiderstehlich an, und zwar so sehr, dass ich in Gegenwart seiner Bilder nicht in der Lage bin, meinen Blick von ihnen abzuwenden. *Number 28* ist ein großformatiges, viereckiges Bild, vorwiegend in Grautönen, mit grünen Flecken und von weißen Strichen bedeckt, wobei all diese Schichten mit den schwarzen Spuren von Pollocks Drip Painting überlagert sind. An einigen Stellen verdicken sich diese schwarzen Spuren zu seltsam zart wirkenden Flecken, die manchmal wie langgezogene Inseln aussehen. Und alles scheint sich zu bewegen – als könnte es nie aufhören. Was ich sehe, wenn ich mich in den flachen und dennoch irgendwie mehr als nur zweidimensionalen Raum hineinziehen lasse, was während der intensiven Stunden des Lesens und Schreibens am frühen Morgen häufig vorkommt, ist immer zu viel und daher überwältigend oder erhaben – es gibt mir aber auch das Versprechen einer Form, eines Rhythmus oder sonst einer Art von Regelmäßigkeit, die ich am Ende nie zu fassen bekomme. Immerhin unterscheidet sich mein Problem nicht von dem, womit offenbar jeder Kunstkritiker zu kämpfen hat, den ich zu Pollock gelesen habe, trotz der oft seltsam verzweifelt wirkenden Versuche psychoanalytischer oder anderer anspruchsvoller Deutungen. Pollocks Bilder lassen sich nicht in Begriffe oder Algorithmen übersetzen. Ich fühle jedoch, wie mich *Number 28* in ein existenzielles Drama aus der Mitte des 20. Jahrhunderts verwickelt, das mit der kurzen Zeitspanne produktiver Reife in Pollocks Leben zusammenfiel. Ich bin hin und her gerissen zwischen dem Eindruck, dass das Gemälde mich trotz seiner unwiderstehlichen Anziehungskraft abweist, und der Furcht, dass es mich nicht mehr loslässt. Manchmal erscheint mir das Bild wie der Ausdruck eines Innenlebens, das ich nicht entschlüsseln kann, dann wiederum wirkt es auf mich wie die undurchdringliche Oberfläche eines Minerals. Es ist wie ein Strudel, der mich angenehm in den Schutz der Tiefe hinabzieht, und es löst Gedanken und Gefühle in mir aus, die mich von dem abbringen, worauf ich mich konzentrieren will.

Nach zwei Jahrzehnten der unsteten künstlerischen Suche, der Armut und der Alkoholexzesse hatte Jackson Pollock Mitte bis Ende der 1940er Jahre diese Art zu malen gefunden, mit der er sich wohlfühlte – und die fast augenblicklich erfolgreich war:

»Meine Malerei kommt nicht von der Staffelei. Es ist seltsam, dass ich die Leinwand vor dem Malen aufspanne. Ich befestige sie lieber an der harten Wand oder auf dem Boden. Ich brauche den Widerstand einer harten Oberfläche. Auf dem Boden fühle ich mich wohler. Ich fühle mich dem Bild näher, fühle mich als Teil davon, weil ich so um das Gemälde herumgehen, von allen vier Seiten daran arbeiten und buchstäblich *in* ihm sein kann. [...]
Wenn ich *in* meinem Gemälde bin, dann bin ich mir nicht bewusst, was ich tue. Erst nach einer Art ›Kennenlernphase‹ sehe ich, was ich gemacht habe. Ich fürchte mich nicht davor, Veränderungen vorzunehmen, das Bild zu zerstören usw., denn das Gemälde hat ein Eigenleben. Das versuche ich durchkommen zu lassen. Nur wenn ich den Kontakt mit dem Bild verliere, wird das Ergebnis ein Durcheinander. Ansonsten herrscht reine Harmonie, ein zwangloses Geben und Nehmen, und das Bild wird gut.«[10]

Das entscheidende Wort in dieser Aussage ist das kursiv gesetzte »in«, wenn Pollock davon spricht, dass er während des Entstehungsprozesses *in* seinem Bild sei. Er mag zwar nicht der erste Vertreter des sogenannten *Action Painting* gewesen sein, doch niemand hat wohl so viel Energie aus dieser Praxis gezogen wie er. *In* einem Gemälde zu sein, bezieht sich nicht nur auf ein räumliches »innen«, sondern ich glaube, dass Pollocks Intuition auch eine zeitliche Transformation mit einschließt. Denn es transformiert die Abfolge multipler gegenwärtiger Momente des Übergangs (die Gegenwart des alten Chronotopen) in den ausgedehnten Moment eines kreativen Prozesses, in dem das Handeln des Künstlers von dem »Eigenleben« abgelöst wird, welches das Bild besitzt. Dieser ausgedehnte Moment, in dem die Gegenwart nicht vergeht, scheint mir eine weitere Zeitfurche zu sein – eine, die aus der Mitte des 20. Jahrhunderts zu uns kommt. In dieser Gegenwart kommt es zu einer Gleichzeitigkeit der archaischen Form der Malerei und des energischen avantgardistischen Antriebs.

Doch während die Zeitfurche in János Pilinszkys Gedicht eine Furche des Stillstands, des Leidens und des Todes ist, ist Pollocks Furche der nichtpersönlichen Schaffenszeit eine der Ekstase. Dazu passt natürlich der oft stark alkoholisierte und hemmungslose Zustand, in dem er die Farbe über die Leinwand verteilte, und auch die Wucht, die von seinen Bildern ausgeht, wenn man ihre überwältigende Kraft auf sich wirken lässt. Dazu fängt der Begriff der Ekstase noch eine spezifische Bedingung des historischen Kontexts ein, in dem Pollock lebte und arbeitete. Es ist offensichtlich, dass sowohl der Sozialismus (der hauptsächlich als utopische Ideologie existierte) als auch der Kapitalismus (der weiterhin als reine, sich immer noch beschleunigende Praxis existiert) von dem alten Chronotopen des Fortschritts, des Übergangs und des Zurücklassens der Vergangenheit abhingen. In der Verflochtenheit von Pilinszkys Gedicht »Apokryph« mit den Ereignissen der ungarischen Revolution wurde sichtbar, dass dieser Chronotop unter sozialistischen Bedingungen erste Auflösungserscheinungen zeigte, als es zur Stauung und schließlich zur Schließung seiner offenen Zukunft kam. Könnte es sein, dass ein entsprechendes Risiko (oder Schicksal) des Zusammenbruchs aus einer grenzenlosen, ekstatischen Beschleunigung in eine immer offenere Zukunft nun bald die kapitalistische Seite erreicht? Könnte die Finanzkrise, in der wir leben und von der niemand weiß, wie sie zu beheben ist, außer dadurch, dass wir sie noch schlimmer machen, indem wir mehr Geld aus der Zukunft leihen, könnte also diese Krise der überhitzten Beschleunigung das kapitalistische Pendant der in den 1980er Jahren beginnenden sozialistischen Stagnation sein?

Man hat Jackson Pollocks Leben als »ein Drama in drei Akten« beschrieben, was es wie die komprimierte Form einer möglichen Geschichte des Kapitalismus erscheinen ließe: »1930-47 ist er auf der Suche nach sich selbst; 1947-50 findet er sich selbst; 1950-56 verliert er sich«[11] – der Kapitalismus brauchte dagegen Jahrhunderte zu seiner Entstehung, konnte einen kurzen Moment lang, ungefähr zwischen 1970 und 2001, seine positiven Wirkungen maximieren und hat möglicherweise jetzt ganz buchstäblich und als Folge dieser beschleunigten Selbstmaximierung den Bezug zur Wirklichkeit, das heißt zu den notwendigen Bedingungen seines Überlebens, verloren. Pollocks *Number 28* entstand wie viele seiner bekanntesten Werke im Sommer 1950 für eine Ausstellung in New York City, die im November eröffnet werden sollte. Zu diesem Zeitpunkt war er zwei Jahre lang abstinent gewesen. Es war wohl einer der seltenen Augenblicke, in denen die Ekstase seiner Malerei keinen selbstzerstörerischen Effekt hatte. Im selben Herbst besuchte ihn ein Kamerateam in seinem Atelier, um Fotos und Filmaufnahmen des Action Painting zu machen. Aus technischen Gründen waren die meisten der gefilmten Malszenen nur nachgestellt, und diese simulierten Sitzungen waren für Pollock offenbar unerträglich. Schließlich kehrte er unmittelbar vor der Ausstellungseröffnung impulsiv zu seinen früheren Trinkgewohnheiten zurück und geriet in einen Abwärtsstrudel, aus dem er sich nie mehr befreite und der schließlich zu einer vollkommenen Malblockade führte. Das Ende kam am 11. August 1956, dreieinhalb Monate vor dem ungarischen Volksaufstand, als Pollock stark betrunken und unweit seines Ateliers den anderen Titanen seiner Zeit nachfolgte, die bei einem Autounfall ums Leben gekommen waren.

Seine Kunst hat für mich etwas beunruhigend Vertrautes – und ähnlich geht es mir bei Pilinszkys Gedicht (obwohl dessen Eindruck noch frisch ist, während mich Pollocks Gemälde schon fast mein ganzes Leben lang begleitet). Beide, das Gedicht wie das Bild, machen nicht nur die Transformation der Zeit sichtbar, die zum Zeitpunkt ihrer Entstehung auf dem Weg war; beide machen nicht nur die existenziellen Dramen der 1950er Jahre gegenwärtig und ziehen mich in ihren Bann. Und so können uns beide als Anlass dienen, darüber nachzudenken, ob das selbstzerstörerische Potenzial, das durch den historistischen Chronotopen in der Vergangenheit den Sozialismus traf, in der Zukunft möglicherweise den Kapitalismus treffen könnte.

Als ich dieses Kapitel schon fertiggestellt hatte, schickte mir mein Freund Martin Seel eine Reaktion, in der er Pollocks Malerei mit existenziellen Herausforderungen unserer Gegenwart in Zusammenhang brachte. Seine Anmerkungen überraschten mich, sie unterschieden sich von meiner eigenen Sicht, waren mit dieser jedoch nicht unvereinbar, und so entschloss ich mich, ihn hier zu Wort kommen zu lassen. Das Kapitel über Pollock lege nahe, schreibt Seel, dass die Alternative zwischen Fortschritt und Stillstand nun verschwunden sei. Der Glaube an einen gemeinsamen Aufbruch in die Zukunft sei dahin, die utopischen Träume verblasst; aber – trotz des 11. September 2001 und trotz der Finanzkrise – sei die Vorstellung der Ausweglosigkeit ebenfalls verschwunden. Dies scheine somit der geeignete Moment zu sein, um noch einmal unter einem neuen Blickwinkel darüber nachzudenken, was die »Öffnung der Zeit« sein könnte. Vermutlich sei diese Öffnung keine Richtung mehr, bei der es um den Gegensatz zwischen Ruhm und Apokalypse gehe, sondern ein intransparentes Gewebe aus Dingen und Ereignissen und gleichzeitig ein fabelhafter Rhythmus von Möglichem und Unmöglichem, in dem wir (und die nachfolgenden Generationen) uns zurechtfinden müssen. Melancholisch klinge dies, so Seel, nur in Bezug auf den geschichtsphilosophischen Traum, ein überwölbendes Klarheits- und Strukturprinzip zu finden. Pollock bringe uns zu Bewusstsein, schließt er, dass es in diesem Moment darauf ankomme, uns mit geschärftem Sinn und verstärkter Aufmerksamkeit auf die Gegenwart zu konzentrieren und jedem aufeinanderfolgenden hic et nunc unsere Aufmerksamkeit zu widmen, eine Aufmerksamkeit, die nicht mehr in Richtung Vergangenheit und Zukunft abschweifen dürfe.

Wenn ich meine Pollock-Reproduktion hier und jetzt in meinem Haus in Kalifornien betrachte, dann wirkt das Gemälde, wie gesagt, meistens bedrohlich auf mich, wie ein Strudel von erhabener Kraft. In der Bedrohung steckt jedoch auch weiterhin das Versprechen eines irdischen Trosts, den ich sonst in meinem Leben nirgendwo fand. Erst jetzt verstehe ich, dass hier der Punkt ist, an dem meine Geschichte mit der Zeit endet, die um das Jahr 1950 begann – dass sie damit endet, dass ich mich von Pollocks Gemälde über dem heimischen Schreibtisch gleichzeitig angezogen und abgestoßen fühle. Um es präziser und in Bezug auf dieses Gefühl zu formulieren: Die Geschichte endet damit, dass ich am Montag, dem 24. Oktober 2011, um 17:26 Uhr in meinem Büro im dritten Stock der Green Library in Stanford schildere, wie beeindruckt ich heute Morgen von meinem Pollock-Gemälde zu Hause war. Ich kann nun endlich verstehen, warum mich Pollock immer fasziniert hat. Er führt mich zurück zu dem Punkt, an dem dieses Buch begann, zu den Jahren um 1950; ich glaube aber auch meine Faszination für seine Bilder besser zu verstehen. Was damals als Latenzzustand erlebt wurde, war wohl der Ursprung jener neuen Zeitordnung, in der wir jetzt leben.

Coda: Zur Form des Buches

Die Form dieses Buches mit seinen sieben Kapiteln ist symmetrischer und dadurch sichtbarer als in jedem anderen meiner Bücher – und mit nichts hatte ich weniger gerechnet, als ich vor sechs, sieben Jahren über das Projekt nachzudenken begann. Eigentlich fing es gar nicht mit einem Gedanken, einer Idee, einer Intuition an, es gab nicht einmal so etwas wie ein »Projekt« – sondern mit dem unwiderstehlichen Drang, Bilder und Texte aus der Mitte des 20. Jahrhunderts zu betrachten und zu lesen, aus der Zeit, in der ich geboren wurde. Am letzten Tag des Schreibens, dem letzten Tag der ersten Woche des Jahres 2012, erkenne ich nun, dass dieser anfängliche Impuls mich zu einem Ende gedrängt (und gezogen) hat, an dem ich zu verstehen beginne, warum dieser Arbeitsprozess eine solch unvergleichliche Dringlichkeit bekommen konnte. Dazwischen – zwischen dem ursprünglichen Verlangen, in einen spezifischen Zeitabschnitt der Vergangenheit einzutauchen, und dem Rückblick aus heutiger Sicht – liegt dieses Buch mit seiner sehr symmetrischen Struktur, die der investierten Leidenschaft nicht entspricht. Da ich am Anfang keine Richtung, geschweige denn ein Ziel vor Augen hatte, habe ich öfter und mit mehr Freunden und Kollegen (im direkten Gespräch und auf elektronischem Wege) über diesen Drang (aus dem ein Buch wurde) diskutiert als gewöhnlich (dabei hatte ich schon immer das peinliche Gefühl, in Ermangelung guter akademischer Standards viel zu ausschweifend über das zu reden, was mich gerade intellektuell faszinierte). Diese Offenheit (die auch Hilflosigkeit war) hat gleich von Beginn an eine Vielzahl oftmals heftiger Reaktionen hervorgerufen, deren Kraft und Intensität mit zu der kompakten Struktur beigetragen haben, die das Buch schließlich erlangt hat, sowie zu dem Eindruck einer kohärenten Argumentation, der im letzten Kapitel greifbar wird.

Ich hoffe, diese Zeilen wirken nicht wie jene seichte Art von obligatorischer akademischer Schönrederei. Denn es geht mir hier *nicht* darum zu sagen, dass mein Buch »dem Dialog mit meinen geschätzten Kollegen und ihrer konstruktiven Kritik viel zu verdanken hat«. Weitaus angemessener und präziser ist die recht mechanische Metapher, dass die Reaktionen auf meine vielen Texte, Mails, Vorlesungen und Seminare über die Zeit nach 1945 als Widerstand und in Teilen auch als direkt negatives Feedback einen anfänglichen Drang und eine Leidenschaft in eine Form und ein Argument umgeformt haben. Mit anderen Worten: Ich verdanke den zahlreichen großzügigen Lesern, Zuhörern, Rednern und Schreibern weit mehr als nur ein paar gute Ideen, zusätzliche Informationen und wertvolle Korrekturen. Worüber ich mich freue und wofür ich dankbar bin, ist die Transformation des ursprünglichen, aus nichts als Intensität bestehenden Drangs in den Rhythmus eines Arbeitsprozesses und in die Form eines Buches. Wenn ich mich an all diese intellektuellen Momente zu erinnern versuche, erscheint mir die Aufgabe, meine Dankbarkeit auszudrücken, beinahe endlos (im wahrsten Sinne des Wortes). Ich stehe also wieder vor dem Problem, eine Form finden zu müssen; dieses Mal ist es nicht die eines Arguments, sondern eine, die es mir ermöglicht, viele verschiedene Dankbarkeitsbekundungen auf eine Weise unterzubringen, die klar und stark genug ist, um meinen Gefühlen gerecht zu werden. Ich weiß natürlich, dass es keine perfekte Lösung gibt, daher habe ich mich entschlossen, eine Unterscheidung zwischen Gesprächen, die an bestimmten Orten stattfanden, und elektronischer Kommunikation vorzunehmen. Ich unterscheide auch implizit zwischen Reaktionen, die ermutigend waren, und solchen, die mich vor dem Buch warnten (was natürlich nicht heißt, dass ich die erste, angenehmere Variante höher schätze als die zweite). Ich beginne mit dem Reisebericht des Projekts, gefolgt von dessen elektronischem Verzeichnis.

Alles begann im Jahr 2007 mit der zweimal zweiwöchigen Leibnizprofessur am Simon-Dubnow-Institut für jüdische Geschichte und Kultur in Leipzig, wo die (manchmal schweigende) Gegenwart von Dan Diner mich begreifen ließ, was ich zu verarbeiten hatte. Von Leipzig aus, wo ich, durch die Lektüre von Anselm Haverkamp, auch meine Faszination für den Begriff der »Latenz« entdeckte, fuhr ich praktisch direkt weiter nach Lissabon, um an der im dort typischen Stil der Mitte des 20. Jahrhunderts erbauten Facultade de Letras ein Seminar über Texte aus der Zeit nach 1945 zu halten, und ich betrachtete es als ein gutes Zeichen (das sich zu einer guten Konstellation entwickelte), dass Miguel Tamen sich gern meine Berichte darüber anhörte, wie seine Studenten mit dem Thema zurechtkamen – und dass er das fertige Buch im Dezember 2011 in seinem Literaturtheorie-Programm als Erster ausführlich behandeln wollte. Was mir die unentbehrliche Zeit und Ruhe verschaffte, über die Jahre, in denen mein Leben begann, zu lesen (und manchmal sogar nachzudenken), waren neun Monate, die ich in dem Dreieck zwischen Amalienstraße, Bayerischer Staatsbibliothek und der Carl Friedrich von Siemens Stiftung in München-Nymphenburg, meinem überaus großzügigen Förderer, verbrachte. Der Stiftungsdirektor, Heinrich Meier, bewies seine Freundschaft, indem er einen Arbeitsstil unterstützte, von dem ich weiß, dass er nicht seiner Überzeugung entspricht (gern erinnere ich mich auch an meine bayerischen Gespräche mit Oliver Primavesi, Tatjana Michaelis und Michael Krüger, verbunden mit dem tadellosen italienischen Essen bei Pasquale in der Trattoria »Al Torquio«, sowie an die vielen Taxifahrten, meistens zum Flughafen, und an die intensiven Gespräche mit meinem Freund Ness). In der Sprache amerikanischer Werbespots möchte ich sagen, dass die Pontificia Universidade Catolica in Rio de Janeiro und das Departamento de Historia an der Universidade Federal von Ouro Preto und Mariana zwei »Heimaten« für mein Buch gewesen sind, denn Valdei Araújo und Lua, Luiz Costa Lima, Ricardo Benzaquem, Marcelo Jasmin, Maisa Mader, Karl Erik Schoelhammer und ihre Studenten haben in drei milden brasilianischen Wintern zwischen 2009 und 2011 geduldig, scharfsinnig und einfallsreich meine zuweilen erratischen Entwürfe diskutiert. »Heimat« meiner ganzen Arbeit in einem weniger exotischen, aber nicht minder strahlenden Sinn sind der Campus der Stanford University und das anonyme Büro im dritten Stock von Green Library (wo ich diese Worte in die Tasten meines Laptops tippe). Margaret Tompkins ist seit mittlerweile über 22 Jahren die bessere Hälfte dessen, was sie einmal als »internationales Zwei-Personen-Unternehmen mit Heimatsitz in Kalifornien« bezeichnet hat; darüber hinaus ist sie aber auch die präziseste und begeisterungsfähigste Leserin, der ich je begegnet bin. Die bessere Hälfte meines geistigen Oikos ist dagegen die leuchtende Intelligenz von Robert Harrison, die mein Buch schon früh davor bewahrte, sich in intellektuellen Kitsch zu verwandeln. Ohne Angela Becceras' zuverlässige Intelligenz gäbe es die Kapitel 3-5 nicht. Emily Cohens ruhige Bestimmtheit gab dem Buch zuletzt und in nachhaltigster Weise auch eine redaktionelle Heimat. Und als ich schließlich glaubte, dass beinah alles geschrieben und erledigt sei, kam ich im Altweibersommer 2011 nach Budapest, wo Kelemen Pal, Kerekes Amalia, Kallay Géza und Contemplatio mir die sichtbaren Wunden jener Zeit im Gesicht ihrer Stadt zeigten und bei Kaffee und kühlen Getränken im Innenhof der ELTE halfen, Teil dieses Schmerzes zu werden. Der Vollständigkeit halber und bevor ich es vergesse, muss ich auch noch erwähnen, dass ich in Gegenwart von Perla Chinchilla, Luis Vergara und Ilam Selmo von der Universidad Iberoamericana in Mexico City die schlechte Idee hatte, zum ersten Mal in meinem Leben während einer Vorlesung zu singen (es war Édith Piafs »La vie en rose« und geschah im November 2011).

Was nun mein elektronisches Verzeichnis angeht, so möchte ich zunächst Karl Heinz Bohrers altem und (bestenfalls) halbelektronischem Faxgerät gedenken und huldigen, das viele wunderbar handgeschriebene und manchmal gefährlich ermutigende Briefe von London nach Kalifornien übermittelte, bevor eine objektive Überlastung (für die ich die volle Verantwortung übernehme) sein mechanisches Leben beendete. Klaus Birnstiels Unzufriedenheit sorgte dafür, dass ich das letzte Kapitel überarbeitete, und ließ mich wissen, als es genug war; Lisa Block de Behar verstand vollkommen, warum die Graf Spee in meinem Buch sein musste (nicht nur, weil Lisa in Montevideo lebt); Vittoria Borso fand so oft die Worte, die ich nicht hatte; Horst Bredekamp hat erst am Ende gelesen – aber mit so viel produktiver Intensität, dass ich ihm für den letzten Umschreibe-Tag danken muss; Pedro Dolabela Chagas war nicht zufrieden mit dem, was ich über Brasilien zu sagen hatte, bis ich ihn (hoffentlich) richtig verstanden habe; Sonja Fielitz führte einen selbstlosen (und wie ich fürchte nicht immer einfachen) Kampf gegen meinen Narzissmus; Grisha Freidin verwandelt sich manchmal in meinen etwas älteren Bruder, und er schickte mir die bewegendsten Grüße, die ich je bekommen habe, nach Sankt Petersburg; Heike Gfrereis wollte eine öffentliche Lesung auf Englisch für ein deutsches Nationalarchiv; Noreen Khawajas herzerwärmende Resonanz gab mir die wunderbare, gefährliche und ermutigende Illusion, dass ich gut schreiben kann (während sie den Nachkriegs-Heidegger interpretiert wie niemand vor ihr); Florian Klinger traf die äußerst scharfe (und am wenigsten latente) Unterscheidung zwischen Übereinstimmung und Divergenz; Joachim Küpper überraschte mich mit entspannter Beistimmung; Henning Marmulla hat sich nie nervös machen lassen von den überflüssigen Fragen und der technischen Inkompetenz des Autors. Er hat den Titel des Buchs erfunden, und es war so, als hätte er (mehr als der Autor) immer schon das Ziel vor Augen (früher hätte man in meinem Land gesagt, »he is a dream of an editor«); Françoise Meltzer hat das Buch am kompaktesten verstanden; Sergio Missana fand, obwohl er ein großer Romanautor ist, etwas »Literarisches« in meinem Text; Ludwig Pfeiffer hat den besten intellektuellen Geschmack, und ich würde immer auf ihn wetten; Marci Shore schreibt so schöne Mails, dass die einzig mögliche Antwort Bücher sind; Martin Seel gefiel ein Manuskript, das nicht seinem Stil entsprach, und verstand mit atemberaubender Genauigkeit, was auf dem Spiel stand; Jan-Georg Soeffner las von den ersten Seiten des ersten Kapitels an jedes Wort mehrmals (er kennt das Buch besser als der Autor und gab mir die Unterstützung, die sonst nur italienische Paten und amerikanische Mittelgewichts-Champions zu leisten vermögen); Peter Sloterdijk fasste in zwei Sätzen zusammen, was ich zu sagen hatte (einer davon machte mich melancholisch – der andere fast stolz); Ulla Unseld ist immer da für ihre Autoren; José Luis Villacañas' Stellungnahmen hätten eine Einleitung besser gemacht als das einzuleitende Buch.

Einige der Freunde, die ich mit Teilen des Buches belästigte, zeigten mir ihre Zuneigung, indem sie mich wissen ließen, dass sie keine solche für das Buch (oder einzelne Kapitel daraus) hatten: Christian Benne fand, es sei zu früh für eine Autobiografie; Mara Delius sparte ihr überschwängliches Lob auf für Texte, die sie wirklich mag; Cosana Eram dachte, ich sei nicht auf dem neusten Stand; Amir Eshel schrieb höflich nicht zurück; Ingrid Fernández, meine »liebe Studentin«, gab mir ein B-minus (fürchte ich); Hans-Martin Gauger war ein bisschen enttäuscht (ohne dies gnadenlos kundzutun); Agnès Gayraud hielt die meisten Kapitel für unvollendet; Frank Guan konnte kein Anliegen entdecken; Ronmel Navas zeigte mir seine Freundschaft, indem er mich wissen ließ, warum er den Text nicht mochte; Melanie Möller, so glaube ich, und Xavi Pla zogen andere Projekte vor; und Serge Zenkine wollte unmissverständlich, dass ich das Ganze umschreibe.

Andere Leser waren auf vorsichtige, distanzierte und wirksame Weise ermutigend: Christine Abbt, die Latenz mit Vergessen in Verbindung brachte; Andino in Eugene, der als *undergraduate* keinen Grund, aber großartige Argumente hatte, warum ihm dieses eine Kapitel gefiel; Gordon Blennemann, der bei der Lektüre eines anderen Kapitels seine Métro-Station verpasste; Bliss Carnochan, die fand, dass einige Teile die Bezeichnung »tours de force« verdienten; Adrian Daub, der schrieb, er habe keinerlei Einwände (ebenso wie Dan Edelstein); Karl Ellerbrock, der eindeutig lieber mit mir redet, als mich zu lesen; Monika Fick, deren wunderschöne Briefe voll schwerer Komplimente sind, leicht wie Federn, auf denen man fliegen kann; Denise Gigante, deren nachbarschaftliches Urteil und Mitgefühl mein Herz und manchen morgendlichen Augenblick erwärmen; Hans-Jörg Neuschäfer, der über dem letzten Kapitel das Schlafen vergaß; Aron Rodrigue, der meinte, dies könne Historiker interessieren; Mads Rosendal, der ein Meister in der großzügigen Kunst ist, Freude zu teilen; Andreas Rosenfelder, der ein Gespräch verpasste, weil er drei oder vier wollte; Lindsay Waters, der sein Interesse spät entdeckte; Laura Wittman, die nicht umhinkann, die Vergangenheit philosophisch zu leben; Yehuda Elkana achtete auf Epistemologie und Druckfehler, als schon alles zu spät war; und Raimar Zons, der mehr wissen wollte. Ich danke ihnen allen so herzlich, *dass sich wohl von selbst versteht, wie sehr für alle eventuellen Unzulänglichkeiten auf den vorangegangenen Seiten nicht allein ich verantwortlich bin.*

Ricky, Marco, Anke, Sara, Christopher, Gina, Laura, Clara und Diego gaben mir eine Welt, die weit entfernt ist von den Büchern, die ich schreibe, und doch so nah an dem, was wirklich zählt, dass ich nur für sie schrieb (und meine Liebe und Bewunderung für Ricky ist außerhalb aller »Geschichte«). Ich widme dieses Buch dem Gedenken an Yasushi Ishii, der seit unserer ersten Begegnung im Jahr 1989 und bis über seinen Tod im Jahr 2011 hinaus wie ein jüngerer Bruder für mich ist, den ich aus vielen Gründen liebe. Einer davon ist, dass er wusste, was es bedeutet, eine Vergangenheit zu erben, von der man ausgeschlossen werden will – aber nicht kann.

Ein Seminartext aus dem Wintersemester 1972/73[1]

WAS EINEM 1948 GEBORENEN, VOR DER SCHREIBMASCHINE SITZEND, ALS VERMUTLICHE STUECKE DER 'KOLLEKTIVEN ERINNERUNG ANS DRITTE REICH' ZU BEWUSSTSEIN KOMMT

Als ich (vermutlich im Herbst/Winter 1954/55) anfing, die Namen der Strassen auf den blauen Schildern zu lesen, wunderte ich mich, dass die 'Horst-Wessel-Strasse' auf dem Schild 'Welzstrasse' (?) hiess, die 'Adolf-Hitler-Strasse' 'Theaterstrasse'.

Weil es Ruinen (als bevorzugte Spielplaetze) gab, nach deren Ent=stehung man die Eltern fragen konnte, wusste ich, dass es einen Krieg gegeben hatte, in dem viele Leute Gasmasken trugen(sie lagen in den Ruinen) und Luftschutzkeller mit schweren Eisentueren (auch in den Ruinen zu sehen) verschlossen wurden.

Bevor ich lesen konnte, war mir der Name 'Hitler' Teil eines syntak=tischen Musters: 'bei.....waere das nicht passiert.'

Eines Tages fragte ich meine Mutter, als es darum ging, irgendwel=ches Ungeziefer zu vernichten, ob das 'boese Tschechern' seien. Dass 'Tschechen' der Inbegriff des Boesen sein mussten, erschloss ich aus den Gespraechen einer Fluechtlingsfamilie, bei der ich manchmal zum Spielen eingeladen war.

Bei einem Sommerurlaub am Bodensee (1953) sah ich das Wrack eines in den letzten Kriegsjahren bei Radolfzell abgestuerzten englischen Jagdflugzeugs, das man geborgen hatte und nun fuer Geld zeigte, und erfuhr auf Nachfragen von meinen Eltern, wie Jagdflugzeug und Ruinen zusammenhingen. Von da an hatte ich fuer einige Zeit das Beduerfnis, 'Jagdflugzeugmodelle' zu bauen und Krieg zu spielen, was mir aber (heute sehe ich ein warum) vermiest wurde.

Als wir in diesen Jahren einmal meine Grosseltern bei ihrem Urlaub in Berchtesgaden besuchten, wurden die Ruinen von Hitlers Ferienhaus besichtigt: man konnte 'noch die gruenen Kacheln vom Badezimmer' sehen, und ich hoerte von Eva Braun reden. Ausserdem teilte mir mein Grossvater mit, dass Hitler hier ein Treibhaus gehabt habe, wo auch im Winter Erdbeeren gezuechtet worden seien.
Mein wachsendes 'Hitler-Interesse' wurde auf derselben Reise (?) in Muenchen befriedigt, weil ich erfuhr, dass Hitler vor der Feldherrnhalle Reden gehalten hätte, auf der Autobahn bis Nuern=berg, die 'er' gebaut hatte (ich dachte damals: ob er wohl mitge=holfen hat?), in Nuernberg: weil man auf dem Weg nach Wuerzburg am 'Reichsparteitagsgelaende' vorbeifuhr.

Zuhause (nach dieser Reise?) sichtete ich das Album des 'Zigaretten=dienstes' ueber die 36er Olympiade nach Hitler-Bildern und entdeckte das Hakenkreuzemblem. Spaeter fand ich bei meinem Grossvater ein aehnliches Album ueber 'Adolf-Hitler-Leben-und-Werk' (?). Sympathisch waren mir die 'menschlichen' Bilder: Hitler als Pate, im Anzug, beim Fruehstueck (dessen Kulisse ich mit den Obersalzberg-Erinnerun=gen koppelte).
Ich begann Vermutungen darueber anzustellen, warum mein Grossvater Bilder aus den Photoalben (mit Familienphotos) entfernt hatte: wegen der Amerikaner, sagt er.

Mit 12 oder 13 Jahren begann ich, 'alles Moegliche' zu lesen, und hatte so bald Anlass, meine Eltern gezielt ueber das Dritte Reich zu befragen: das Bild, welches ich mich bis zur Behandlung der Epoche im 'ersten Durchgang' des Geschichtsunterrichts (mit 15) machte, ist wohl nicht mehr Niederschlag der 'mémoire collective'.

2

Meine Mutter war froh, dass ich 'auf der Strasse' spielen konnte. Als sie so alt gewesen sei (geb. 1921), habe sie immer zuhause bei den Grosseltern bleiben muessen, weil in Hoerde (einem Vorort von Dortmund) taeglich Strassenkaempfe zwischen 'Kommunisten' und 'SA' stattfanden.
Sie erzaehlte mir von einer Freundin (ueber deren Nachnamen 'Benjamin' ich mich wunderte), mit der sie in dieser Zeit 'Puppenhaus' gespielt habe und von den freundlichen und grosszuegigen Eltern. Sie seien, 'kurz nachdem Hitler an die Macht kam', ausgewandert. Ich vermute, das Erlebnis dieser Trennung wurde mir als Exempel (gegen Rassismus) erzaehlt, und erinnere mich, dass ich mehr an den Beschreibungen des Reichtums der Familie Benjamin interessiert war.
Einige der Nonnen aus der Klosterschule, in der meine Mutter ihre Gymnasialzeit absolvierte, seien 'eines Tages verschwunden'. Daraufhin (?) haette man die Abiturientinnen (des vorgezogenen Jahrgangs 1939) gedraengt, sich besonders intensiv auf die Pruefung vorzubereiten, damit die Schule nicht ihr Ansehen (und die staatliche Lizenz?) verloere.
Als in dieser Zeit ein juedischer Kaufmann, dessen Tochter eben dieselbe Klosterschule besuchte und der fuer seine Grosszuegigkeit bekannt war, starb, wagte es kein Schreiner der westfaelischen Kleinstadt, einen Sarg fuer ihn zu machen. Die Nonnen sollen ihren Hausschreiner ueberredet haben, 'heimlich' zu helfen.
Noch heute (wenn wir ueber die sozialen Verhaeltnisse des Dritten Reiches sprechen) verteidigt meine Mutter mit verve die Einrichtung des 'Arbeitsdienstes'. Sie war als 'Landmaid' bei einer kinderreichen Bauernfamilie eingesetzt, spaeter als....(?) in der Familie eines Arbeiters mit acht (?) Kindern, und gewann Kontakt mit Milieus, die ihr bis dahin fremd waren.
In den ersten Kriegsjahren kreisten die Tischgespraeche in der Familie meiner Mutter offenbar um 'die Schlacht um Engeland'. Mein Grossvater habe sie zum Essen in die Kueche geschickt, als sie Bedenken bezueglich des Sieges aeusserte (anhand eines in der Schule gelernten Beispiels: Napoleon). Sie meint, dies koenne auch ein Alibi des Vaters gewesen sein, der mit Ekel daran dachte, dass seine Tochter (angehende Medizinstudentin) an einem Sezierkurs teilnahm.
Derselbe Grossvater fuellte sich bei Kriegsbeginn einen Panzerschrank (den ich noch gesehen habe: er war gruen und so gross wo ein gewoehnlicher Eisschrank) mit Zigarren und sagte: 'So nun kann dieser Krieg nochmal so lange dauern wie der letzte, rauchen kann ich.' Die Zigarren gingen etwa bei Stalingrad aus.
Bei Grossvater, Tischgespraechen, Zigarren erinnere ich mich an eine weitere Geschichte: der Verlobte der Hausangestellten war verschwunden (meine Mutter wurde ins Vertrauen gezogen; dies Mitte der dreissiger Jahre), als der Hoehepunkt der Werzweiflung schon ueberschritten war, kam er aus Spanien zurueck, hielt alle Freunde und Feinde frei und war bestrebt, einerseits 'durchblicken' zu lassen, wo er gewesen war, andererseits 'ein Geheimnis zu machen.' Spaeter ging die Verlobung in die Brueche.
Mein Urgrossvater (der jeden morgen kommunizierte und wegen seiner Subaziditaet einen Hering ass, der sich mit siebzig Jahren noch ein Telephon einrichten liess, und im selben hohen Alter auf einem Sachs-Motorrad von seinem Dorf im Sauerland nach Dortmund fuhr) wurde

3

angeblich mit KZ-Haft gedroht. Er galt als 'Spoekenkieker' (eine Art Dorf-Weissager, meist Schaefer, wie es sie im Hochsauerland heute noch gibt) und behauptete bei Kriegsbeginn, dass 'noch Feuer vom Himmel fallen' wuerde.

Mein Vater (geb. 1920) hat eine melancholische Russland-Liebe, von der ich erst relativ spaet gemerkt habe, dass sie Rest von Kriegserinnerungen ist. Der Ausruf 'Wie in Russland' (mit charakteristischer Handbewegung) im Zusammenhang mit Landschaftserlebnissen ist mir gut in Erinnerung. Bei Fussballaenderspielen kam es wegen dieser Russophilie zuweilen zu Streitigkeiten.
'Kuban-Brueckenkopf' und 'Krim' waren mir schon frueh vertraute Namen aus diesem 'Traumland'.
Die Erzaehlungen aus einjaehriger Kriegsgefangenschaft (1945/46) sind 'zweigipfelig'. Auf die Schrecken des Lagers Kreuznach, wo SS-Leute zum 'russischen Roulette' gezwungen wurden und (angeblich) nach der Kastration mit Stacheldrahtschlingen verbluteten, nach einer Durchfahrt im Gueterwaggon durch Reims, wo die Bevoelkerung von den Ueberfuehrungen aus die durchfahrenden Gefangenen mit allem denkbaren Fluessigkeiten beschuettete, nach einem 'Spiessrutenlaufen', folgten die fetten Monate in einem gewissen 'Camp Oklahoma' (bei Reims), wo Berge von 'Hamburgers' - wohl wegen schlechter Transportmoeglichkeiten - verfaulten. Bilder zeigen meinen Vater in amerikanischer Uniform mit den Buchstaben 'P' und 'W' auf je einem Hosenbein, andere in Fussballdress. Die Lagermannschaft schlug Stade Reims (angeblich zur Freude der Amerikaner).
Die fraenkische Topographie koennte ich nach den HJ-Radtouren, von denen mein Vater berichtete, einteilen. Ein 'Zeltlager im Zeubelrieder-Moor' blieb der uberfuellte Traum der Jahre zwischen 8 und 12. Ich glaube, dass ich den Namen 'Hitler' in 'Hitler-Jugend' erst spaet identifizierte.
Was mein Vater in seiner Jugend 'Hitler nie verziehen hat', ist die Tatsache, dass er den von ihm bewunderten Jesse Owens nicht mit Handschlag - wie sonst die Olympiasieger - beglueckwuenschte. Der Silbermedaillengewinner Lutz Long galt als positives Gegenbild. Diese Geschichte, vermute ich, sollte fuer mich dieselbe Exempelfunktion haben, wie die Erzaehlungen meiner Mutter ueber ihre juedische Freundin.
Mein Vater betreute Patienten im juedischen Altersheim. Ich erinnere mich an einen Besuch (bei dem ich ihn begleitete), waehrend dessen es zu einer Auseinandersetzung mit dem Rabbi (?) kam: er hatte meinem Vater anerkennend, als eine Art Dank gesagt: 'Sie sind ein Mann, der echte Kollektivschuld fuehlt.' Auf das 'nein' meines Vaters kam es zu einem laengeren ~~Auseinandersetzung~~ Wortwechsel, der allerdings keinen Einfluss auf seine Beziehungen zu diesem Altersheim nahm.
Eine aehnlich 'paradoxe' Reaktion ergab sich nach dem Besuch beim Stiftungsfest seiner Studentenverbindung (einer 'schlagenden'): weil im Dritten Reich die Mensur verboten worden war, versuchten sich die Philister in den 60er Jahren zu einer Art Widerstandsorganisation zu stilisieren. Was mein Vater fuer 'laecherlich' hielt. Es habe ja nie ernstliche Schwierigkeiten gegeben, wenn man nur 'den Schein gewahrt' habe.

Anmerkungen

1 Auftauchen von Latenz? Der Beginn einer Generation

1 *Süddeutsche Zeitung*, 15.6.1948, Nr. 48, S. 1.
2 Ebd., S. 3.
3 Ebd., S. 4.
4 Stig Dagerman, *Deutscher Herbst '46*, Köln-Lövenich: Hohenheim 1981 (schwedisches Original Stockholm 1947).
5 Martin Heidegger, »Brief über den ›Humanismus‹«, in: ders., *Gesamtausgabe, Bd. 9: Wegmarken*, hg. v. Friedrich-Wilhelm von Herrmann, Frankfurt am Main: Klostermann 1997, S. 313-364, hier S. 315.
6 Ebd., S. 341 f.
7 Ebd., S. 364.
8 Karl Brandt, »Die Lösung des deutschen Ernährungsproblems«, in: *Die Wandlung. Eine Monatsschrift* 3 (1948), Nr. 5, S. 390-401, hier S. 397.
9 *Life*, 19, 26, 24.12.1945, S. 67.
10 Ebd., S. 68.
11 Ebd., S. 70.
12 Ebd., S. 72.
13 Ebd., S. 88.
14 Ebd., S. 17.
15 Samuel Beckett, *Warten auf Godot. En attendant Godot. Waiting for Godot*, Frankfurt am Main: Suhrkamp 1971, S. 39.
16 Ebd., S. 229.
17 Ebd., S. 223.
18 Ebd., S. 233.
19 Ebd., S. 201.

2 Formen von Latenz

1 Jean-Paul Sartre, »Das Ende des Krieges«, in: ders.: *Paris unter der Besatzung. Artikel, Reportagen, Aufsätze 1944-1945*, Reinbek bei Hamburg: Rowohlt 1980, S. 72-77, hier S. 74.
2 Ebd.
3 Ebd., S. 74 f.

3 Kein Ausgang und kein Eingang

1 Jean-Paul Sartre, *Geschlossene Gesellschaft. Stück in einem Akt*, Reinbek bei Hamburg: Rowohlt 1986, S. 28.
2 Ebd., S. 13 f.
3 Ebd., S. 54 f.
4 Beckett, *Warten auf Godot*, a. a. O., S. 39.
5 Wolfgang Borchert, *Draußen vor der Tür*, Reinbek bei Hamburg: Rowohlt 1956, S. 19.
6 Ebd., S. 37 f.
7 Ebd., S. 10.
8 Ebd., S. 12.
9 Ebd., S. 51.
10 Ebd., S. 54.
11 Luis Martín-Santos, *Schweigen über Madrid*, Frankfurt am Main: Eichborn 1991, S. 145 f.
12 Albert Camus, *Die Pest*, Düsseldorf: Rauch 1958, S. 32.
13 Louis-Ferdinand Céline, *Lettres*, Paris: Gallimard 2009, S. 799.
14 William Faulkner, *Requiem für eine Nonne*, Stuttgart: Scherz & Goverts 1956, S. 79 f.
15 Martin Heidegger, »Zur Seinsfrage«, in: ders., *Gesamtausgabe, Band* 9, a. a. O., S. 385-426, hier S. 393.
16 Ebd., S. 393 f.
17 Michihiko Hachiya, *Hiroshima-Tagebuch. Aufzeichnungen eines japanischen Arztes vom 6. August bis 30. September 1945*, Freiburg im Br.: Hyperion 1955, S. 264.
18 Ebd., S. 265.

19 Boris Pasternak, *Doktor Shiwago*, Frankfurt am Main: S. Fischer 2006, S. 331 f.
20 João Guimarães Rosa, *Grande Sertão*, Köln: Kiepenheuer & Witsch 1987, S. 48.
21 Ebd., S. 266.
22 Gottfried Benn, »Reisen«, in: ders., *Gedichte in der Fassung der Erstdrucke*, hg. v. Bruno Hillebrand, Frankfurt am Main: Fischer 1982, S. 384.
23 Martin Heidegger, »Bauen Wohnen Denken«, in: ders., *Gesamtausgabe, Band 7: Vorträge und Aufsätze*, hg. v. Friedrich-Wilhelm von Herrmann, Frankfurt am Main: Klostermann 2000, S. 145-164, hier S. 151.
24 Ebd., S. 159.
25 Ders., *Gesamtausgabe, Band 10: Der Satz vom Grund*, hg. v. Petra Jaeger, Frankfurt am Main: Klostermann 1997, S. 41.
26 Albert Camus, *Der Mensch in der Revolte*, Reinbek bei Hamburg: Rowohlt 1953, S. 328.
27 Ebd., S. 329.
28 Ralph Ellison, *Der unsichtbare Mann*, Zürich: Ammann 1995, S. 10.
29 Ebd., S. 11.
30 Ebd., S. 87.
31 Martín Santos, *Schweigen über Madrid*, a.a.O., S. 123.
32 Ebd., S. 284.
33 Ebd., S. 76 f.
34 Ebd., S. 90.
35 Heidegger, *Gesamtausgabe, Band 10*, a.a.O., S. 5.
36 Carl Schmitt, *Glossarium. Aufzeichnungen der Jahre 1947-1951*, Berlin: Duncker & Humblot 1991, S. 76.
37 Ellison, *Der unsichtbare Mann*, a.a.O., S. 416.
38 Ebd., S. 552.
39 Schmitt, *Glossarium*, a.a.O., S. 90.
40 Juri Trifonow, *Studenten*, Berlin: Verlag Neues Leben 1952, S. 522 f.
41 Jean-Paul Sartre, *Das Sein und das Nichts. Versuch einer phänomenologischen Ontologie*, Reinbek bei Hamburg: Rowohlt 1962, S. 780.

42 *Life*, a.a.O., S. 23.
43 Ebd., S. 29.
44 Ebd., S. 26.
45 Ebd., S. 9.
46 Ebd.
47 Ebd., S. 10.
48 Beckett, *Warten auf Godot*, a.a.O., S. 233.
49 Ebd., S. 201.
50 Ebd., S. 201 ff.
51 Hannah Arendt, *Vita activa oder Vom tätigen Leben*, Stuttgart: Kohlhammer 1960, S. 7 f.
52 Ebd., S. 8.
53 Ebd.

4 Unwahrhaftigkeit und Befragungen

1 Sartre, *Das Sein und das Nichts*, a.a.O., S. 91.
2 Ebd.
3 Ebd.
4 Ebd., S. 92.
5 Ebd., S. 93.
6 Ebd., S. 106.
7 Ebd., S. 120.
8 Ebd., S. 111 f.
9 James H. Jones, *Alfred C. Kinsey. A Public/Private Life*, New York u.a.: Norton 1997, S. 308.
10 Alfred C. Kinsey / Wardell B. Pomeroy / Clyde E. Martin, *Das sexuelle Verhalten des Mannes*, Frankfurt am Main: Fischer 1964, S. 5.
11 Ebd., S. 53.
12 Jones, *Alfred C. Kinsey*, a.a.O., S. 502.
13 Ebd., S. 609.
14 Ebd., S. 361.
15 Ebd., S. 363.
16 Kinsey, *Das sexuelle Verhalten des Mannes*, a.a.O., S. 52.

17 Schmitt, *Glossarium*, a.a.O., S. 63.
18 Ebd., S. 63 f.
19 Giovannino Guareschi, *Don Camillo e Peppone. Racconti scelti*, Stuttgart: Reclam 2008, S. 4.
20 Ebd., S. 12 f.
21 Ebd., S. 17.
22 Jean-Paul Sartre, »Was ist ein Kollaborateur?«, in: ders.: *Paris unter der Besatzung*, a.a.O., S. 60-71, hier S. 70.
23 Ebd., S. 65.
24 Ebd., S. 69.
25 Ders., *Geschlossene Gesellschaft*, a.a.O., S. 56 f.
26 Stefan Andres, »Manchmal im Traum«, in: *Die Wandlung. Eine Monatsschrift* 3 (1948), Nr. 5, S. 402.
27 Ellison, *Der unsichtbare Mann*, a.a.O., S. 38 f.
28 Ebd., S. 40.
29 Ebd., S. 41.
30 Ebd., S. 155 f.
31 Ebd., S. 343 f.
32 Ebd., S. 465 f.
33 Martín-Santos, *Schweigen über Madrid*, a.a.O., S. 228.
34 Ebd., S. 269.
35 Ebd., S. 274.
36 Faulkner, *Requiem für eine Nonne*, a.a.O., S. 150.
37 Guimarães Rosa, *Grande Sertão*, a.a.O., S. 21 f.
38 Ebd., S. 208.
39 Ebd., S. 209.
40 Ebd., S. 211.
41 Ebd., S. 212.
42 Ebd., S. 62.
43 Ebd., S. 269.
44 Ebd., S. 223.
45 Ebd., S. 523.
46 Ebd., S. 543.
47 Ebd., S. 548.
48 Schmitt, *Glossarium*, a.a.O., S. 181.
49 Hans Magnus Enzensberger, *Das Verhör von Habana*, Frankfurt am Main: Suhrkamp 1970, S. 22.

50 Trifonow, *Studenten*, a.a.O., S. 27f.
51 Hachiya, *Hiroshima-Tagebuch*, a.a.O., S. 142f.
52 Erich Auerbach, »Philologie der Weltliteratur«, in: ders., *Gesammelte Aufsätze zur romanischen Philologie*, Bern: Francke 1967, S. 301-310, hier S. 301.
53 Schmitt, *Glossarium*, a.a.O., S. 313.
54 Ebd., S. 147.
55 Bertolt Brecht, »Zum Völkerkongreß für den Frieden«, in: ders., *Gesammelte Werke, Band 20: Schriften zur Politik und Gesellschaft*, Frankfurt am Main: Suhrkamp 1967, S. 322f., hier S. 323.
56 Borchert, *Draußen vor der Tür*, a.a.O., S. 33.
57 Schmitt, *Glossarium*, a.a.O., S. 27.
58 Ebd., S. 207.
59 Pasternak, *Doktor Shiwago*, a.a.O., S. 162.
60 Ebd., S. 174.
61 Ebd., S. 199.
62 Ebd., S. 251.
63 Schmitt, *Glossarium*, a.a.O., S. 317.
64 Bertolt Brecht, »Beim Anhören von Versen«, in: ders., *Gesammelte Werke, Band 10: Gedichte 3*, Frankfurt am Main: Suhrkamp 1967, S. 1018.
65 Gottfried Benn, »Nur noch flüchtig alles«, in: ders., *Gedichte*, a.a.O., S. 464f., hier S. 465.
66 Ders., »Hör zu:«, in: ebd., S. 442.
67 Ders., »Radio«, in: ebd., S. 435f., hier S. 435.
68 Übersetzungen von Piaf-Texte sind leicht im Internet zu finden. Dieser stammt von http://www.bonjour-frankreich.com/forum/nachricht-441.html (Stand: 5. Mai 2012).
69 Vgl. http://www.seniorentreff.de/diskussion/archiv4/a637.html (Stand: 5. Mai 2012).
70 Martin Heidegger, »Gelassenheit (30. Oktober 1955)«, in: ders., *Gesamtausgabe, Band 16: Reden und andere Zeugnisse eines Lebensweges*, hg. v. Hermann Heidegger, Frankfurt am Main: Klostermann 2000, S. 517-529, hier S. 519.
71 Ders., »Das Rektorat 1933/34 – Tatsachen und Gedanken (1945)«, in: ebd., S. 372-394, hier S. 378.

72 Ders., »Zur Erörterung der Gelassenheit. Aus einem Feldweggespräch über das Denken«, in: ders., *Gesamtausgabe, Band 13: Aus der Erfahrung des Denkens*, hg. v. Hermann Heidegger, Frankfurt am Main: Klostermann 1983, S. 37-74, hier S. 62.
73 Beckett, *Warten auf Godot*, a.a.O., S. 111.
74 Ebd., S. 105.
75 Ebd.
76 Ebd., S. 109.
77 Ebd., S. 111.
78 Ebd.
79 Ebd., S. 117.
80 Antonin Artaud, *Schluß mit dem Gottesgericht. Das Theater der Grausamkeit. Letzte Schriften zum Theater*, München: Matthes & Seitz 1993, S. 9ff.
81 Arendt, *Vita activa*, a.a.O., S. 317.

5 Entgleisungen und Behälter

1 Giovannino Guareschi, *Don Camillo und Peppone*, Zürich: Artemis und Winkler 2001, S. 161.
2 Ebd., S. 162.
3 Ebd., S. 184.
4 Ebd., S. 185.
5 Ebd.
6 Borchert, *Draußen vor der Tür*, a.a.O., S. 22.
7 Ebd., S. 38.
8 Gottfried Benn, »Wo du gewohnt, gewacht –«, in: *Gedichte*, a.a.O., S. 356.
9 Lili Sertorius, »Die vorletzten Dinge«, in: *Die Wandlung. Eine Monatsschrift* 2 (1947), Nr. 3, S. 221-223, hier S. 223.
10 Paul Celan, »Todesfuge«, in: ders., *Gesammelte Werke. Erster Band: Gedichte I*, Frankfurt am Main: Suhrkamp 1983, S. 39-42, hier S. 41.
11 Ebd.
12 Ebd., S. 42.

13 Ders., »Wasser und Feuer«, in: ebd., S. 76 f., hier S. 76.
14 Ders., [Wer wie du], in: ebd., S. 49.
15 Ders., »Die Krüge«, in: ebd., S. 56.
16 Vgl. ders., »Am Brunnen«, in: ders., *Gesammelte Werke. Dritter Band: Gedichte III. Prosa. Reden*, Frankfurt am Main: Suhrkamp 1983, S. 14.
17 Vgl. ders., »[Zähle die Mandeln]«, in: ders., *Gesammelte Werke. Erster Band*, a. a. O., S. 78.
18 Vgl. ders., »Festland«, in: ders., *Gesammelte Werke. Dritter Band*, a. a. O., S. 128.
19 Ders., »Corona«, in: ders., *Gesammelte Werke. Erster Band*, a. a. O., S. 37.
20 Ders., »[Da du geblendet von Worten]«, in: ebd., S. 73.
21 Ders., »Stille!«, in: ebd., S. 75.
22 Vgl. ders., »Stilleben«, in: ebd., S. 114.
23 Ders., »[Wer sein Herz]«, in: ebd., S. 51.
24 João Cabral de Melo Neto, »Psychologie der Komposition«, in: ders., *Ausgewählte Gedichte*, Frankfurt am Main: Suhrkamp 1969, S. 15-22, hier S. 15, 20.
25 Ebd., S. 18.
26 Ders., »Pernambukanischer Friedhof (Sankt Lorenz vom Wald)«, in: ebd., S. 46.
27 Ders., »Pernambukanischer Friedhof (Unsere Liebe Frau vom Licht), in: ebd., S. 47.
28 Ders., »Der Hund ohne Federn«, in: ders., *Erziehung durch den Stein*, Frankfurt am Main: Suhrkamp 1989, S. 22-49, hier S. 25-27.
29 Ders., »Psychologie der Komposition«, a. a. O., S. 21.
30 Ebd., S. 22.
31 Ernst Robert Curtius, *Europäische Literatur und lateinisches Mittelalter*, Bern: Francke 1948, S. 14.
32 Pier Paolo Pasolini, »Enthusiasmus«, in: ders., *Tutte le poesie, Band 1*, Mailand: Mondadori 2003, S. 696. »Ich bin glücklich; ein gesegneter Knabe, / der im Schlaf zwischen Veilchen genest, / vergessenes Spiel, vergessenes Risiko, / Wunde, die blutet und die nicht schmerzt, / Geliebter zärtlicher Freund, / ich

bin glücklich, ich bin ein schöner Bauer / der brennend in duftenden Gärten stirbt, / von der Morgenkühle gequälte Rose, / Feder zwischen den Lippen eines trunkenen Windes, / wie glücklich ich bin, im Herzen fühle ich / den verrückten Flug einer Bienenkönigin, / ich bin ein vor Mitleid weißer Garten ... / Im Unglück verlorener Gott, / verrät dieses sanfte Delirium dich?« (Aus dem Italienischen für dieses Buch übersetzt von Sarah Pines.)

33 Ders., »Der Gesang des Volkes«, in: ders., *Gramsci's Asche. Gedichte Italienisch/Deutsch*, München/Zürich: Piper 1984, S. 22-27, hier S. 23.

34 Ebd.

35 Ders., »La rabbia«, in: ders., *Tutte le poesie, Band 1*, a.a.O., S. 1051-1053, hier S. 1053. »Einst gab es nichts, was mich hätte besiegen können. / Ich war in meinem Leben eingeschlossen wie im / mütterlichen Bauch, in diesem brennenden Duft / demütig feuchter Rose. / Aber ich kämpfte, um aus ihr heraus zu kommen [...] / Der Kampf war mit dem Sieg vorüber. Mein privates Leben / ist nicht mehr zwischen den Blütenblättern einer Rose eingeschlossen, [...] / Es ist öffentlich. Aber auch die Welt, die mir unbekannt war / hat sich mir genähert, ist vertraut, / hat sich bekannt gemacht und, Stück für Stück, / sich mir aufgedrängt, notwendig, brutal.« (Aus dem Italienischen für dieses Buch übersetzt von Sarah Pines.)

36 Bertolt Brecht, »Die Lösung«, in: ders., *Gesammelte Werke, Band 10*, a.a.O., S. 1009 f., hier S. 1010.

37 Ders., »[Zum 17. Juni 1953]«, in: ders., *Gesammelte Werke, Band 20*, a.a.O., S. 326-328, hier S. 327.

38 Yuri Trifonov, *Students. A Novel*, Moskau: Foreign Languages Publishing House 1953, S. 10 (in der deutschen Ausgabe ist dieses Vorwort nicht enthalten).

39 Martín-Santos, *Schweigen über Madrid*, a.a.O., S. 18 f.

40 Ebd., S. 261.

41 Ebd., S. 319.

42 Ellison, *Der unsichtbare Mann*, a.a.O., S. 40.

43 Ebd., S. 41.

44 Ebd., S. 624.
45 Ebd., S. 626.
46 Ebd., S. 641.
47 Guimarães Rosa, *Grande Sertão*, a. a. O., S. 15.
48 Ebd., S. 237 f.
49 Ebd., S. 539.
50 Faulkner, *Requiem für eine Nonne*, a. a. O., S. 7.
51 Ebd., S. 34 f.
52 Günther Anders, *Hiroshima ist überall. Tagebuch aus Hiroshima und Nagasaki*, München: Beck 1963, S. 208.
53 Ebd., S. 219.
54 Arendt, *Vita activa*, a. a. O., S. 10.
55 Vgl. Heidegger, »Gelassenheit«, a. a. O., S. 522.
56 Vgl. ebd., S. 521.
57 Ders., »Bauen Wohnen Denken«, a. a. O., S. 162.
58 Ders., »Die Kunst und das Denken«, in: ders., *Gesamtausgabe, Band 16*, a. a. O., S. 552-557, hier S. 555.
59 Ders., »Das Ding«, in: ders., *Gesamtausgabe, Band 7*, a. a. O., S. 165-187, hier S. 169.
60 Ebd., S. 171.
61 Ebd., S. 175.
62 Ders., »Brief über den ›Humanismus‹«, a.a.O., S. 341.
63 Schmitt, *Glossarium*, a. a. O., S. 68 f.
64 Ebd., S. 88.
65 Francis Ponge, »La Cruche«, in: ders., *Œuvres complètes, Bd. 1*, Paris: Gallimard 1999, S. 751 f., hier S. 751. »Krug ist zuerst leer und so bald wie möglich wieder leer. / Leerer und hallender Krug. / Krug ist zuerst leer und füllt sich beim Singen. / Von wie niedrig auch das Wasser hier herunterstürzt, Krug ist zuerst leer und füllt sich beim Singen. / Krug ist zuerst leer und so bald wie möglich wieder leer. / Es ist ein mittelmäßiges Objekt, ein einfacher Vermittler. / In mehrere Gläser (zum Beispiel) [...]« (Aus dem Französischen für dieses Buch übersetzt von Sarah Pines.)
66 Ebd., S. 752. »Denn könnte man nicht all das, was ich grade über den Krug sagte, auch über die Worte sagen?« (Aus dem Französischen für dieses Buch übersetzt von Sarah Pines.)

67 Ebd. »Der Krug geht so lange zum Brunnen, bis er bricht. Er vergeht durch zu langen Gebrauch. Nicht durch Verschleiß: durch Zufall. Das heißt, wenn man so will, durch Verschleiß seiner Überlebenschancen.« (Aus dem Französischen für dieses Buch übersetzt von Sarah Pines.)
68 Hachiya, *Hiroshima-Tagebuch*, a.a.O., S. 144 f.
69 Beckett, *Warten auf Godot*, a.a.O., S. 27.
70 Ebd., S. 27 ff.
71 Ebd., S. 179.
72 Ebd., S. 183.
73 Ebd.
74 Ebd., S. 135.
75 Ebd., S. 167.
76 Bertolt Brecht, »Vergnügungen«, in: ders., *Gesammelte Werke, Band 10*, a.a.O., S. 1022.
77 Ders., »Gespräche mit jungen Intellektuellen«, in: ders., *Gesammelte Werke, Band 20*, a.a.O., S. 309-315, hier S. 311.
78 Zit. n. http://www.seniorentreff.de/diskussion/archiv4/a637.html (Stand: 2. Mai 2012).
79 Pasternak, *Doktor Shiwago*, a.a.O., S. 344.
80 Ebd., S. 407.
81 Ebd., S. 304 f.
82 Ebd., S. 710 f.
83 Camus, *Der Mensch in der Revolte*, a.a.O., S. 11.
84 Ebd., S. 9.
85 Ebd., S. 329 f.
86 Werner Krauss, *Vor gefallenem Vorhang. Aufzeichnungen eines Kronzeugen des Jahrhunderts*, Frankfurt am Main: Fischer 1995, S. 174.
87 Gottfried Benn, »Stilleben«, in: ders., *Gedichte*, a.a.O., S. 387.
88 Ders., »Kann keine Trauer sein«, in: ebd., S. 476.

7 Entbergung von Latenz? Meine Geschichte mit der Zeit

1 Martin Heidegger, »Nach dem 26. September 1974«, in: ders., *Gesamtausgabe, Band 16*, a.a.O., S. 741.
2 Vgl. Hans Ulrich Gumbrecht / K. Ludwig Pfeiffer (Hg.), *Materialität der Kommunikation*, Frankfurt am Main: Suhrkamp 1988.
3 Vgl. nur Hans Ulrich Gumbrecht, *Unsere breite Gegenwart*, Berlin: Suhrkamp 2010.
4 János Pilinszky, »Apokryph«, in: ders.: *Lautlos gegen die Vernichtung. Gedichte*, hg. v. Hans-Henning Paetzke, Zürich: Ammann 1989, S. 20-27, hier S. 21.
5 Ebd., S. 23.
6 Ebd., S. 27.
7 Ebd., S. 23, 25.
8 Ebd., S. 25.
9 Ebd., S. 27.
10 Kirk Varnedoe / Pepe Karmel, *Jackson Pollock*, New York: Museum of Modern Art 1998, S. 48.
11 Ebd., S. 62.

Ein Seminartext aus dem Wintersemester 1972/73

1 Diesen Text schrieb ich im Wintersemester 1972/73 für ein gemeinsames Seminar mit meinem Doktorvater, von dem die Anstreichungen stammen. Das Typoskript befindet sich heute im Nachlass von Hans Robert Jauß im Deutschen Literaturarchiv Marbach, wo Julia Wagner es entdeckt hat (DLA, Nachlass Jauß: Kasten 17 / Mappe 1, Vorlesungen und Seminare, Unterlagen zum Seminar »La mémoire collective«).

Literaturverzeichnis

Anders, Günther, *Hiroshima ist überall. Tagebuch aus Hiroshima und Nagasaki*, München: Beck 1963.

Andres, Stefan, »Manchmal im Traum«, in: *Die Wandlung. Eine Monatsschrift* 3 (1948), Nr. 5, S. 402.

Arendt, Hannah, *Vita activa oder Vom tätigen Leben*, Stuttgart: Kohlhammer 1960.

Artaud, Antonin, *Schluß mit dem Gottesgericht. Das Theater der Grausamkeit. Letzte Schriften zum Theater*, München: Matthes & Seitz 1993.

Auerbach, Erich, »Philologie der Weltliteratur«, in: ders., *Gesammelte Aufsätze zur romanischen Philologie*, Bern: Francke 1967, S. 301-310.

Beckett, Samuel, *Warten auf Godot. En attendant Godot. Waiting for Godot*, Frankfurt am Main: Suhrkamp 1971.

Benn, Gottfried, *Gedichte in der Fassung der Erstdrucke*, hg. v. Bruno Hillebrand, Frankfurt am Main: Fischer 1982.

Brandt, Karl, »Die Lösung des deutschen Ernährungsproblems«, in: *Die Wandlung. Eine Monatsschrift* 3 (1948), Nr. 5, S. 390-401.

Bertolt Brecht, *Gesammelte Werke, Band 10: Gedichte 3*, Frankfurt am Main: Suhrkamp 1967.

–, *Gesammelte Werke, Band 20: Schriften zur Politik und Gesellschaft*, Frankfurt am Main: Suhrkamp 1967.

Camus, Albert, *Der Mensch in der Revolte*, Reinbek bei Hamburg: Rowohlt 1953.

–, *Die Pest*, Düsseldorf: Rauch 1958.

Celan, Paul, *Gesammelte Werke. Erster Band: Gedichte I*, Frankfurt am Main: Suhrkamp 1983.

–, *Gesammelte Werke. Dritter Band: Gedichte III. Prosa. Reden*, Frankfurt am Main: Suhrkamp 1983.

Céline, Louis-Ferdinand, *Lettres*, Paris: Gallimard 2009.

Curtius, Ernst Robert, *Europäische Literatur und lateinisches Mittelalter*, Bern: Francke 1948.

Dagerman, Stig, *Deutscher Herbst '46*, Köln-Lövenich: Hohenheim 1981.

Ellison, Ralph, *Der unsichtbare Mann*, Zürich: Ammann 1995.

Enzensberger, Hans Magnus, *Das Verhör von Habana*, Frankfurt am Main: Suhrkamp 1970.

Faulkner, William, *Requiem für eine Nonne*, Stuttgart: Scherz & Goverts 1956.

Guareschi, Giovannino, *Don Camillo e Peppone. Racconti scelti*, Stuttgart: Reclam 2008.

–, *Don Camillo und Peppone*, Zürich: Artemis und Winkler 2001.

Guimarães Rosa, João, *Grande Sertão*, Köln: Kiepenheuer & Witsch 1987.

Gumbrecht, Hans Ulrich, *Unsere breite Gegenwart*, Berlin: Suhrkamp 2010.

–/K. Ludwig Pfeiffer (Hg.), *Materialität der Kommunikation*, Frankfurt am Main: Suhrkamp 1988.

Hachiya, Michihiko, *Hiroshima-Tagebuch. Aufzeichnungen eines japanischen Arztes vom 6. August bis 30. September 1945*, Freiburg im Br.: Hyperion 1955.

Heidegger, Martin, *Gesamtausgabe, Band 7: Vorträge und Aufsätze*, hg. v. Friedrich-Wilhelm von Herrmann, Frankfurt am Main: Klostermann 2000.

–, *Gesamtausgabe, Bd. 9: Wegmarken*, hg. v. Friedrich-Wilhelm von Herrmann, Frankfurt am Main: Klostermann 1997.

–, *Gesamtausgabe, Band 10: Der Satz vom Grund*, hg. v. Petra Jaeger, Frankfurt am Main: Klostermann 1997.

–, *Gesamtausgabe, Band 13: Aus der Erfahrung des Denkens*, hg. v. Hermann Heidegger, Frankfurt am Main: Klostermann 1983.

–, *Gesamtausgabe, Band 16: Reden und andere Zeugnisse eines Lebensweges*, hg. v. Hermann Heidegger, Frankfurt am Main: Klostermann 2000.

Jones, James H., *Alfred C. Kinsey. A Public/Private Life*, New York u.a.: Norton 1997.

Kinsey, Alfred C./Wardell B. Pomeroy/Clyde E. Martin, *Das sexuelle Verhalten des Mannes*, Frankfurt am Main: Fischer 1964.

Werner Krauss, *Vor gefallenem Vorhang. Aufzeichnungen eines Kronzeugen des Jahrhunderts*, Frankfurt am Main: Fischer 1995.

Martín-Santos, Luis, *Schweigen über Madrid*, Frankfurt am Main: Eichborn 1991.

Melo Neto, João, *Ausgewählte Gedichte*, Frankfurt am Main: Suhrkamp 1969.

–, *Erziehung durch den Stein*, Frankfurt am Main: Suhrkamp 1989.

Pasolini, Pier Paolo, *Tutte le poesie, Band 1*, Mailand: Mondadori 2003.

–, *Gramsci's Asche. Gedichte Italienisch/Deutsch*, München/Zürich: Piper 1984.

Pasternak, Boris, *Doktor Shiwago*, Frankfurt am Main: S. Fischer 2006.

Pilinszky, János, *Lautlos gegen die Vernichtung. Gedichte*, hg. v. Hans-Henning Paetzke, Zürich: Ammann 1989.

Ponge, Francis, *Œuvres complètes, Bd. 1*, Paris: Gallimard 1999.

Sartre, Jean-Paul, »Das Ende des Krieges«, in: ders., *Paris unter der Besatzung. Artikel, Reportagen, Aufsätze 1944-1945*, Reinbek bei Hamburg: Rowohlt 1980, S. 72-77.

–, *Das Sein und das Nichts. Versuch einer phänomenologischen Ontologie*, Reinbek bei Hamburg: Rowohlt 1962.

–, *Geschlossene Gesellschaft. Stück in einem Akt*, Reinbek bei Hamburg: Rowohlt 1986.

Schmitt, Carl, *Glossarium. Aufzeichnungen der Jahre 1947-1951*, Berlin: Duncker & Humblot 1991.

Sertorius, Lili, »Die vorletzten Dinge«, in: *Die Wandlung. Eine Monatsschrift* 2 (1947), Nr. 3, S. 221-223.

Trifonow, Juri, *Studenten*, Berlin: Verlag Neues Leben 1952.

Varnedoe, Kirk/Pepe Karmel, *Jackson Pollock*, New York: Museum of Modern Art 1998.

Werkregister

Personenregister

Suhrkamp Verlag GmbH
Torstraße 44, 10119 Berlin
info@suhrkamp.de
www.suhrkamp.de